思路与出路

——律师代理行政案件纪实

SILU YU CHULU--LÜSHI DAILI XINGZHENG ANJIAN JISHI

刘汝忠◎编著

中国政法大学出版社

2023 · 北京

图书在版编目（CIP）数据

思路与出路：律师代理行政案件纪实/刘汝忠编著. —北京：中国政法大学出版社，2023.6

ISBN 978-7-5764-0934-5

Ⅰ. ①思… Ⅱ. ①刘… Ⅲ. ①行政诉讼－案例－中国 Ⅳ. ①D925.305

中国版本图书馆CIP数据核字(2023)第101300号

出版者　中国政法大学出版社

地　址　北京市海淀区西土城路 25 号

邮　箱　fadapress@163.com

网　址　http://www.cuplpress.com (网络实名：中国政法大学出版社)

电　话　010-58908435(第一编辑部) 58908334(邮购部)

承　印　北京中科印刷有限公司

开　本　720mm×960mm　1/16

印　张　18.5

字　数　293 千字

版　次　2023 年 6 月第 1 版

印　次　2023 年 6 月第 1 次印刷

定　价　89.00 元

序

从未为他人著作写过序，也从未为自己作品写过前言和后记。本想邀请名家为本书作序，但害怕被人误解为“傍名人”，于是决定自己为本书写序。一是能说说编著本书的初衷，二是能写点自己办案的心路历程，也算是对读者的一个交待。

美国最高法院前著名法官霍姆斯说，“法律的生命不在于逻辑而在于经验”。这就是说，法律是社会规则，法学是经验科学。社会规则本身也是从众多的社会生活经验总结而来。近年来，上至最高人民法院下至各地中级人民法院，纷纷推出许多典型案例，意在总结司法规律、司法经验，指导下级法院的审判活动，统一裁判尺度。尤其是最高人民法院，定期公布指导案例，且赋予指导案例司法解释的功能，各级法院对于指导案例中的裁判规则要予以遵循。这也说明，经验很重要。

本人习法从法三十多年，当年报考中国政法大学攻读硕士学位研究生时，选择的专业就是行政法。那时，行政法与行政诉讼法系热门学科，但被招办主任的一个电话，忽悠到了法学基础理论专业（现在都叫法理学了）。工作一段时间后，尤其是从事律师工作后，担任多家政府机构法律顾问，从未放弃对行政法与行政诉讼法的学习研究，越研究越有兴趣。于是，2006 年，再次回到母校攻读行政法与行政诉讼法方向博士学位。这奠定了我把所学专业和自己职业完美结合的基础。因此，可以说，我的律师生涯中，真正走上专业化的道路是在攻读行政法与行政诉讼法方向博士学位之后。

我一直主张，律师的专业化是建立在丰富的法律实务经验基础上的。我本人刚出道时，也是个万精油式的律师。到北京执业后才开始考虑专业化，一是此时有了较为丰富的实务经验；二是可以不再为生存焦虑，可以挑选人和事了。转眼间，博士毕业十多年。在这十多年里，我亲自处理的行政案件至少也在四五百件。有代理原告的，有代理被告的。前些日子，因疫情困扰，有时在微信朋友圈发发牢骚。有亲同学劝我：沉下心来，写点东西吧，把你多年的办案经验总结出来。于是，我组织团队小伙伴们，精心挑选出30个亲自代理的案件，从案情介绍到代理思路，从案件结果到经验总结，反复修改，每一个字、每一个标点符号，都精心打磨，才有了展现在读者面前的这本案例书。

在这三十个案例中，从行政备案到行政许可，从行政征收到行政处罚等。从代理被告角度，大到中央政府部委机关，小到区县职能部门以及街道办事处。从代理原告角度，有自然人个人，也有企业单位等。每一个案件，各有各的事实，各有各的特色，各有各的法律适用。在办理的每一个案件中，有等待案件结果的焦虑，也有胜诉后的兴奋和败诉后的懊恼。但问心无愧的是，每一个案件，无论结果如何，我都尽力了，对得起自己的良知，对得起自己的这份职业。

从对法律条文理解的角度来说，法律是确定的，又是不确定的。否则美国最高法院对同性恋是否合法的判断不会出现5人赞同4人反对，最终裁定在美国同性恋合乎宪法的情形。这表明，对于相同的法律规定可能会有不同的理解。司法的过程其实是法官将法律运用于事实的过程，每个法官对法律的适用因其知识背景、道德水平、个人社会经验甚至个人性格爱好不同可能出现不同的结果，只要不是故意枉法裁判，都是可以理解的。在本书的三十个案例中，大部分是胜诉的案例，少部分是败诉的案例。作为律师，胜诉有胜诉的经验总结，败诉有败诉的反思，这也是本书的意义所在。

攻读博士学位期间，导师张树义教授指导我编写了一本《行政诉讼案例》教材，由高等教育出版社出版，作为高校法学院学生辅助教材。在编写该书时，我压力山大。那些案例，都不是我所经历的。因此，撰稿时基本都是就案例解读案例，就法律解读法律，也不是从律师的角度谈案例、谈思路、谈体会。所以，我认为，本书应该更适合于律师同行、政府法制部门负责复议应诉的同志以及有志于从事政府法务的法律人。

需要特别指出的是，这些案例时间跨度大，法律、法规、司法解释等不断修订完善，有些当初的法律意见与现今的规定不一定相符，或许当时是正确的，现在变成了错误的，这当然不是我们当初的疏忽。每一个案件在审理时基本都是遵从“实体从旧、程序从新”这一基本原则，我们不能用现时的规定去衡量过去的行为。

照惯例，要说些感谢的话。作为律师，首先应该感谢的是我的当事人，是他们让我解决了生存与发展问题，是他们让我能将我的所学知识运用于实践中。本书的编写正是来自于他们的一个个真实的案例。其次，感谢我团队的伙伴们，他们是樊沛、江帆、张娜、丁诗乐等，我提出基本构想，他们起草初稿，我负责逐字逐句审阅、修改、统稿。没有团队伙伴们的精诚合作，本书不可能完成。再次，感谢编辑认真细致的审稿把关，他们的严谨负责的工作作风让我受益。最后，感谢默默支持我的家人、朋友、同事，他们是我努力向前的支撑和动力。

因个人及团队的认知、经验、学识等原因，疏漏甚至谬误在所难免，还望读者指正，不胜感激！

是为序！

2023 年 1 月 31 日

脚踏实地、仰望星空、勇往直前

——在朝阳律协“专业律师的养成”经验交流会上的演讲

一、个人经历是律师专业化发展的基础

二、兴趣是律师专业化发展的源动力

三、知识背景是律师专业化发展的必要条件

四、习惯是律师专业化发展的助推剂

五、坚持是律师专业化发展的保证

一、个人经历是律师专业化发展的基础

非常高兴有机会和大家交流个人发展经验，当然，这谈不上是成功经验，因为，律师的成功本身就没有标准。前两天我在整理办公室书柜的时候，看到2007年《中国青年》杂志为我写了一篇报道文章，题目是“一次次将人生倾空”,《中国青年》杂志当时把我当作青年典范、青年学习的榜样。因为我是从初中毕业到中师（中等师范学校)，从中专学历一直拿到博士学位，中专、大专、本科、硕士、博士，我全部读完，似乎可以成为青年励志的榜样。因此从我个人经历可以看出，我是一步一步发展起来的，也是一步一步走向专业化的。我是1994年从中国政法大学硕士毕业，那时候我们毕业找工作相对比较容易，递交个简历，国务院部委机关可能就要你了，那时还没有什么公务员招录考试。但那时候我想回我的老家，就回到了江西。因为我是养子，我的养父养母年龄比较大了。回到老家之后在江西南昌，刚开始在江西省人民检察院，那时候江西省人民检察院还没有法学硕士，只有我一个，他们是把我当人才引进的，去了之后突然发现自己可能不适合在机关里面干。因此，不到半年我就去了江西财经大学所属的律师事务所，那时候大学可以办律师

事务所，现在不可以了。江西财经大学所办的律师事务所取了个时髦的名字，叫“江西省国际商务律师事务所”，但实际上那时国际商务业务一单都没有。就这样，在1995年的上半年，我开始了我的律师生涯。在那个时候，江西南昌谈不上专业分工，我们也做了很多年的基础业务。那时候逮到业务做就可以、有钱收就行。事实上，那时，在江西南昌这样经济相对落后的地方，你想做专业律师几乎是不可能的。

我在江西南昌工作了四年之后又去了广东珠海，广东珠海经济更为发达一些，毕竟是经济特区。那时开始有了自己的业务专业方向和专业兴趣。专业方向和专业兴趣是什么呢？我考研究生的时候考的是行政法，但天不逢时，当时行政法考了59分，总分考得还比较高，所以中国政法大学研究生院招生办把我调到了法学基础理论专业（现在叫法理学），但我对行政法还是情有独钟，一直比较感兴趣。到了广东珠海工作之后，有机会担任很多政府机关的法律顾问。我在广东珠海的时候担任过原来叫劳动局，后来叫劳动和社会保障局，现在叫人力资源和社会保障局的法律顾问；担任过地方税务局、规划局等很多政府部门的法律顾问。因此，这些实践经验为我今后的专业定位、专业方向打下了坚实基础。

到了2006年，我又回到中国政法大学，考了行政法专业的博士。这时候读博士，是因为我对行政法情有独钟。在回到中国政法大学之后，2009年博士毕业，我就没有再回珠海，一直在北京。由此开始了我的专业律师生涯，这个专业基本定位在行政法方向，做行政复议、行政诉讼，包括现在比较时髦的重大行政决策的评估、政府的立法项目等，尤其在担任中华人民共和国交通运输部法律顾问后，这类业务开始多了起来。

所以我想说的是，专业律师的养成跟个人发展经历有非常大的关系。有些人的个人发展经历无法复制，就像我们律所有一个团队，专业从事双反业务（反垄断反倾销），团队成员中大多学的是反垄断法专业，大多曾在国家商务部相关部门工作过，这样的经历恐怕大多数人不会有。你说要我去做反垄断，我肯定不行，再怎么努力也不行。所以这和每个人的发展经历有非常大的联系，这是我想告诉大家的第一点。

每个人的发展经历不尽相同，每个人的发展经历也无法复制。但是，我们每个人可以从他人的发展经历中借鉴经验，甚至吸取教训，从而少走弯路。

我现在团队的一年轻小伙，他走过的专业化之路就与我有所不同。他硕士毕业于中国人民大学，学的就是行政法专业，是我同学的学生，我同学将他推荐给我时就告诉我，小伙目标明确，就是想从事律师工作，而且是想从事行政法方面的律师工作，之所以选择跟我学习，就是想结合自己所学的专业做行政法专业领域的法律服务。经过几年磨炼，基本具有了独当一面的能力了。在这过程中，我也有意识地让他接触一些民商方面的案件，因为，实际上，行政法领域律师不能不懂基础的民商法知识，在该领域，有许多民行交叉案件，还有行政协议纠纷案件，这些都与民商事法律知识相关联。当然，他这种选择也需要有天时地利的条件，在北上广深这样的一线城市，因为做某个领域的专业律师甚至专业的律师事务所比较多，选择的机会和概率就大，反之，到二三线城市，选择的机会和概率就小。就像在一个县城的律师事务所，律师的专业化只是空想，因为，他们的业务能养活自己就不错了。

二、兴趣是律师专业化发展的源动力

伟大的科学家爱因斯坦曾说过，“兴趣是最好的老师”。市场经济的蓬勃发展，带动社会分工的不断细化，律师行业亦如是。从前只能“干一行爱一行”的职业选择，已演变成了今天可以“爱一行干一行”的从容。现在的年轻律师，完全可以凭借自己对法律业务的兴趣，去选择所要走的专业道路。将兴趣与专业结合，无疑可为专业养成提供源源不绝的强大内驱力。我之所以能在行政法业务领域有今天的一点成绩和影响，与我对行政法的钟爱密不可分。正如我上面所讲，我考硕士研究生时，选的就是行政法专业。那时，《中华人民共和国行政诉讼法》刚出台不久（以下简称《行政诉讼法》，《行政诉讼法》1989 年出台，1990 年实施，我是 1991 级硕士），所以，那时的行政法专业算是竞争激烈的热门专业，我虽被调整到法学理论专业，但由于研究生采取学分制，我在选课时，依然选了很多行政法专业课程，现在看来，那时调整到法理专业使我既研习了一些法学基础理论课程，又研习了行政法课程，这种知识结构反而对我现在的工作有所帮助。攻读博士学位，我又回到了行政法专业上来，这时，我有了多年为政府提供服务的经验，因此，我的研究方向就定在了行政行为中的行政确认，最终形成博士论文《行政确认研究》，这与我在实务中接触较多的工伤定性（工伤行政确认）、婚姻登记、房地产登记、交通事故责任认定等分不开，但同样，与我对行政法业务的兴趣分不开，无论是学术兴趣还是律师实务方面的兴趣。我一直对行政法情有独钟，在学习、生活、工作中，追寻着行政法的真谛，享受着行政法之美，这种兴趣，矢志不渝！

兴趣能让你在事业前进的过程中产生源源不断的动力，会让你忘却工作中的辛苦。我很喜欢每一个个案的挑战，尤其是法庭开庭后得到法官或当事人肯定时的感觉，除了认同感，就是对这领域的业务感兴趣。

前不久，我清理书房时，发现行政法与行政诉讼法方面的书最多，差不多有四分之一。这除了源于自己的专业，也源于自己的兴趣。逛书店时，我一定会去关注有无行政法与行政诉讼法方面的书籍，在这方面有价值的新书几乎都会买。因此，对该学科的最新发展、理论观点、案件的实务操作都有较为深入的了解，这样，遇到问题，就能轻车熟路地找到答案。

三、知识背景是律师专业化发展的必要条件

我所在的泰和泰律师事务所有一支强大的医事法务部，当然我们也有政府法务部。医事法务部的那些同事们没有一个不是干医师出身的，不是干医师出身的，你说我专业定位为医事法务部，那肯定不可能。我们也有一个知识产权中心，做专利什么的他们非常专业，有的做专利的就专业到就做医疗领域的专利事务，他们非常专业，是因为他们有这样的专业知识背景，没有这样的专业背景是不可能的。

所谓专业律师养成要看你的专业背景是什么。我们在日常的工作过程当中，特别能够体会到人家能不能认识到你是不是专业律师，他可以看你的专业背景。这点，我有比较深切的体会，像我做交通运输部的法律顾问，他们的法制司工作人员有时候比你还专业，他们的法制司有五六个处，人家司长是四川大学的，很早就本科毕业，他们司的工作人员有很多硕士、博士，甚至还有博士后。这时候你为什么能成为他们的法律顾问？他就看你的知识背景，你跟他一交谈、你跟他一聊，甚至他请你去上一次课，就能看出你的知识水平。我们给他们讲课动不动就是全国交通运输系统法制处长培训班，坐在下面的都是法制处长，他们对行业的法律法规、规范性文件比你还熟，他为什么要听你讲？其实，我们律师强就强在我们对立法的把握、我们的经验、

还有我们广泛的知识，我们这种所谓的知识背景。他们那些人，比如说民政的，可能局限在对民政这块的法律法规比较熟，如果交叉到其他领域，可能就不熟。

我一直认为过去我这种所谓“杂家”的经历没有白费，这种“杂家”的经历给自己的专业打下了很好的基础，这就叫知识经验，这些知识经验你在工作当中会有意识、无意识地用到。我举个很简单的例子，有一次我在北京三中院开一个庭，一个行政诉讼。对方律师拿来了一个北京三中院过去的类似案件的裁定书，裁定书是裁定驳回起诉的。他提交给法庭，那个法官故意说你拿其他案件的裁定书想说明什么？结果那个律师想了半天，蹦出一句话，他说这是依法治国的需要。我当时一听差点也笑起来，他想表达的是：虽然我们中国不是判例法国家，但这个法院对相同情况不能作出不同的判决。如果说他换一种说法，说这个判例是咱们北京三中院判的，相同情况不同对待那就是不公平，如果他这么说，法官可能就会服了。

在这种情况下，我就在想，我们律师有广泛的基础知识是非常重要的。后来我就跟那个律师开玩笑说，“你肯定没有看过《公平论》这本书，更没看过《正义论》这本书”。所以说，我说的法学基础知识甚至其他的基础知识，好像看起来跟专业分工没有太大关系，但实际上跟你的专业素养的形成有非常大的关系。

同样，我们做行政诉讼经常会看到非常多的律师在行政诉讼方面确实是非常不专业的，他所作的一个简单陈述或简单答辩，实际上是完全不具有这些方面的知识。比如昨天就有个律师给我打电话讨论一个很简单的案例，对我们来说简单得不能再简单，就是一个交通运输部门查处非法营运车辆的案例，他们作出了处罚决定之后，发现这个人原来在半年之内被处罚过一次，根据他们那儿的地方性法规规定，如果半年内发现你是第二次违法要从重处罚，原来罚 1 万现在要罚 2 万。他打电话问我，这个行政机关作出了处罚决定，我能不能再去作出一个，到底怎么办？我就告诉他，你应该把前面那个决定撤销，撤销之后再重新作出一个决定，而且重新作出决定要按照新的程序来走，比如说你要告诉他陈述申辩，甚至告诉他有权申请听证，你要作一个处罚告知书等重新走一遍这个程序。然后他怎么都不理解，他说这个能撤销吗？我说能，他说道那当事人的信赖利益在哪里？后来我就告诉他，你对信赖利益的理解是错误的。信赖利益发生在受益行政行为当中，不在行政处罚当中。坦率说这是基础知识，专业素养的养成有赖于你要有广泛的、基本的基础知识。这是我想告诉大家的第三个方面，专业律师的养成跟你的知识背景，甚至跟你过去的学历结构有关。

俗话说，没有金刚钻别揽瓷器活，对于律师来说，其实说的就是要有相应的专业知识，才能从事相关领域的业务。三大诉讼中，恐怕大多数律师对行政诉讼相对陌生，这与中国的法律文化传统、司法制度等各方面有关。行政诉讼在中国起步较晚，但行政诉讼有不同于民事诉讼和刑事诉讼的制度与规律，没有相应的专业知识，想提供优质的法律服务恐怕很难。记得三年前，一南昌著名律师为自己提起一起行政诉讼案件，二审时，当事人某公司找到我，我发现一审判决从程序到实体，均存在一些问题。从法官到当事人某公司，都没有提出。当事人某公司委托我提出上诉。基本案情是这样的：

2013年10月，陈某以自己、妻子、儿子一家三口名义购买了某公司开发的别墅房产。2014年2月2日交房。因正遇房地产市场低迷，陈某又在该市购买了其他楼盘的房产。出于购房利益考虑，陈某千方百计寻找借口要求退房并追索购房款利息等。在该公司严词拒绝的情况下，2015年8月27日，陈某向该区住建局申请政府信息公开，要求公开施工图设计文件及房屋建筑工程竣工验收备案表材料。2016年1月，陈某用通过申请政府信息公开获取的资料，以住建局、房管局为被告，向被告所在地的中级人民法院提起诉讼，要求：①撤销《建设工程规划许可证》；②撤销《建设工程规划管理验收合格证》；③撤销房管局颁发的房产证；④判令住建局责令该公司拆除房屋，并对其作出行政处罚；⑤诉讼费用由被告承担。该中级人民法院指定本案由其下辖的某区法院审理。该公司作为第三人参加诉讼。区法院作出一审判决，支持了陈某前三项诉讼请求。该公司提起上诉，后经二审法院协调，陈某撤回起诉，该公司撤回上诉，案件得以协调解决。[1]

本案中存在的问题有：一是对多个行政行为能否在同一个案件中审查，即一案一诉的问题；二是违法性继承或称违法性截断问题，即行政活动的整

〔1〕 详见（2016）赣01行终66号行政裁定书。

体过程是由一系列连续多阶段的行政行为构成时，先行行为中存在的违法性，是否会影响作为结果的后续行为的合法性；三是原告主体资格问题，即行政行为在先，民事法律关系建立在后，在后建立民事法律关系的主体是否有资格对先前颁发的行政许可行为提起诉讼。这样几个问题，看似是简单的问题，其实是很专业的问题，不是从事行政诉讼专业领域的律师肯定注意不到，或者说发现不了。发现问题是一种能力，发现问题是解决问题的前提条件。

对于一案一诉问题，我国《行政诉讼法》第49条规定："提起诉讼应当符合下列条件：（一）原告是符合本法第二十五条规定的公民、法人或者其他组织；（二）有明确的被告；（三）有具体的诉讼请求和事实根据；（四）属于人民法院受案范围和受诉人民法院管辖。"司法实践中认为，关于"具体的诉讼请求"的规定，涵盖了"一案一诉"原则。

此外，在国家赔偿领域，也体现了"一案一诉"的原则，1997年实施的《最高人民法院关于审理行政赔偿案件若干问题的规定》第28条规定："当事人在提起行政诉讼的同时一并提出行政赔偿请求，或者因具体行政行为和与行使行政职权有关的其他行为侵权造成损害一并提出行政赔偿请求的，人民法院应当分别立案，根据具体情况可以合并审理，也可以单独审理。"无论对行政行为还是对行政行为引致的行政赔偿提起行政诉讼，法院均应当单独立案，只是在审理时，可以选择合并审理或单独审理。

值得一提的是，"一案一诉"与"共同诉讼"并不矛盾。我国《行政诉讼法》第27条规定："当事人一方或者双方为二人以上，因同一行政行为发生的行政案件，或者因同类行政行为发生的行政案件、人民法院认为可以合并审理并经当事人同意的，为共同诉讼。"构成共同诉讼必须具备以下条件：①当事人双方至少有一方是两个以上主体，且各为独立的诉讼主体；②诉讼标的须为共同，包括同一或同样；③由同一人民法院管辖；④人民法院认为可以合并审理并经当事人同意。

《最高人民法院关于适用〈中华人民共和国行政诉讼法〉的解释》第69条规定："有下列情形之一，已经立案的，应当裁定驳回起诉：（一）不符合行政诉讼法第四十九条规定的……"。司法实践中，行政相对人的起诉违反"一案一诉"原则，即同一行政诉讼中行政相对人针对数个不同的行政行为起诉时，法院一般会向当事人释明，建议其变更诉讼请求或拆分起诉，在当事人拒绝变更或拒绝拆分起诉的情况下，法院应当径行裁定驳回起诉（二审程序中裁定驳回上诉、维持原裁定，再审程序中裁定驳回再审申请），而不进行实体审理。

本案中，陈某在一个行政诉讼中针对不同行政主体作出或有权作出的四个（第四项请求针对不作为行为提出）不同的行政行为提起诉讼，区法院未向其释明违背了“一案一诉”原则，更没有依据法律规定裁定驳回起诉。甚至，区法院对被诉的前三种行政行为，均进行了实体审理，并径行作出判决，显然程序严重违法。

对于行政行为违法性继承与否的问题，涉及行政行为不可避免的价值冲突——法的安定性与实质正义、程序正当与实体救济之间的冲突，加之，我国《行政诉讼法》并未规定“行政行为违法性继承或截断”制度，也没有对应的法律条款，因而，虽然在司法实践中，体现该理论的案件已经屡见不鲜，大部分判决也是着眼于事实判断与法理分析。

在现代社会，行政机关之间应当权责分明，彼此独立，互相尊重。未经法律授权，行政机关不得对其他机关负责的事项予以审查。据此，在多阶段行政活动中，由于作出后续行为的行政机关不负有对先行行为进行审查的职责，其只能在推定其合法有效的前提下作出后续行为。不少法院认为在这种关联诉讼中，当事人不得以先行行为违法为由主张后续行为违法，法院也不得对先行行为进行合法性审查。也有法院以先行行为不属于受案范围为由拒绝对先行行为进行合法性审查，在“兰某玲、王某鑫诉乐山市国土资源局市中区分局土地行政征收案”提出合法性质疑。一审判决指出，“该部分争议不属于人民法院受案范围”。在上诉中，上诉人指出：“川府土（2007）400号征地批复属于骗取上级政府取得的，并且该征地批复超过2年的有效期，已经自动失效。”而被告在上诉答辩中指出：“川府土（2007）400号征地批复是省政府依法作出的，其效力问题不属于本案审理范围。”在二审判决中，法院指出：“国务院和省级人民政府批准征地的行为属政府的专属职权，不受人民法院的司法审查，国务院和省级人民政府征地批复的合法性不属于人民法院行政诉讼的受案范围，故本案对省政府川府土（2007）400号、川府土（2012）377号两份批复的合法性不予审查。”在多阶段行政活动中，由于先行行为与后续行为在内容上存在关联，部分法院认为先行行为对当事人的权利义务影响是不确定的，其法律后果只有经过后续行为才能最终得以确定。据此，在针对后续行为进行审查时，不少法院会以先行行为不影响当事人的权利义务为由拒绝审查。

在多阶段行政程序中，由于先行行为与后续行为存在逻辑上、内容上的关联性，先行行为也因此经常成为支撑后续行为合法性的证据。在实践中，有法院从证据的角度，对先行行为与后续行为之关联作出了分析。我们将此种思路总结为“证据论”。当然，“构成要件不同于作为证据的行政决定”，在相关个案中，法院是从构成要件效力的角度展开分析还是从证据的角度展开分析，可能得出完全不同的结论。

本案中，专业律师在作为第三人或行政机关的代理人在说理时，即可参酌上述理论。一方面，从行政职权独立论分析，初始登记权证因建造而取得，转移登记权证因买卖、赠与等而取得。初始登记需现场核查，转移登记无需现场核查。我国2008年《房屋登记办法》第32条规定：“发生下列情形之一的，当事人应当在有关法律文件生效或者事实发生后申请房屋所有权转移登记：（一）买卖；（二）互换；（三）赠与；……”本案陈某与该公司签订《商品房买卖合同》后，房管局向陈某核发《房屋所有权证》即属于此条规定的转移登记，对于转移登记，房屋登记主管部门仅作形式审查，其无权对住建局的先行行政行为进行实质审查，在核实申请登记人提交的材料后即核发《房屋所有权证》，该行政行为完全合法。另一方面，从审查范围独立论分析，因本案错误地将多个行政行为合并起诉，将本该单独进行审查的房屋登记混同在规划许可、规划验收案中一并审查，因而出现同时撤销的错误判决。假使前述规划许可、规划验收行为对房屋登记产生影响，也应先中止房屋登记案的审理，待规划许可、规划验收案审结后继续审理房屋登记案，而不是在同一行政诉讼中，即认定先行行政行为违法，并据此认定后续行政行为违法。

对于原告主体资格问题，即行政行为在先，民事法律关系建立在后，在后建立民事法律关系的主体是否有资格对先前颁发的行政许可行为提起诉讼？

行政诉讼中，原告指行政行为的相对人或利害关系人。关于前者的原告资格，实践中争议不大。而对于利害关系人的原告资格，这一杂糅了事实判断与价值判断的命题，法律的规定较为笼统，实践中也有诸多分歧。尤其在复效行政行为案件、行民交叉的案件中，正确理解利害关系人，往往是律师办理行政诉讼案件的前提。

我国《行政诉讼法》第25条第1款规定："行政行为的相对人以及其他与行政行为有利害关系的公民、法人或者其他组织，有权提起诉讼。"据此，可将行政诉讼中的原告分为两类：行政行为直接指向的对象，即行政相对人；权益受行政行为影响的行政相对人之外的人，即利害关系人。

关于"与具体行政行为有法律上利害关系"的涵义，我国理论界尚有争议：实际影响说，认为只要行政行为对起诉人的权利义务产生了实际影响，不论这种影响或利害关系是直接的还是间接的，起诉人即具有原告资格；不利影响说，认为如果行政主体的行为，对行政相对人的合法权益造成了不利影响，原告资格就已经具备；因果关系说，认为"法律上利害关系"是公民、法人或者其他组织的合法权益与行政行为之间存在的一种因果关系；法律上权利义务关系说，认为法律上的利害关系就是法律上的权利义务关系，与具体行政行为有法律上利害关系就是指具体行政行为对公民、法人或其他组织的权利义务产生实际影响，等等。

但我认为，判断某一主体是否为行政行为的利害关系人，应参酌以下标准：

1. "权益"应包括权利和利益，并且是合法的权利和利益。行政机关作出的行政行为一般仅指向行政相对人，但行政行为影响的客体还包括其他利益相关人。这种利益应当是合法的利益。在我国行政诉讼中，判断权益合法化的依据有二：一是看该权益是否在宪法和法律中有所规定，并对其予以保护；二是当事人与具体行政行为的标的之间是否形成具有类似法定权益的效力或等同于法定权益的权益。

2. "权益"能够被我国的行政诉讼程序所救济。鉴于司法制度的特殊性及司法资源的有限性，我国的行政诉讼程序不可能对所有涉及行政行为的争议展开救济。例如，行政机关对公务员作出处罚的内部行政行为，虽然可能侵害某些主体的合法权益，但无论是被处罚的对象还是其他人，都不能提起行政诉讼。

3. 行政行为的作出导致合法权益的增减。这是判断利害关系的实质性标准，即某行政主体作出的行政行为，是否对行政相对人之外的人的权益产生影响——限制、剥夺了其权利或施加、加重了其义务。此时，该行政相对人之外的人即具有了利害关系人的身份，可以自行提起行政诉讼。

对于民事行为介入行政行为时的利害关系人认定问题，可参照上述标准，并根据时间节点综合判断，即若行政行为在前、民事行为在后，实则行政行为并未造成行政相对人之外的其他人权益的增减，行政相对人之外的主体并不具有提起行政诉讼的资格。

本案中，陈某提起的诉请包括撤销住建局发给某公司的工程规划许可、规划验收合格证。在上述两个诉请中，陈某并无主体资格。住建局向某公司颁发上述规划许可和验收合格证在前，陈某与某公司签订《商品房买卖合同》在后，民事法律关系建立的时间晚于行政法律关系建立的时间，行政行为作出时尚未设定陈某的权利义务，故上述两行政行为与陈某并无法律上的利害关系，陈某不具有提起撤销上述规划许可、规划验收合格证的行政诉讼的主体资格。通俗地讲，陈某在向某公司购买房屋时，工程规划许可、验收合格证已经存在，陈某与某公司达成《商品房买卖合同》，应视为对该规划许可、验收合格的认可。若陈某认为房屋存在质量等其他问题，可以依法提起民事诉讼。另外，陈某在签订《商品房买卖合同》前，有权利对房屋的物理状态和法律状态进行全面了解，发现存在问题时，完全可以不购买。法律不应支持慵懒的公民是各国司法的基本理念。

在本案一审判决后，第三人某房地产公司找到我，坦率说，我看完判决后即刻发现了上述问题，于是上诉状洋洋洒洒写了几千字，指出了一审存在的这些问题。被上诉人（一审原告）收到上诉状后傻了眼，觉得遇到行家。在二审法院稍做被上诉人工作后，被上诉人撤回起诉，当事人公司撤回上诉，二审法院裁定撤销一审判决，准许被上诉人撤回起诉。一场因房屋买卖纠纷引起的行政诉讼就此终结。

我对这件事印象深刻，一是本案虽为行政诉讼，但对第三人房地产开发公司权益影响巨大，所以我提出高额收费时，第三人公司并不反对。二是第三人公司觉得我说得有道理，比起一审律师，更为专业。但我自己心里明白，这样的专业水平，来自于自己的知识背景或者说知识结构。自己攻读的博士学位方向就是行政法与行政诉讼法，自然比一般本科毕业或硕士毕业非行政法与行政诉讼法方向的律师在该领域专业得多，这也是我最终选择律师业务领域为行政法领域的原因所在。

四、习惯是律师专业化发展的助推剂

专业律师的养成跟我们的生活习惯、工作习惯、思维习惯是紧密联系在一起的。我没有什么太大的爱好，因为家庭原因我们经常满世界跑。我女儿学音乐，我们在港澳地区待过一年多时间，在俄罗斯待过一年多时间，现在在德国。不管去到哪里我喜欢看的地方有三个，大学、博物馆和书店。我的生活习惯是，既不喝酒也不抽烟，也没有其他爱好，但有一些体育锻炼，我的习惯就是看书。这种生活习惯的养成对自己专业素养的提高非常有帮助。

有时候坐飞机，我觉得看书的效率最高，从北京飞柏林需要9个小时左右，一般在飞机上能看一到两本书，而且看得特别专注。这种生活习惯的养成对你提高专业素养也是非常有帮助的。还有一个，日常也要关注社会的热点事件。你关注热点事件之后去思考它，从行政法来判断，比如涉及政府方面，政府履职是否到位或者履职是否缺失，你如何去评价这个行为，你可以养成这样的一个思维习惯。你的生活习惯、思维习惯和工作习惯会让你的专业素养在思考中、在生活中不断提高。

我刚才讲到，我在过去，尤其是在江西南昌的那段时间差不多什么案件都做，我觉得那时候给我打下了很好的基础，因此我现在像全科医生一样，什么都懂一点。回到现实中，我觉得我们律师应该什么都懂一点，然后才能专业化，这是中国的现实。我也经常会接到电话咨询如何离婚、如何继承、如何签订劳动合同等，但我一般都会把我能解答的先解答一下，不能解答的再推荐给我们所更专业的律师解答。我由过去的万精油式律师到现在以做行政法业务为主的专业律师经历了一个过程。当然，现在的行政诉讼跟过去不一样了，现在的行政诉讼或者行政复议已经有突飞猛进的发展，一个是当事人意识提高了，再一个是因为法律制度的改变，比如过去的立案审查制改为现在的立案登记制，行政诉讼的量猛增。还有一个，过去的复议机关只有改变决定的是被告，现在只要维持就是双被告，也就是说原行政行为机关是被告，复议机关也是被告，实际上这给我们律师创造了服务市场，是我们律师服务的机会。

俗话说，习惯成自然，良好的习惯能成就你的专业，甚至成就你的事业。前面讲到的习惯包括生活习惯、工作习惯和思维习惯。习惯是不自觉的行动，且生活习惯、工作习惯和思维习惯相互影响。

前面讲到，我最大的爱好就是读书。慢慢的，读书就成了生活习惯。出差时，一定会带上一两本书。在家时，有闲暇时间，也会用来看书。不仅仅看专业书，也会看其他书，尤其是文史哲类。

工作中的一丝不苟、井井有条也是在长期的工作习惯中养成的。我喜欢整理案卷，阅读案卷，并且从头做起。阅读案卷时，会以事情发生的时间轴为主线，理出事情的发展经过，像读故事一样，读出其中对当事人有利的信息。

法律人的思维习惯是在长期的工作中形成的，与普通人的思维习惯存在一定差异。法律人的理性在思维习惯中会表现出不盲从，更具逻辑性。工作中，这种思维习惯还会蕴含着正义、公平的理念。这种理念又影响着你的思维，使得你对某件事情或某个案件作出判断时符合大众期待，因为，何为公平正义，每个人心里有杆秤。

五、坚持是律师专业化发展的保证

美国著名心理学家麦克利兰曾于1973年提出了一个著名“冰山模型”理论。他将人员在个体素质上的不同表现划分为看得见的表面部分——“冰山以上”和看不见的深藏部分——“冰山以下”。其中，“冰山以上”的部分包括我们常说的知识、技能，这是一个人的外在表现，它很容易被了解和测评，也很容易通过培训学习来加强和提升。而“冰山以下”的部分则包括我们容易忽视的社会角色、自我形象、特质和动机等人内在的部分。这部分非常不容易被外界所影响和改变，但它却对一个人的外在行为与表现起着至关重要的作用。那就是内在动机和特质，表现在外表就是坚持。

为什么很多学法律的人没有从事律师职业？为什么许多人开始了律师职业却中途退却？比起那些一直走下去、直到走上成功之路的同行，二者最大的区别可能就在于对职业的初心也即对自身的职业角色定位不同。现在的大多数年轻律师都是考大学、读法律、过法考、来律所实习、执业这样一条路走下来的，似乎一切都是安排好了的。执业初期，心气高、动力十足。然而，随着执业过程中一些困难和挫折的出现，就开始逐渐心灰意冷，甚至转行走人。我常常和我团队里的年轻律师说，知道“如何做事”很重要，但是弄清自己到底“要做什么事”以及“为什么要做”更重要。因为知道“如何做事”只是“冰山之上”的知识和技能，是可以慢慢习得的。而“要做什么事”实质上是通往成功的路径选择，“为什么要做”则构成你成功征途的强大内驱力，是决定着你能否坚持下去的关键因素。

现实中，行政法业务似乎没有民商事业务挣钱快、多，但其实这是分蛋糕和做大蛋糕的问题。当你一直是万精油式的律师时，你是在和别人抢蛋糕。而当你专注于某一领域从而获得更多客户时，你是在做大蛋糕。只有坚持，你才能在你的专业领域有一席之地，你才能获得专业客户的认可。

我常常说，当你选择了想走的路，并找到了坚持的理由，你就会想尽一切办法把事情做成、做好。坚持，而这就离成功不远了。

当你把一份工作当作职业去完成，那么它不过是一种谋生的手段。但如果你把它当作事业去看待，那么你就会有更多的思考和更多的行动，比如：关于如何扩大格局的思考，关于如何突破瓶颈的行动……而这些所思所行就是你可能不曾察觉却又实实在在的“坚持”。

法律人的坚持需以追求公平正义为目标，不忘初心，脚踏实地，以法律至上、委托人合法权益至上为宗旨，不辱使命，勤勉尽责，如履薄冰。记得2000年前后，我刚从政府部门辞职干律师时，承接了一起很多人认为简单得不能再简单的刑事案件。一年轻小伙是某公司业务员，收了货款30多万，没有交给公司。公司发现后向其追索，小伙便与公司签订一还款协议，约定半年内还清，每月还一部分。但他还了一期后便不再还了，原因是该年轻人好赌，没钱还了。后公司报案，控告其职务侵占。被抓后，我会见他时，他把整个案件的来龙去脉都告诉我。我告诉他，就这金额，属金额巨大，量刑在五年以上。与检察官交流时，检察官认为，这个案件没什么辩的，无非是说几句从轻的话，什么初犯啦，认罪态度好啦，非专业人士也可以说。我一直在琢磨，的确很多刑事案件的辩护流于形式，提出的从轻减轻理由大多都千篇一律，但恰恰是刑事案件关乎人的自由、财产、生命，更应审慎对待，否则，对不起信赖你的被告人。看守所隔着铁窗会见他的情景总会在我脑中出现，如何使他得到最公平公正的判决，正是法律人所应追求的公平正义，个案正义才是看得见的正义。开庭前几天，我反复看材料，一直在琢磨，他为什么要侵占？他为什么要签还款协议？他为什么签了协议又不能履行？又反复推敲法律和司法解释规定，查找大量案例，眼前突然一亮，发现，他的主观心态不是想将公司货款占为己有，而是因为好赌，挪用单位资金用于赌博，在签署还款协议后，还是因为赌博导致还了一期就不能再还了。不是不想还，是没有能力还。主观心态不正是犯罪构成要件中重要的一环吗？显然，他没有侵占公司货款的故意，只是想拿货款赌博，有能力归还时再行归还。于是，开庭时，我提出公诉机关定性错误的辩护意见，本案被告人的行为应构成挪用资金罪，并将还款协议作为证据提交，在设计发问问题时有意问到“为什么收到货款不交给公司”“为什么签了协议只履行了一次”“有没有故意逃避公司追缴”等。最终，法院完全采纳了我的辩护观点，判决被告人犯挪用资金罪，判处有期徒刑两年六个月。这一结果，出乎被告人及其家属的意料，法庭宣判后，被告人向本人深深地鞠了一躬，我如释重负。

之后，我虽然很少办刑事案件，但此案给我留下了深刻的印象。坚持不仅是专业的坚持，更是职业初心的坚持，职业良知的坚持。

结　语

2019 年 3 月司法部发布的大数据显示，截至 2018 年底全国执业律师已有 42.3 万人，并且按照五年改革纲要计划，至 2022 年中国律师将达 62 万人。面对众多的优秀同行和激烈的市场竞争，年轻律师该如何脱颖而出、找到属于自己的一片天地？以我个人经验而谈，走专业化道路绝对是成功的不二法门。然而律师的专业化道路并非康庄大道，平坦易行，它需要每一个年轻律师始终秉承初心，坚守对专业之热爱，依托自身优势、充分利用资源，通过智识的积累、实践的应用以及综合素质的全面提升方才实现。

人生没有白走的路，每一段经历都是财富，每一次努力付出都会有回报，只要选择正确的路并矢志不渝地坚持到底，律师的专业化发展就一定能够成功！

目 录

行政许可

行政处罚

行政处理

行政确认

行政赔偿

行政批复

行政强制执行

行政登记

行政协议

行政征缴

行政征收

行政许可

案例一

提起行政诉讼应具有原告主体资格且遵循一案一诉原则

☞【案例名称】

提起行政诉讼应具有原告主体资格且遵循一案一诉原则

——陈某某等三人诉南昌市新建区住房和城乡规划建设局、南昌市新建区房地产管理局、江西某建设公司撤销行政行为案

☞【基本案情】

江西某建设公司在南昌市新建县建设“甲住宅小区”独栋别墅项目。2006年5月29日，新建县城乡规划建设局（后改为“新建区住建局”）对该建设项目作出新城（2006）第048号《建设工程规划许可证》。然而，仅仅两天之后，即2006年5月31日，国土资源部发布通知，我国一律停止别墅类房地产项目供地和办理相关用地手续，并对别墅进行全面清理（指独栋别墅）。因此，2007年12月26日，新建区住建局发出通知，撤销（2006）第048号《建设工程规划许可证》并收回原件。随后，新建区住建局为江西某建设公司颁发了（2006）第226号《建设工程规划许可证》（在日期处注明“2006年5月29日换发”，上盖有“新建县城乡规划建设局村镇建设项目审批专用章”），主要内容如下：建设单位“江西某建设公司”，建设项目名称“甲住宅小区”，建设位置“新建县岭背林场老屋山村”，并有附图及附件。2011年6月8日，被告新建区住建局作出了《工程验收合格证》，并通知江西某建设公司凭此证和建设工程规划许可证、国有土地使用证办理房屋产权证。

2013年10月27日，陈某某、陈某某之妻黄某某和陈某某之子陈某甲（以

下简称“陈某某等三人”）分别与江西某建设公司就甲住宅小区的101#－A室和B室共两套房屋签订了《商品房买卖合同》。2014年1月，陈某某等三人支付了相应的房款并缴纳了契税。2014年4月2日，新建区房管局为陈某某等三人颁发了393号、394号《房屋所有权证》。

2015年8月27日，陈某某向新建区住建局申请书面公开甲住宅小区的施工图设计文件及房屋建筑工程竣工验收备案表材料。新建区住建局于2015年9月16日公开了“101#－A室和B室房屋的规划审批、质量监督、办理产权等相关材料”。

陈某某认为，其在装修时发现房屋存在严重的质量问题，在与江西某建设公司协商无果的情况下，通过申请政府信息公开的方式取得了甲住宅小区的资料，发现甲住宅小区的《建设工程规划许可证》应予撤销，理由在于：其一，房屋的建房红线图出具的日期是2008年7月1日，而《建设工程规划许可证》却颁发于2006年5月25日，严重违反了“先规划，后发证”的法定程序；其二，《建设工程规划许可证》的红线图将“拟建住宅楼规划为2F”登记为“叁层”，擅自变更规划文件，明显违反了相关规定，应当撤销该许可证；其三，拟建住宅楼规划时有外挂楼梯，然而房屋现状为没有外挂楼梯；其四，房屋是2012年3月25日竣工，而该房屋的《工程验收合格证》却是2011年6月8日颁发的。新建区住建局应依法责令江西某建设公司限期拆除违法建筑，不能拆除的，没收实物或违法收入，并对其处以罚款。因新建区住建局对江西某建设公司的涉案工程没有认真严格审查即予以验收合格，导致新建区房管局违法给陈某某等三人购买的101#－A室和B室房屋颁发了两套房产证，江西某建设公司违法规划建设的“甲住宅小区”的其他一百多户业主也均是违法颁发房产证。新建区政府对此存在监管不严的责任。请求法院判令：①依法撤销新建区住建局颁发的（2006）第226号《建设工程规划许可证》；②依法撤销新建区住建局颁发的《工程验收合格证》；③撤销新建区房管局颁发的393号和394号《房屋所有权证》；④新建区住建局责令江西某建设公司限期拆除甲住宅小区的101栋房屋，并依法对江西某建设公司作出罚款的行政处罚；⑤本案的诉讼费用由被告承担。

陈某某等三人直接以新建区住建局、新建区房管局为被告，向南昌市中级人民法院提起行政诉讼，南昌市中级人民法院作出指定管辖决定书，指定南昌市青山湖区人民法院审理。

2016年4月，青山湖区人民法院作出一审判决：①撤销新建区住建局颁发的（2006）第226号《建设工程规划许可证》，并判令重新作出行政行为；②撤销《工程验收合格证》中关于101#－A室和B室的内容；③撤销新建区房管局颁发的393号和394号《房屋所有权证》；④驳回陈某某等三人的其他诉讼请求。

若一审判决生效，则意味着甲住宅小区都将成为违法建筑，而所有业主与江西某建设公司签订的购房合同均面临着被认定无效的风险，这将给江西某建设公司带来灭顶之灾。江西某建设公司决定提起上诉，并委托律师代理本案的二审程序。

☞【代理思路与意见】

代理律师认为，一审主要涉及程序和实体两方面的问题，经过广泛的阅读文献、检索案例，起草了代理意见，并归纳要旨如下：

一、关于本案程序问题

（一）本案指定管辖没有法律依据

1. "指定管辖决定书"适用法律错误。南昌中院作出的"指定管辖决定书"援引《行政诉讼法》第23条第1款，即"有管辖权的人民法院由于特殊原因不能行使管辖权的，由上级人民法院指定管辖。"但该条款的适用条件为：①有管辖权人民法院已经受理；②有管辖权人民法院因特殊原因不能行使管辖权；③有管辖权人民法院向上级人民法院报请处理。本案中，有管辖权的人民法院为南昌市新建区人民法院，陈某某等三人从未向新建区人民法院提出起诉，更谈不上由新建区人民法院报请南昌中院处理。

2. 本案指定管辖决定启动程序错误。《行政诉讼法》第24条规定："上级人民法院有权审理下级人民法院管辖的第一审行政案件。下级人民法院对其管辖的第一审行政案件，认为需要由上级人民法院审理或者指定管辖的，可以报请上级人民法院决定。"可见，在行政诉讼中，只能是上级人民法院直接审理下级人民法院管辖的第一审行政案件或下级人民法院受理案件后向上级人民法院报请指定。而本案却是南昌中院（上级人民法院）在无任何有管辖权法院报送也无任何有管辖权争议的情况下直接指定下级人民法院，指定管辖决定启动程序错误。

（二）一审法院未对当事人提出的管辖权异议进行审查，明显违法

当时实施的《最高人民法院关于执行〈中华人民共和国行政诉讼法〉若干问题的解释》第10条第2款规定："对当事人提出的管辖异议，人民法院应当进行审查。异议成立的，裁定将案件移送有管辖权的人民法院；异议不成立的，裁定驳回。"本案指定一审法院审理后，新建区住建局、新建区房管局、江西某建设公司均提出管辖异议，一审法院未予审查，更未裁定移送管辖或驳回申请，仅在判决书的第14页阐述"关于被告和第三人提出的管辖异议申请，我院已在庭审中向各方当事人释明"，这明显违反该司法解释的规定。无论案件是否存在指定管辖的情形，对于当事人提出的管辖异议，均需法院作出正式的裁定书予以回应，不能以口头告知的形式不予审查，剥夺当事人申请管辖权异议的权利。

（三）一审程序违反行政诉讼"一案一诉"的基本原则

由于不同行政行为涉及原告是否适格、起诉期限是否符合法律规定、行政行为是否合法等多重考量，加之不同行政行为的司法审查适用标准、证明标准、审查强度等也不完全一致，因此，行政诉讼必须坚持一案一诉的基本原则。事实上，除2004年1月14日实施的《最高人民法院关于规范行政案件案由的通知》的规定外，早在1997年实施的《最高人民法院关于审理行政赔偿案件若干问题的规定》第28条就规定："当事人在提起行政诉讼的同时一并提出行政赔偿请求，或者因具体行政行为和与行使行政职权有关的其他行为侵权造成损害一并提出行政赔偿请求的，人民法院应当分别立案，根据具体情况可以合并审理，也可以单独审理。"该规定对一案一诉原则具有重要的指导意义，无论对行政行为还是对行政行为引致的行政赔偿提起行政诉讼，法院均应当单独立案，只是在审理时，可以选择合并审理或单独审理。本案中，陈某某等三人作为原告，要求法院在一个行政诉讼中审查四个行政行为，明显违反一案一诉原则，根本不符合立案条件。

（四）陈某某等三人不具有请求撤销《建设工程规划许可证》及《工程验收合格证》的原告主体资格

新建区住建局颁发《建设工程规划许可证》及《工程验收合格证》在

前，陈某某等三人与江西某建设公司签订《商品房买卖合同》在后，民事法律关系建立的时间晚于行政法律关系建立的时间，行政行为作出时尚未设定陈某某等三人的权利义务，故上述两行政行为与陈某某等三人并无法律上的利害关系，陈某某等三人不具有提起撤销《建设工程规划许可证》及《工程验收合格证》的行政诉讼的主体资格。

申言之，陈某某等三人在签订《商品房买卖合同》前，有权利也有义务对房屋的物理状态和法律状态进行全面了解，发现存在问题时，完全可以不购买。法律不应支持慵懒的公民是各国司法的基本理念。代理人在中国裁判文书网检索过相关的案例，无一例外地支持此观点，即行政法律关系成立在前，民事法律关系成立在后，民事法律关系介入行政法律关系的，民事主体不具有行政诉讼主体资格。

（五）陈某某等三人的诉讼请求超过了《行政诉讼法》及其司法解释规定的起诉期限

本案中，2013 年 10 月 7 日，陈某某等三人到项目部现场考察，选中了 101 号别墅，2013 年 10 月 27 日，陈某某等三人与江西某建设公司签订了《商品房买卖合同》。在《商品房买卖合同》第一条“项目建设依据”中，明确告知了工程规划许可证号即陈某某等三人第一项诉请指向的《建设工程规划许可证》。此时，陈某某等三人已经知道该行政行为的存在。此外，由于陈某某等三人购买的是现房，在购买房屋时也知道规划验收合格证的存在，而陈某某等三人直到 2016 年 1 月才针对规划许可、规划验收合格证提起诉讼，显然超过了当时实施的《最高人民法院关于执行〈中华人民共和国行政诉讼法〉若干问题的解释》第 41 条[1]规定的最长两年的起诉期限。

陈某某等三人在二审庭审提出，其虽然在购买房屋时知道行政行为存在，但是申请政府信息公开后知道行政行为违法，因此才提起诉讼。这种观点不能成立，因为，行政诉讼起诉期限自当事人知道或应当知道行政行为作出之日起计算，最长不超过两年，并不以当事人主观判断行政行为是否合法为准。

---

〔1〕《最高人民法院关于执行〈中华人民共和国行政诉讼法〉若干问题的解释》第 41 条第 1 款规定：“行政机关作出具体行政行为时，未告知公民、法人或者其他组织诉权或者起诉期限的，起诉期限从公民、法人或者其他组织知道或者应当知道诉权或者起诉期限之日起计算，但从知道或者应当知道具体行政行为内容之日起最长不得超过 2 年。”

二、关于本案实体问题

（一）新建区住建局作出的《建设工程规划许可证》因政策改变而调整，存在瑕疵也仅为程序问题，无需撤销

2006年5月29日，新建区住建局对江西某建设公司开发的“蓝天碧水住宅小区”建设项目作出了（2006）第48号《建设工程规划许可证》。2006年6月1日，国务院出台政策，从当日起停止别墅类房地产的开发，新建区住建局据此收回该证，在江西某建设公司变更施工图，将独栋住宅改为二代居住宅重新申报后，新建区住建局核发了新城村（2006）第226号《建设工程规划许可证》，注明“2006年5月29日换发”，主要内容包括建设单位、项目、位置、规模、附图等。由此可见，因国务院出台新的政策，新建区住建局对初始的规划许可做了调整，即使在改变过程中存在程序瑕疵，也完全没有必要撤销该行政行为，最多确认程序违法即可。

（二）新建区住建局作出《工程验收合格证》有事实依据

一审判决以现场勘查认定“没有外挂楼梯”，从而判断与图纸不符，因此，撤销《工程验收合格证》。暂且不论该现场勘查行为的效力如何，一审时，新建区住建局一再强调验收时是存在外挂楼梯的，江西某建设公司也认可验收后才将外挂楼梯拆除，陈某某等三人购房时也没有外挂楼梯，其显然是明知的。验收之后拆除外挂楼梯并不能否认验收行为的合法性。

（三）新建区房管局颁发《房屋所有权证》的行为合法

房屋所有权登记为转移登记，非初始登记，无需实地考察，行政机关仅作形式审查。

一般来说，初始登记权证因建造而取得，转移登记权证因买卖、赠与等而取得。初始登记需现场核查，转移登记无需现场核查。2008年《房屋登记办法》第32条规定：“发生下列情形之一的，当事人应当在有关法律文件生效或者事实发生后申请房屋所有权转移登记：（一）买卖；（二）互换；（三）赠与；……”陈某某等三人分别与江西某建设公司签订《商品房买卖合同》后，新建区房管局向陈某某等三人核发《房屋所有权证》，即属于该条款规定的转移登记。对于转移登记，房屋登记主管部门仅作形式审查，在核

实申请登记人提交的材料后即核发《房屋所有权证》。该行政行为完全合法。

况且，依据行政行为违法性继承/截断原理，只有前置行政行为因重大且明显违法被确认无效后，后续行政行为才可撤销。在本案不符合行政行为违法性继承的情况下，即使新建区住建局作出的《建设工程规划许可证》及《工程验收合格证》存在瑕疵，也不影响新建区房管局颁发《房屋所有权证》行政行为的合法性。需要特别指出的是，因本案错误地将多个行为合并起诉，将本该单独进行审查的房屋登记混同在规划许可、规划验收案中一并审查，假使前述规划许可、规划验收行为对房屋登记产生影响，也应先中止房屋登记案的审理，待规划许可、规划验收案审结后继续审理房屋登记案。

综上，本案一审程序违法，陈某某等三人不具有诉请撤销《建设工程规划许可证》及《工程验收合格证》的主体资格且超过起诉期限，应裁定驳回其对两行政行为的起诉，对于陈某某等三人以新建区房管局为被告提起的撤销《房屋所有权证》的诉请，应改判驳回其诉讼请求或裁定撤销一审判决，将本案发回重审。

☞【案件结果】

二审过程中，经过协商，陈某某等三人与江西某建设公司就民事争议达成和解，陈某某等三人申请撤回起诉，新建区住建局、新建区房管局、江西某建设公司申请撤回上诉，二审法院经审查认为撤回起诉和撤回上诉的申请不损害国家利益、社会公共利益、他人合法权益，符合法律相关规定，裁定如下：①准许陈某某等三人撤回起诉；②准许新建区住建局、新建区房管局、江西某建设公司撤回上诉；③撤销南昌市青山湖区人民法院作出的一审判决。

☞【裁判文书】

（2016）赣01行终66号行政裁定书

☞【办案心得】

本案在程序和实体方面有诸多可供研析之处，代理律师曾在多个讲座中引用过本案，也将本案一直作为团队成员入职笔试的题目之一。概括而言，本案的程序问题包括指定管辖问题、原告主体资格问题、一案一诉问题、起诉期限问题、行政民事交叉问题等，实体问题包括行政行为违法性的继承与截断问题等。每个问题都是行政诉讼中值得深思的重要问题，囿于篇幅所限，加之程序问题已在代理意见中作过详细阐述，此处，结合陈某某等三人请求撤销新建区房管局为其颁发的《房屋所有权证》的诉讼请求，代理律师在此进一步阐述行政行为违法性继承/截断理论。

一、基本概念

"行政行为违法性继承"存在于由连续数个行政行为构成的行政过程之中。当行政行为彼此之间相互关联，行政活动的整体过程是由一系列连续多阶段的行政行为构成时，先行行为中存在的违法性瑕疵，是否会影响作为结果的后续行为的合法性，便自然成为需要关注的问题。如果从肯定的角度出发，承认后续行政行为因此也具有违法性，即后续行政行为继承了先行行政行为中的违法性的现象，被称为"违法性的继承"。[1]如果从否定的角度出发，不承认后续行政行为具有违法性，即先行行政行为被撤销并不必然导致后续行政行为被撤销，被称为"违法性的截断"。

二、法理分析

行政行为违法性继承与否的问题，涉及行政行为不可避免的价值冲突——法的安定性与实质正义、程序正当与实体救济之间的冲突，加之，我国《行政诉讼法》并未规定"行政行为违法性继承或截断"制度，也没有对应的法律条款，因而，尽管在司法实践中，体现该理论的案件已经屡见不鲜，但大部分判决也是着眼于事实判断与法理分析。根据成协中副研究员的梳理与归纳，法院在认定行政行为违法性截断这一问题时，往往关涉以下理论：

1. 行政职权独立论。在现代社会，行政机关之间应当权限明确，彼此独立，互相尊重。未经法律授权，行政机关不得对其他机关负责的事项予以审查。据此，在多阶段行政活动中，由于作出后续行为的行政机关不负有对先行行为进行审查的职责，其只能在推定其合法有效的前提下作出后续行为。

---

〔1〕 朱芒："'行政行为违法性继承'的表现及其范围——从个案判决与成文法规范关系角度的探讨"，载《中国法学》2010年第3期。

不少法院认为在这种关联诉讼中，当事人不得以先行行为违法为由主张后续行为违法，法院也不得对先行行为进行合法性审查。

2. 审查范围独立论。在行政诉讼中，法院只对被诉行政行为的合法性予以审查。如果其他行政行为与被诉行政行为存在关联，其应当另行起诉或通过其他途径解决。这种观点我们称之为“审查范围独立论”。本案中，新建区房管局为陈某某等三人颁发《房屋所有权证》的行为属于行政确认行为，新建区住建局为江西某建设公司颁发《建设工程规划许可证》的行为属于行政许可行为，二者是不同行政机关作出的不同行政行为，在法院对新建区房管局颁发《房屋所有权证》的行为进行审查时，审查范围仅限于该行政确认行为，至于前阶段的行政许可行为，不属于审查对象——除非前阶段的行政行为重大且明显违法，法院无须进行实体审查，仅从行政行为的内容本身即可认定其违法或无效。

3. 权利义务影响论。在多阶段行政活动中，由于先行行为与后续行为在内容上存在关联，部分法院认为先行行为对当事人的权利义务影响是不确定的，其法律后果只有经过后续行为才能最终得以确定。据此，在针对后续行为进行审查时，不少法院会以先行行为不影响当事人的权利义务为由拒绝审查。这种观点我们将其归结为“权利义务影响论”。

4. 证据真实论。在多阶段行政程序中，由于先行行为与后续行为存在逻辑上、内容上的关联性，先行行为也因此经常成为支撑后续行为合法性的证据。在实践中，有法院从证据的角度，对先行行为与后续行为之关联作出了分析。我们将此种思路总结为“证据论”。当然，“构成要件不同于作为证据的行政决定”，在相关个案中，法院是从构成要件效力的角度展开分析还是从证据的角度展开分析，可能得出完全不同的结论。[1]

本案中，即可参酌上述理论。一方面，从行政职权独立论分析，初始登记权证因建造而取得，转移登记权证因买卖、赠与等而取得。初始登记需现场核查，转移登记无需现场核查。2008 年《房屋登记办法》第 32 条规定：“发生下列情形之一的，当事人应当在有关法律文件生效或者事实发生后申请房屋所有权转移登记：（一）买卖；（二）互换；（三）赠与；……”本案陈

〔1〕 成协中：“行政行为违法性继承的中国图景”，载《中国法学》2016 年第 3 期。

某某等三人与江西某建设公司签订《商品房买卖合同》后，新建区房管局向陈某某等三人核发《房屋所有权证》即属于此条规定的转移登记，对于转移登记，房屋登记主管部门仅作形式审查，其无权对住建局的先行行政行为进行实质审查，在核实申请登记人提交的材料后即核发《房屋所有权证》，该行政行为完全合法。另一方面，从审查范围独立论分析，因本案错误地将多个行政行为合并起诉，将本该单独进行审查的房屋登记混同在规划许可、规划验收案中一并审查，因而出现同时撤销的错误判决。假使前述规划许可、规划验收行为对房屋登记产生影响，也应先中止房屋登记案的审理，待规划许可、规划验收案审结后继续审理房屋登记案，而不是在同一行政诉讼中，即认定先行行政行为违法，并据此认定后续行政行为违法。

三、司法实践

司法实践中，最早关于行政行为违法性截断的判决，可追溯至2001年乔占祥诉铁道部春运期间部分旅客列车票价上浮案，一审法院认为："由于铁路客运价格关系广大群众切身利益，属于国家重要的服务性价格，为保证其统一和规范，保证国家和群众的利益，客运价格依法纳入了政府定价、政府指导价范畴，其制定和实施均应当经过法定程序申报和批准。被告作出的2001年春运期间部分旅客列车价格上浮的决定，是经过有关程序作出的，即被告经过有关市场调查、方案拟定、报送国家计委审查，国家计委在国务院授权其批准的权限范围内予以批准，被告依据国家计委的批准文件作出《票价上浮通知》的程序未违反有关法律规定。……依据《价格法》第二十三条的规定，主持价格听证会不属于被告的法定职权。"

在国家计委作出批准铁道部票价上浮方案文件的环节与铁道部作出《票价上浮通知》行为的环节之间，构成了先行行为与后续行为之间的关系。其中，根据1998年《中华人民共和国价格法》第23条的规定，是否举行听证会是批准价格上浮方案行为过程中的一个程序，即是否举行价格听证会属于先行行为中的程序构成要件。依照上述的判决，只要在形式上存在作为前提的批准文件，以此为依据，后续作出的《票价上浮通知》行为无需审查先行行为中是否应该和是否举行了听证会，即先行行为在程序要件方面是否存在违法性瑕疵并不影响后续行为的合法性。毫无疑问，该案的一审判决思路是建立在“违法性截断说”那样的逻辑基础之上的。[1]

在“张某珍、潘某明诉光山县发改委建设项目立项批复案”[2]中，法院认为：“虽然土地成交书对于被诉批复而言是在先的行政行为之一，但其作出后具有公定力和确定力。在该确认书被依法撤销前，其仍然具有法律效力。相关法律法规均未赋予投资主管部门对在先的其他具体行政行为的合法性进行实质审查的权利。金凯帝公司向光山发改委提交土地成交确认书和其他申请材料时，光山发改委对此只能进行形式审查，在它们符合法定形式要件的情况下，即应承认其合法性。在光山发改委作出的被诉批复这一具体行政行为本身不存在其他违法情形的情况下，即便作为在先具体行政行为的成交确认书存在违法性，也不能以此为由否定在后的被诉批复的合法性。否则，将影响阶段性行政许可行为中各独立具体行政行为的确定力，损害行政相对人和其他利害关系人的信赖利益。”

四、结论

行政行为违法性继承亦或截断这一命题，涉及多种类型的法的价值冲突。在法无明文规定的情况下，应当结合具体案情分析判断，根据行政诉讼的基本法理，若前后行政行为作出主体不同且存在逻辑上的先后顺序，从行政职权独立论、审查范围独立论等视角出发，在先行行政行为违法时，宜认定行政行为违法性截断，后续行政行为未必违法。

---

〔1〕 朱芒：“‘行政行为违法性继承’的表现及其范围——从个案判决与成文法规范关系角度的探讨”，载《中国法学》2010年第3期。

〔2〕 详见（2014）潢行初字第5号行政判决书。

案例二

行政执法信息公示不能替代执法决定和送达

☞【案例名称】

行政执法信息公示不能替代执法决定和送达

——江西某公司诉宜春市行政审批局行政许可纠纷案

☞【基本案情】

2021年11月，江西某公司在网站查询本公司企业资质时偶然发现，公司合法取得的建筑工程施工总承包叁级、施工劳务企业备案、市政公用工程施工总承包叁级、建筑装修装饰工程专业承包贰级资质均已被注销。随后江西某公司在宜春市行政审批局官网通知公告栏发现，2021年11月18日宜春市行政审批局发布了一则《关于撤回部分建筑业企业资质的公告》文件，具体内容为“2021年宜春市住房和城乡建设局对全市113家建筑业企业和3家监理企业开展了动态核查工作，发现部分企业存在建造师或技术人员严重缺失的问题，遂函至我局商请撤回部分企业资质。根据来函，我局经研究，决定撤回江西某公司等6家企业11项资质”。江西某公司对前述撤回资质公告不服，委托代理律师提起诉讼。

☞【代理思路与意见】

一、宜春市行政审批局提供的证据不足以认定江西某公司不符合建筑业企业资质标准，即作出被诉行政行为没有事实依据

本案事实是：2021年7月，宜春市住建局开展建筑业企业双随机核查，并根据调查结果商请宜春市行政审批局撤回江西某公司的资质，宜春市行政审批局经研究后，认定江西某公司不符合建筑业企业资质标准，随后通过公告的形式“撤回”了江西某公司的资质。但是，宜春市行政审批局在作出公告之前以及公告中均未向江西某公司说明认定公司不符合资质标准的理由，在举证期限内也未提供江西某公司双随机核查的全部调查资料，包括：工商营业执照、资质证书；企业技术负责人、注册执业人员、中级以上职称人员、技术工人等主要人员的专业、人数；企业净资产、厂房和技术装备；等等。仅是提供了据称前往办公地点拍摄的照片以及“江西住建云”上的截图材料，这些证据均不能证明江西某公司不符合资质标准，应当撤回江西某公司的建筑业企业资质。

二、宜春市行政审批局在作出被诉行政行为后，违法以公告形式代替作出书面决定

宜春市行政审批局自认在作出撤回资质决定的整个过程中没有作出任何书面决定，其辩称公告可以代替书面决定。但是，公告面向社会公众，属于政府信息主动公开的范畴；而书面决定针对特定行政相对人，属于行政机关作出的具体行政行为的表现形式。另外，依据《建筑业企业资质管理规定》第 28 条第 2 款规定：“企业不再符合相应建筑业企业资质标准要求条件的，县级以上地方人民政府住房城乡建设主管部门、其他有关部门，应当责令其限期改正并向社会公告，整改期限最长不超过 3 个月……”可以看出，部门规章已明确规定行政机关需同时向当事人作出责令限期改正通知书以及公示公告，二者并非选择替代关系。对于本案来说：首先，宜春市行政审批局应当向江西某公司作出《责令限期整改通知书》，责令公司限期整改；其次，如果公司逾期未整改，宜春市行政审批局应当向江西某公司作出《撤回行政许可意见告知书》，告知拟撤回行政许可决定的事实、依据，并告知其享有陈述、申辩权；最后，宜春市行政审批局在听取公司的陈述、申辩意见后，认为仍应当撤回行政许可的，则可以向江西某公司作出《撤回行政许可决定书》。

三、宜春市行政审批局作出被诉行政行为之前，未责令江西某公司限期改正，未听取江西某公司的陈述、申辩，作出被诉行政行为后以公告形式代替送达，程序严重违法

第一，宜春市行政审批局或宜春市住建局从未向江西某公司告知过限期整改。根据《建筑业企业资质管理规定》第 28 条之规定，资质许可机关对于不符合条件的企业可以撤回资质，但撤回之前必须给予企业自行整改的机会，即相关主管部门先行作出《责令限期整改通知书》，企业在指定期限内未能完成整改的，资质许可机关才可以撤回企业资质。本案中，江西某公司从未收到宜春市行政审批局或宜春市住建局作出的《责令限期改正通知书》，也就不可能知道应当进行整改。退一步讲，即使如宜春市行政审批局所称可以口头责令限期改正，但依据住建部《全面推行行政执法公示制度执法全过程记录制度重大执法决定法制审核制度实施方案》第 2 条第 2 项规范音像记录要求“对现场执法、调查取证、举行听证、留置送达和公告送达等容易引发争议的行政执法过程，根据实际情况进行音像记录”，假设宜春市住建局曾口头告知过限期整改，那么宜春市行政审批局理应提供完整的电话录音、录像资料，现在仅凭提供的一张通话记录照片根本无法证明具体的通话内容，即无法证明宜春市住建局或宜春市行政审批局告知了江西某公司要求限期整改的内容，更无法证明告知了限期整改的期限。

第二，宜春市行政审批局未告知江西某公司享有陈述、申辩权，未听取江西某公司的陈述、申辩意见。《中华人民共和国行政许可法》（以下简称《行政许可法》）虽然没有规定撤回行政许可的具体程序，但该法第一章总则中第 5 条、第 7 条规定了设定和实施行政许可所应遵守的原则、程序和利害关系人享有的法定程序权利。没有设定行政机关撤回行政许可所要遵循的具体程序性义务，但这并不意味着其就可以不需要程序，程序合法的底线在于正当程序原则，行政机关在此情况下应当遵循这一基本原则。行政机关撤回已经生效的行政许可，应当遵守正当程序原则，保障行政相对人依法行使陈述、申辩的权利，然而宜春市行政审批局在作出撤回行政许可决定之前，并未向江西某公司依法送达《撤回行政许可意见告知书》，也未告知其享有陈述、申辩权，更没有听取江西某公司陈述、申辩意见。

第三，宜春市行政审批局作出的被诉行政行为未能依法送达给江西某公司。本案中，宜春市行政审批局称由于联系不到江西某公司法定代表人，所以采取公告形式送达，但公告与公告送达二者完全不同：公告属于政府信息公开方式而非法定的送达方式，公告送达是民事诉讼法规定的送达途径之一，二者在公告的内容、目的以及后果等方面均不相同。因此，应当认定宜春市行政审批局作出的被诉行政行为未能依法送达给江西某公司。另外，由于宜春市行政审批局未能采取直接送达方式而以公告形式告知，导致江西某公司企业资质被注销的信息被社会公众知悉，严重影响江西某公司参加招投标活动，导致江西某公司生产经营困难，给江西某公司权益造成了重大的损害。

☞【案件结果】

鉴于宜春市行政审批局在一审审理过程中主动撤销被诉行政行为，即撤销作出的《关于撤回部分建筑业企业资质的公告》中关于“撤回江西某公司建筑工程施工总承包叁级、施工劳务企业备案、市政公用工程施工总承包叁级、建筑装修装饰工程专业承包贰级资质”的行为，江西某公司遂向法院申请撤诉，2022 年 6 月 9 日，宜春市上高县人民法院作出（2021）赣 0923 行初 244 号行政裁定书，裁定“准予原告江西某公司撤诉”。

☞【裁判文书】

（2021）赣 0923 行初 244 号行政裁定书

☞【办案心得】

根据委托人江西某公司介绍的基本案情，代理律师经认真分析后发现，宜春市行政审批局作出的撤回企业资质行为除实体上违法以外，程序上也存在违法之处：宜春市行政审批局在作出撤回江西某公司建筑业企业资质决定的整个过程中，没有向江西某公司送达任何书面决定，全部是以公告的形式代替了作出以及送达书面决定。鉴于此，代理律师除了阐述被诉行政行为事实认定错误、证据不足以外，更多地从被诉行政行为作出的形式、程序等方面阐述被诉行政行为违法。宜春市行政审批局对代理律师提出的观点表示认可，认为被诉行政行为确实存在事实不清、证据不足、程序违法等情形，主动撤销了被诉行政行为。

一、颁发建筑业企业资质证书行为性质分析

关于颁发建筑业企业资质证书行为属于行政许可还是行政确认，实务界与理论界一直存在着争议，对颁发建筑业企业资质证书行为性质分析首先需要厘清行政许可与行政确认的内涵，二者在以下方面存在不同：

二者比较	行政确认	行政许可
对象不同	是对既存的法律地位、法律关系、法律事实的确认。	旨在获得某种权利、权能或资格。
产生的法律后果不同	确认当事人是否具有某种权利或资格。	相对人是否可以获得申请的某种权利或资格。
行为的性质不同	不改变法律关系的状态，是对已有状态的肯定或否定。	以法律关系的设立、变更、转让、消灭为目的。
行为的内容不同	不直接增加负担或赋予权利，是利是弊，取决于确认时既存的状态。	属于授益性行政行为，直接表现为申请人授益。
行为方式不同	依申请和依职权。	依申请。

建筑业企业资质是资质许可机关依据建筑业企业的申请，对申请材料进行审查，审查合格的，予以颁发企业资质证书，确认企业具有从事土木工程、建筑工程、线路管道设备安装工程的新建、扩建、改建等施工活动的资格，这种颁证行为并不会增加企业的权利，也不会减损企业的权利，它只是代表国家行使一种资格确认的行为，是对已存在的法律事实的确认，因此，代理律师认为建筑业企业取得企业资质的行为属于行政确认。

但本案一审法官认为颁发建筑业企业资质证书行为属于行政许可行为，原因在于《建筑业企业资质管理规定》第 15 条规定："企业申请建筑业企业资质，应当如实提交有关申请材料。资质许可机关收到申请材料后，应当按照《中华人民共和国行政许可法》的规定办理受理手续。"既然依据《行政许可法》规定申请办理，则颁发建筑业企业资质属于行政许可。当企业不再

符合资质标准时，即企业不再满足取得建筑业企业资质证书应具备的条件、要求时，资质许可机关有权撤回已经颁发的企业资质，因而撤回建筑业企业资质行为性质上属于撤回行政许可。

二、行政执法信息公示不能替代执法决定和送达

第一，行政执法信息公示不能替代行政机关作出书面决定。行政执法公告是面向社会公众公布执法机关、执法对象、执法类别、执法结论等信息，比如行政处罚的公示，可以监督行政机关的执法工作，防止出现部分行政执法人员假借行政执法为由谋取私利，也可以对社会公众起到警示作用，遏制社会公众实施违法行为，可见行政执法公告是为了保障社会公众的知情权、监督权，属于政府信息公开的范畴；而行政机关作出的书面决定则是针对特定行政相对人，告知行政相对人作出决定的事实和法律依据、救济途径，因而书面决定是为了充分保障行政相对人的知情权以及救济权，让行政相对人充分了解行政决定的事实和法律依据，属于行政机关作出具体行政行为的表现形式。行政执法公告不能代替行政机关作出的书面决定。另外，国务院办公厅颁布的《关于全面推行行政执法公示制度执法全过程记录制度重大执法决定法制审核制度的指导意见》明确要求“……要出具行政执法文书，主动告知当事人执法事由、执法依据、权利义务等内容”。通过书面文书，行政相对人可以知悉行政决定的理由以及依据，这是对行政决定质疑、起诉的重要前提；又可以知悉申请行政复议、提起行政诉讼的期限和路径，这也是行政执法部门应当履行的教示义务。

第二，行政执法公告不能代替行政机关送达书面决定。对于行政文书的送达，可以参照《中华人民共和国民事诉讼法》（以下简称《民事诉讼法》）中关于送达的规定执行。《民事诉讼法》规定，当受送达人下落不明穷尽其他方式无法送达的情况下，方可采用公告送达方式告知行政相对人，当公告期限届满即视为送达；而行政执法公告则是行政机关事后向社会主动公开的执法信息，并非合法的送达方式，也就并不产生任何送达效力。行政机关作出书面决定后，应当进行有效送达，同时应当对书面决定内容进行公告，比如根据《关于全面推行行政执法公示制度执法全过程记录制度重大执法决定法

制审核制度的指导意见》第2条第6项[1]之规定，行政许可、行政处罚的执法决定信息要在执法决定作出之日起7个工作日内公开，行政执法公告不能代替行政机关送达书面决定。

---

[1]《关于全面推行行政执法公示制度执法全过程记录制度重大执法决定法制审核制度的指导意见》第2条第6项：加强事后公开。行政执法机关要在执法决定作出之日起20个工作日内，向社会公布执法机关、执法对象、执法类别、执法结论等信息，接受社会监督，行政许可、行政处罚的执法决定信息要在执法决定作出之日起7个工作日内公开，但法律、行政法规另有规定的除外。

行政处罚

案例三

"禁考公务员"属于行政处罚中的"限制从业"

☞【案例名称】

"禁考公务员"属于行政处罚中的"限制从业"

——朱某某诉国家公务员局行政处罚案

☞【基本案情】

2010年11月，朱某某参加了中央机关及其直属机构2011年度公务员录用的考试。2011年1月中旬，朱某某接到电话告知因其考试违纪考试成绩被取消并被终生禁考。朱某某无数次向考试中心提出异议，考试中心才向其寄出2011年1月9日作出的《公务员录用考试违纪违规行为告知书》（以下简称《告知书》），认定朱某某在行政职业能力测验考试中有违纪违规行为，给予朱某某取消本次考试资格并终身不得报考公务员的处理。朱某某收到该《告知书》后，立即联系该人事考试中心询问被处罚依据的事实和理由，但未获得任何答复。2011年11月2日，朱某某委托代理律师通过EMS方式向人力资源和社会保障部法规司邮寄了行政复议申请书、授权委托书等材料，申请行政复议，人力资源和社会保障部于2011年11月23日答复称其应向国家公务员局提出相关申请。朱某某于2011年12月16日又委托代理律师通过EMS方式向国家公务员局提起行政复议申请。

此后，朱某某开始了漫长的维权之路。由于国家公务员局始终未予答复，朱某某于2012年5月以行政不作为将其诉至法院，但法院未能受理。朱某某委托代理律师又无数次地向法院递交诉状和相关材料，法院既不收材料也不出具任何文书。2014年3月10日，朱某某又向法院递交了请求撤销《告知书》的行政起诉状。2015 年 3 月，得益于立案登记制的即将实施，法院才收材料，2015 年 5 月 1 日后，本案被北京市第二中级人民法院受理。

北京市第二中级人民法院经审理判决驳回了朱某某的诉讼请求。朱某某不服一审判决，向北京市高级人民法院提起上诉。

【代理思路与意见】

一、行政机关作出的“取消本次考试资格并终身不得报考公务员”的决定是行政处罚行为而非行政处理行为

代理人认为，国家公务员局对朱某某作出的《告知书》列明“取消本次考试资格并终身不得报考公务员的处理”属于2009 年《行政处罚法》规定的“行政处罚的种类：……（七）法律、行政法规规定的其他行政处罚”。国家公务员局的该决定直接剥夺了朱某某进入国家公务员系统的可能性，对朱某某的人生产生了巨大的影响甚至彻底的转变，应当被认定为行政处罚。国家公务员局在以“行政处理”之名行“行政处罚”之实。需要特别指出的是，法律上也并没有行政处理这一概念。

二、行政机关作出行政处罚没有事实依据

本案中，国家公务员局作出《告知书》的依据是《2011 年度中央机关公务员录用考试行政职业能力测验雷同试卷检测报告》（以下简称《检测报告》）。首先，从国家公务员局提交的证据显示，该《检测报告》由北京语言大学考试安全研究中心于2015 年5 月22 日作出，显然是在本诉形成之后，国家公务员局才取证的，违反了作出行政处罚必须“先取证，后处罚”的基本原则，无论载明的内容如何，该《检测报告》都是无效的。其次，国家公务员局辩称《检测报告》是从一份大的数据库中调取出来的，向朱某某作出行政处罚时依据的是当时大的数据库统计的结果，因为涉及众多考生的个人隐私，所以没有提交到法庭。代理律师认为，根据 2014 年《行政诉讼法》的规定，人民法院公开审理行政案件，但涉及国家秘密、个人隐私和法律另有规定的除外。如果国家公务员局认为涉及他人隐私，完全可以向法院申请不公开审理，这不会导致泄露其他考生的个人信息。最后，即使《检测报告》的作出机构北京语言大学考试安全研究中心有司法鉴定资格，该报告也只能作为作出行政行为的参考而非依据。众所周知，中央机关及其直属机构公务员考试行政职业能力测试全部为客观题，即选择题，既然是选择题，作出同样答案的概率是存在的，《检测报告》的作用应当类似于“测谎仪”，某种意义上，只有一种参考作用。如果只是因为选择的答案相同，在没有其他证据佐证的情况下，就认定考生作弊，难免有滥杀无辜，甚至“主观归罪”之嫌。

三、行政机关作出行政处罚的程序违法

首先，《行政处罚法》规定了行政相对人有陈述、申辩的权利。本案国家公务员局委托考试中心对朱某某作出处罚前，未告知朱某某任何权利，也未听取朱某某的意见，剥夺了朱某某陈述权、申辩权，国家公务员局作出的行政处罚是不能成立的；其次，本案国家公务员局对朱某某作出的终身不得报考公务员的处罚是极其严厉的，国家公务员局在作出行政处罚之前，应当告知朱某某有申请听证的权利，本案国家公务员局未告知朱某某有申请听证的权利，其作出行政处罚程序违法；此外，国家公务员局起初只是电话告知，在朱某某多次电话交涉之后，才向朱某某邮寄告知书，国家公务员局连基本的送达义务都没有依法履行，告知书中，也没有告知复议、诉讼等基本的救济途径，未履行基本的教示义务。

☞【案件结果】

本案一审法院北京市第二中级人民法院认为，国家公务员局给予在公务员录用考试中有违纪违规行为的应试人员取消本次考试资格并终身不得报考公务员的处理，是对违纪违规应试人员的一种行政处理方式。国家公务员局依照2009年《公务员录用考试违纪违规行为处理办法（试行）》第8条第1项的规定，对朱某某作出取消本次考试资格并终身不得报考公务员的处理，并委托人事考试中心告知朱某某上述处理结果，认定事实清楚、适用规章亦无不当。故北京市第二中级人民法院判决驳回了朱某某的诉讼请求。

朱某某对一审判决不服，向北京市高级人民法院提起上诉。北京市高级人民法院经审理认为，参照2009年《公务员录用考试违纪违规行为处理办法

（试行）》第 8 条第 1 项的规定，在考试或者阅卷过程中经查实认定报考者串通作弊或者有组织作弊的，由公务员考试机构或招录机关给予其取消本次考试资格的处理，并由省级以上公务员主管部门给予其终身不得报考公务员的处理。为严肃公务员录用考试纪律，国家公务员局采用雷同试卷甄别技术应对考试作弊问题，对有关雷同试卷按照上述规定处理，该考试规则未违背公务员录用考试工作的公平、公正原则。本案中，朱某某参加 2011 年度中央机关及其直属机构公务员录用考试，其行政职业能力测验考试的试卷经雷同试卷甄别被认定为跨考场两两雷同试卷，符合上述规定的适用条件，国家公务员局据此作出处理决定，并无不当。处理决定是对公务员录用考试违纪违规应试人员的一种行政处理方式，朱某某认为应当依照行政处罚程序作出处理决定的主张，缺乏法律依据。

综上，北京市高级人民法院认为一审法院判决驳回朱某某的诉讼请求正确，审判程序合法，故驳回朱某某上诉，维持一审判决。

☞【裁判文书】

（2015）二中行初字第 826 号行政判决书

（2016）京行终 641 号行政判决书

☞【办案心得】

一、行政机关往往认为其作出的“禁考公务员”等资格限制属于行政处理，不属于行政处罚，不适用行政处罚法，自然也不必遵循行政处罚法的有关规定，但是 2021 年初修订的《行政处罚法》将“限制从业”引入处罚体系，归入了行政处罚的范畴中

为了保护行政相对人的合法权益，使其免受强势的行政机关的任意践踏，行政处罚的类型只能由法律、行政法规规定。本案中，行政机关的决定“取消本次考试资格并终身不得报考公务员”直接剥夺了朱某某进入国家公务员系统的可能性，对朱某某的人生产生了巨大的影响甚至彻底的转变，但是法院却将之判定为一种行政处理而非行政处罚。2021 年开始实施的《行政处罚法》第 9 条将“限制从业”明确列为行政处罚的种类之一，这也意味着“禁考公务员”等对资格的限制被纳入行政处罚的框架进行规范。据此也可以看出本案代理律师的代理思路是顺应近年行政处罚法的立法趋势，同时符合一直以来大众对于行政处罚法的立法期望的。

二、对于行政相对人诉国家公务员局的行政诉讼，法院往往以各种理由拒绝立案。律师要对行政诉讼中的起诉期限有充分的认识，还应当结合案件事实，阐明立案中面临的客观困难，说明这些困难并不能归责于行政相对人的原因，争取法院立案，这是承办此类案件关键的一步

本案之所以多年来未成诉，在于国家公务员局的行政不作为，迟迟不给朱某某答复，且始终拒绝听取朱某某的陈述申辩。2015 年在新修订的《行政诉讼法》实施前，法院对此类案件的态度是不收材料也不出任何书面回复，更不要说作出不立案裁定，这也与当初的立案环境有关。行政诉讼设定起诉期限制度的目的在于督促当事人及时行使权利，化解行政纠纷矛盾，本案中，朱某某一直积极寻求向被告陈述、申辩、复议等机会，但是国家公务员局行政不作为，使朱某某无处申辩、无处复议、无处诉讼。如果因此剥夺朱某某诉讼的权利，对朱某某是不公平的。我们不能将行政不作为、司法不作为的后果让当事人承担，若如此，与行政诉讼法“解决行政争议，保护公民、法人和其他组织的合法权益”的立法本意也是相悖的。

需要特别指出的是，不同于民事诉讼中的诉讼时效制度，行政诉讼中采用的是“起诉期限”制度，因此，律师代理行政案件时一定要表述准确，杜绝低级错误，以免让他人怀疑律师的专业性。

三、证据在司法实践中具有极其重要的价值，是查明案件事实和认定案件性质的重要基础。质证是每一个案件至关重要的一步，行政机关作出行政处罚，自然应当探寻其处罚的事实依据，代理律师应当结合证据的来源、收集程序、主体、性质等多因素缜密质证，判断行政机关据以作出行政行为的证据是否满足证据的真实性、关联性、合法性的要求

“先取证，后裁决”是行政主体在作出具体行政行为时应遵循的一项基本原则。依照该原则，行政主体只能以其在作出具体行政行为时所依据的证据作为证明其行为合法的依据，而不能以事后收集的证据来证明其已作出的行为合法。这一原则体现于《行政诉讼法》第35条“在诉讼过程中，被告不得自行向原告和证人收集证据”和《最高人民法院关于行政诉讼证据若干问题的规定》第60条“下列证据不能作为认定被诉具体行政行为合法的依据：（一）被告及其诉讼代理人在作出行政行为后或者在诉讼程序中自行收集的证据”的规定。而本案中，国家公务员局作出《告知书》的依据是《2011年度中央机关公务员录用考试行政职业能力测验雷同试卷检测报告》。但该《检测报告》由北京语言大学考试安全研究中心于2015年5月22日作出，显然是在本诉形成之后国家公务员局才取证的，违反了作出行政处罚必须“先取证，后处罚”的基本原则。

案例四

非企业原因导致的土地闲置，行政机关不应无偿收回土地

☞【案例名称】

非企业原因导致的土地闲置，行政机关不应无偿收回土地

——海南某房地产开发企业与海南省澄迈县人民政府无偿收回国有土地使用权案

☞【基本案情】

2010年，海南某房地产开发公司（以下简称“该公司”）通过从B公司受让方式取得某地块的国有建设用地使用权及在建工程，由于政策调整和规划改变，未能顺利开发。经过协商，2016年1月，该公司与当地土地行政主管部门签订《限期开发土地协议书》，约定延期开发1年，即2016年1月29日起至2017年1月28日止。2016年11月9日，该公司取得案涉项目的建设工程规划许可证。2016年12月初，当地住建部门告知，暂不向该公司发放施工许可证，理由为整合该公司的地块与临近地块合并开发。后整合失败，2017年11月22日，该公司取得建筑工程施工许可证。由于案涉项目无出入口，工程车辆、人员无法通行，该公司向行政机关申请开通临时出入口，2018年1月6日，行政机关同意该公司开设临时出入口。

2018年2月，案涉项目正式开始施工。2019年7月，行政机关将案涉项目的土地规划用途由“旅馆用地”变更为“娱乐康体用地”。2019年11月，该公司向行政机关提交书面申请，请求将案涉项目用地恢复为产权式酒店用地。2020年1月，行政机关作出复函，原则同意案涉项目用地用途在编控规

中由“娱乐康体用地”调整为“旅馆用地”。此外，多年来，案涉地块存在低压地埋电缆、高压电线杆、变电站、配电房等供电设施，用于给附近12家单位供电，也影响了施工进度。

2020年8月，澄迈县土地行政主管部门向该公司作出《闲置土地认定书》，认为该土地为闲置土地，属于企业原因造成土地闲置，决定向该公司征收土地闲置费，并告知了该公司具有申请听证的权利。经过听证程序，2020年11月，澄迈县政府以该公司超过动工开发之日满2年未完成总投资额25%为由，决定无偿收回该公司的国有土地使用权。该公司不服，申请行政复议，请求撤销无偿收回国有土地使用权的决定。

☞【代理思路与意见】

接受委托后，代理律师团队进行了细致讨论，整理案件时间轴，并梳理出以下法律问题：

（一）通过转让而非出让的方式取得的土地，能否构成闲置土地？

根据《闲置土地处置办法》的规定，闲置土地以权利人与土地行政管理部门存在合同约定或划拨决定的约束为前提，适用于土地交易一级市场，那么，在土地交易二级市场——权利人通过转让取得土地及地上未竣工在建工程（从B公司取得）的，也可能构成闲置土地吗？

答案是肯定的，《海南省闲置土地认定和处置规定》第6条规定：“本规定第二条所称动工开发日期，按照国有建设用地使用权有偿使用合同约定或者划拨决定书规定认定；没有约定、规定或者约定、规定不明确的，以实际交付土地之日起1年为动工开发日期；实际交付土地日期不明确的，以核发土地使用权证之日起1年为动工开发日期。”由此可见，闲置土地的认定主要考量“动工开发”要素，有约定的从约定，没有约定的，依据实际交付土地之日或核发土地使用权证之日计算动工开发日期，至于土地的取得方式是出让、划拨还是转让，并非法定抗辩事由。

相关的司法案例也能佐证该观点，在海南招银地产有限公司（以下简称“招银公司”）与海南省文昌市人民政府（以下简称“文昌市政府”）无偿收回国有用地使用权申请再审一案中，最高人民法院指出：“从原审查明的事实来看……因为文昌市政府或文昌市国土局未与招银公司签订国有建设用地使用权出让合同，也没有约定动工开发日期，所以涉案土地的动工开发日期应参照《海南省闲置土地认定和处置规定》第 6 条‘以核发土地使用权证之日起 1 年’进行起算，即招银公司应当在 2012 年 5 月 18 日前动工开发。”[1]

（二）认定构成闲置土地，行政机关应尽到哪些调查义务?

《海南省人民政府关于进一步做好闲置土地处置工作的通知》明确要求，“（四）明确应动工开发和已动工开发建设用地面积的认定标准。应动工开发建设用地总面积，按照依法报建的建（构）筑物所占的基底土地面积进行认定，或者按照以下公式计算认定：应动工面积 = 建筑密度 × 出让土地总面积。……已动工开发建设用地面积可由市县土地行政主管部门委托具有相应资质的单位测量确定。（五）明确项目投资额的认定标准。项目总投资额按照土地使用权有偿使用合同或划拨用地决定书确定；……已投资额是指土地使用权人已经投入用于土地开发建设的资金总额，市县土地行政主管部门可以依据规划许可的项目报建方案，委托具有相关资质的单位进行评估确定。总投资额和已投资额不包括国有土地使用权出让价款、划拨价款和向国家缴纳的相关税费”。

由此可知，行政机关应尽到以下调查义务：其一，通过委托第三方机构测量的方式，查明应动工开发和已动工开发建设用地面积；其二，通过委托第三方机构评估、审计的方式，查明项目已投资额，并结合行政机关备案的项目总投资额，判断已投资比例。

本案中，县政府未委托具有相关资质的单位就投资额进行评估，未提交项目投资额不足 25% 的证据，在行政复议听证程序中，听证主持人询问县政府认定投资额不足 25% 的依据为何，县政府代理人亦不能作出明确答复。显然，县政府认定涉案地块属于闲置土地存在事实不清之处。

相关的司法案例也能佐证该观点，在长江商学院与三亚市人民政府、海南省人民政府及第三人海南中度旅游产业开发有限公司（以下简称“中度公司”）土地行政处罚及行政复议一案中，三亚市政府在作出 21 号收地决定之前，委托三亚达众科技有限公司进行外业调查，证实涉案甲地块现状为空地未开发；涉案乙地块仅建成一栋三层建筑，且已停工，建筑占地面积 2 849 平

[1] 见最高人民法院作出的（2020）最高法行申 2774 号行政裁定书。

方米，仅占该宗地总面积68 708.41 平方米约4.15%，据此认定长江商学院土地闲置，符合无偿收回国有建设用地使用权的条件。法院认为，该中介机构的调查报告可以作为三亚市政府认定构成闲置土地的依据。[1]

（三）若客观上构成闲置土地，闲置的原因如何认定？是否应无偿收回？

如前所述，客观上构成闲置土地之后，需分析具体原因，并作出不同的处置方式，本案主要涉及政府原因及不可抗力原因，梳理时间轴如下：

因政府原因应扣除多段起讫期间，包括审批该公司建设临时出入口、备注工程规划、研究更改规划用途、作出本案决定，又因新冠疫情扣除 3 个月的期间，扣除之后，该公司实际可以施工的时间为：2018.4 ~ 2019.7、2020.1 ~ 2020.2、2020.6 ~ 2020.7、2020.7 ~ 2020.8，其中，在前三个阶段，该公司亦不可能全面施工（基坑不能开挖完毕），原因在于土地上建有公用配电房、变电站、高压线、电缆。因此，案涉土地闲置系企业原因、政府原因、第三人侵权、相关部门不作为、不可抗力等多种因素导致，并非仅企业原因导致，无偿收回土地缺少事实依据。根据原国家质量监督检验检疫总局、国家标准化管理委员会联合发布的中华人民共和国国家标准——《土地利用现状分类》[2]，土地共分为耕地、园地、林地、草地、商服用地、工矿仓储用地等 12 个一级类别，每个一级类别包含若干个二级类别。每个类别对应的含义不同，土地的用途不同，“旅馆用地”指宾馆、旅馆、招待所、服务型公寓、度假村等用地，“娱乐康体用地”指剧院、音乐厅、电影院、歌舞厅、网吧、影视城、仿古城以及绿地率小于 65% 的大型游乐等设施用地，二者有显著区别。有关部门将土地规划用途由“旅馆用地”变更为“娱乐康体用地”对于项目建设、收益将产生显著影响，该公司申请更正规划的时间应计入因政府原因导致闲置的期间。

（四）县政府作出无偿收回土地决定与事先告知听证时的理由不一致，是否属于程序严重违法？

《行政处罚法》明确规定的事先告知程序，其立法目的在于确保行政处

---

〔1〕 见海南省高级人民法院作出的（2019）琼行终 429 号行政判决书。

〔2〕 http://c.gb688.cn/bzgk/gb/showGb? type = online&hcno = 224BF9DA69F053DA22AC758AAAADEEAA，最后访问时间：2021 年 8 月 25 日。

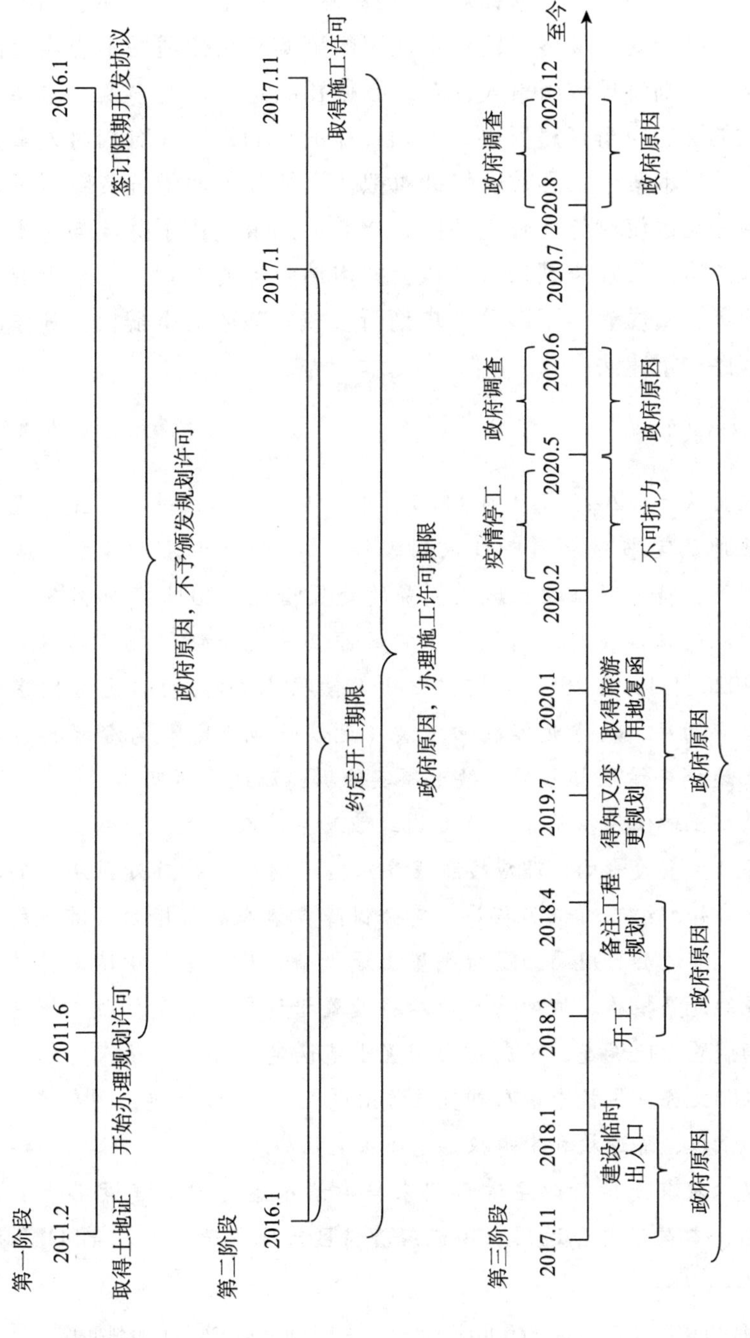
第一阶段
2011.2
取得土地证
2011.6
开始办理规划许可
2016.1
签订限期开发协议
政府原因，不予颁发规划许可
第二阶段
2016.1
2017.1
约定开工期限
2017.11
取得施工许可
政府原因，办理施工许可期限
第三阶段
2017.11
2018.1
建设临时出入口
政府原因
2018.2
开工
2018.4
备注工程规划
政府原因
2019.7
得知又变更规划
2020.1
取得旅游用地复函
政府原因
2020.2
疫情停工
不可抗力
2020.5
政府调查
2020.6
政府原因
2020.7
2020.8
政府调查
2020.12
政府原因
至今
政府原因，协调拆除公用供电设施

罚决定作出之前，当事人能够针对行政机关所拟认定的事实和适用的法律进行陈述申辩。基于此，最终处罚决定认定的事实和法律适用不应当超出事先告知的范畴，否则将导致当事人针对最终处罚决定认定的事实及法律适用未能进行有效的陈述申辩，违反事先告知程序的目的，构成对相对人重大程序权利的损害。[1]本案中，县政府仅针对拟作出征收土地闲置费履行了事先告知义务，该公司也仅对与征收土地闲置费有关的事实作了陈述与申辩，就无偿收回土地决定，县政府既未告知该公司申请听证的权利，也未听取该公司的陈述与申辩，实质剥夺了该公司申请听证权、陈述与申辩权，其作出案涉行政决定程序严重违法。

☞【案件结果】

复议机关认为：2021 年 8 月 11 日，澄迈县自规局经过闲置土地调查，作出《闲置土地认定书》和《听证权利告知书》，告知申请人涉案宗地因企业原因构成闲置，将采取征收土地闲置费的处置措施。2021 年 9 月 8 日，被申请人就此组织听证。在其此前调查认定的事实未发生任何改变的情况下，被申请人于 2020 年 11 月 26 日直接作出《无偿收地决定》：认定涉案宗地因企业原因闲置满两年，决定无偿收回。该《无偿收地决定》与澄迈县自规局作出的闲置土地调查结果相矛盾，缺乏事实依据，属认定事实不清。

无偿收回土地使用权属于行政处罚，涉及申请人重大财产权益，将对申请人权利义务产生重大影响，理应按照程序正当原则和《行政处罚法》的有关规定履行事先告知、组织听证等程序，充分保障申请人的知情权、陈述权和申辩权。本案中，澄迈县自规局经履行闲置土地调查程序，告知申请人将采取征收土地闲置费的处置措施。被申请人此后将处置措施变更为无偿收回土地，应依法重新启动闲置土地调查、重新作出闲置土地认定并告知申请人可就此申请听证等相关权利义务，但被申请人却直接作出《无偿收地决定》，剥夺了申请人依法享有的知情权、陈述权和申辩权，违反法定程序。

被申请人及其土地行政主管部门未与申请人签订国有建设用地使用权有偿使用合同，本案不符合适用《海南经济特区土地管理条例》第 41 条规定的

---

〔1〕 见北京市第一中级人民法院作出的（2015）一中行初字第 236 号行政判决书。

情形，被申请人依据该规定作出《无偿收地决定》，适用依据错误。被申请人启动闲置土地调查程序、作出闲置土地认定，遗漏适用《闲置土地处置办法》和《海南省闲置土地认定和处置规定》的相关规定，亦属适用依据错误。

根据《中华人民共和国行政复议法》（以下简称《行政复议法》）第28条第1款第3项第1、2、3目之规定，复议机关决定：①撤销被申请人澄迈县人民政府作出的无偿收回国有土地使用权的决定书；②责令被申请人澄迈县人民政府自收到本行政复议决定书之日起三个月内重新作出处理决定。

在重新处理阶段，澄迈县政府听取申请人的陈述申辩之后，决定不再作出无偿收回土地决定。截至2021年12月，涉案项目的地基工程已完工，主体结构部分已建设到地上五层，项目投资进度已占总投资额的70%，申请人避免了土地被无偿收回的严重后果，将继续依法依规进行商业开发。

☞【办案心得】

闲置土地的原因诸多，例如国家宏观政策的调整、开发商对地价上涨的期待、项目设计方案的调整、建设单位面临的法律纠纷、新冠疫情导致停工、台风天气等因素的影响等。然而，土地是不可再生资源，十分珍惜、合理利用土地和切实保护耕地是我国的基本国策，自然资源部也历来重视处理闲置土地的工作，2012年施行的《闲置土地处置办法》更是为闲置土地的调查、认定和处置提供了明确的法律依据。掩卷沉思，总结办案经验，代理律师认为在代理土地闲置被无偿收回这类案件中，应精准把握闲置土地的法律内涵与处置方式两个关键问题。

一、闲置土地的法律内涵

在中央立法方面，《中华人民共和国土地管理法》《中华人民共和国城市房地产管理法》《闲置土地处置办法》均对闲置土地作出规定，概括而言，存在下列情形之一的，就可能构成闲置土地：①取得建设用地使用权之后超过1年未动工开发的；②虽动工开发但建设面积或投资额低于国家规定标准且中止建设满1年的。在地方立法方面，各地结合自身情况，采取概括式和列举式相结合的立法技术，就闲置土地问题制定了地方政府规章，例如，《海南省闲置土地认定和处置规定》第2条规定："本规定所称闲置土地，是指具有下列情形之一的国有建设用地：（一）超过动工开发日期满 1 年未动工开发的；（二）超过动工开发日期满 2 年未完成项目投资总额 25% 的；（三）已动工开发但开发建设用地面积占应动工开发建设用地总面积不足 1/3 或者已投资额占总投资额不足 25%，中止开发建设满 1 年的；（四）法律、法规规定的其他情形。”但是，仅凭用地面积、时间、投资额等要素还不能准确界定是否构成闲置土地，“动工开发”也是必须考虑的因素，中央立法做了法律留白，可结合地方立法予以理解。例如，《海南省闲置土地认定和处置规定》第 5 条规定：“动工开发按照下列标准认定：（一）需挖深基坑的项目，基坑开挖完毕；（二）使用桩基的项目，打入所有基础桩；（三）其他项目，地基施工完成 1/3 以上。”综上，以海南省为例，闲置土地包括以下几种情况：

时间要素	面积要素	投资额要素	动工开发要素	是否构成闲置土地
超过动工开发日期满 1 年	–	–	未动工	构成
超过动工开发日期满 2 年	–	不满投资总额 25% 的	已动工	构成
中止开发满 1 年	开发建设用地面积不足总面积 1/3	–	已动工	构成
中止开发满 1 年	–	不满投资总额 25% 的	已动工	构成

（说明：①是否动工，依据基坑、桩基或地基的施工情况认定；②“ – ”表示该因素对于是否构成闲置土地无影响，不作为考量因素）

二、闲置土地的处置方式

县级人民政府作出闲置土地认定书之后，并非一定无偿收回土地，根据造成闲置土地的不同原因，可能的处置方式包括延长开发期限、征缴土地闲置费、无偿收回国有建设用地使用权等。以海南省为例，对闲置土地的处置方式如下表：

闲置原因	动工开发要素	处置方式
政府原因或不可抗力造成闲置	–	延长动工开发期限或协议有偿收回土地
土地利用总体规划、城乡规划依法修改造成闲置	–	附条件置换其他价值相当、用途和年限相同的土地
非政府原因、非不可抗力造成闲置	超过动工开发日期满 1 年未满 2 年不动工开发	征缴土地闲置费
非政府原因、非不可抗力造成闲置	超过动工开发日期满 2 年未动工开发的或投资额不足 25% 的或法律、法规规定的其他情形	可以无偿收回土地

（说明：“ – ”表示该因素对于处置方式无影响，不作为考量因素）

土地行政主管部门对企业展开调查时，应分析是否构成闲置土地，包括时间要素、投资额要素、开发面积要素等，必要时，委托中介机构进行评估或测绘，积极对相关证据予以保全。若确实构成闲置土地的，应分析闲置土地的原因，包括企业原因、政府原因、不可抗力等情形，并结合证据予以全面分析。

案例五

非规范性文件不能作为行政处罚的依据

☞【案例名称】

非规范性文件不能作为行政处罚的依据

——商丘市某燃气公司诉商丘市城管局责令限期拆除案

☞【基本案情】

本案是商丘市某燃气公司与商丘市人民政府、商丘市城管局未按约履行特许经营协议纠纷案的衍生案件。2019年12月5日，商丘市城管局作出《关于两家燃气企业纠纷协调处理意见的通知》（商城管［2019］294号，以下简称《294号通知》），载明："本着尊重历史、面对现实、有利经营管理，切实解决问题的原则，以6∶4股权共识为基础，在环城高速内商丘市规划区以城市道路中心线为界，划分南北区域，甲公司经营北区域，面积约为19 791公顷；乙公司经营南区域，面积约为13 339公顷；甲公司56平方公里以内维持原特许经营年限至2034年，56平方公里以外部分特许经营年限拟定为2019至2039年。乙公司经营年限为2019至2039年。"

2019年12月8日，商丘市城管局作出《关于严格管道燃气施工的通知》（商城管［2019］299号，以下简称《299号通知》），要求："一、一切管道燃气施工必须按《294号通知》要求的承诺执行。二、管道燃气施工需履行申报程序。三、未经商丘市规划部门和市政建设主管部门批准，在商丘市主城规划区进行所有管道燃气施工均按违法施工处置。"

甲公司不服《294号通知》，向河南省住房和城乡建设厅申请复议，该厅于2020年2月4日作出行政复议决定书，该决定书以纠纷系行政协议争议不属于行政复议受案范围和《294 号通知》对甲公司不产生法律拘束力，甲公司复议申请不符合受理条件为由驳回了行政复议申请。

2020 年 4 月 30 日，甲公司另案提起行政诉讼，请求判令商丘市政府、商丘市城管局按照约定履行《特许经营协议》。2021 年 1 月 15 日，周口市中级人民法院作出（2020）豫 16 行初 263 号行政判决，驳回甲公司的诉讼请求。2021 年 1 月，甲公司提起上诉。

在前案的上诉期内，2021 年 1 月 19 日，商丘市城管局向甲公司作出 2021 商城责停（改）通字［2021］第 01191 号《责令停止（改正）违法行为通知书》（以下简称“涉案行政决定”），认为甲公司在商丘市某住宅小区涉嫌违规进行天然气管道施工，违反了《294 号通知》。根据《299 号通知》，责令甲公司于 2021 年 1 月 21 日前改正：自行拆除在某住宅小区内违规安装的天然气管道设施。

甲公司不服，以商丘市城管局为被告，向商丘市睢阳区人民法院提起行政诉讼，诉讼请求如下：①撤销商丘市城管局作出的涉案行政决定；②审查商丘市城管局制定的《294 号通知》的合法性；③审查商丘市城管局制定的《299 号通知》的合法性。

☞【代理思路与意见】

本案被诉的行政行为是商丘市城管局对甲公司作出的涉案行政决定，而不是甲公司与商丘市政府签订的《特许经营协议》，二者法律关系不同，争议焦点不同，适用的法律也不尽相同。因此，本案应从合法性和合理性的角度对涉案行政决定进行全面考量，包括是否具有职权依据、法律依据、事实依据、程序是否合法、是否合理等。

代理律师认为，商丘市城管局对甲公司作出涉案行政决定不具有事实依据和法律依据，程序违法，应予撤销。商丘市城管局制定的《294 号通知》《299 号通知》内容违法、超越职权，不能作为涉案行政决定的规范性文件依据，具体理由如下：

一、商丘市城管局作出涉案行政决定缺乏事实依据，应予撤销

（一）商丘市城管局未举证证明甲公司“违规（进行）天然气管道施工”

2017 年《行政处罚法》第 4 条第 2 款规定，设定和实施行政处罚必须以

事实为依据，与违法行为的事实、性质、情节以及社会危害程度相当。2017年《行政处罚法》第30条又规定：“公民、法人或者其他组织违反行政管理秩序的行为，依法应当给予行政处罚的，行政机关必须查明事实；违法事实不清的，不得给予行政处罚。”因此，行政机关对公民、法人或其他组织作出涉案行政决定，必须查明违法事实并以其为依据。

根据2017年《行政诉讼法》第34条和《最高人民法院关于行政诉讼证据若干问题的规定》（法释〔2002〕21号）第1条关于举证责任的规定，商丘市城管局对作出的具体行政行为负有举证责任。本案中，涉案行政决定载明是“因甲公司涉嫌违规（进行）天然气管道施工的行为”而作出，但商丘市城管局所提交的证据没有任何一项证明了甲公司存在违规进行天然气管道施工的情形。

（二）甲公司在某住宅小区红线内安装燃气管道设施系用户自主选择，为法律所允许，认为甲公司“违规（进行）天然气管道施工”没有任何依据

1. 建筑区划红线内燃气设施不属于特许经营内容。根据《城镇燃气管理条例》对“燃气设施”的定义，“燃气设施，是指人工煤气生产厂、燃气储配站、门站、气化站、混气站、加气站、灌装站、供应站、调压站、市政燃气管网等的总称，包括市政燃气设施、建筑区划内业主专有部分以外的燃气设施以及户内燃气设施等”。由上述定义可见，燃气设施以建筑区划红线分界，可分为市政燃气设施与建筑区划内业主共有和业主专有的燃气设施，其中仅有市政燃气管道设施属于特许经营的内容，建筑区划内业主共有和专有的部分燃气管道设施，均不属于特许经营内容。

2. 建筑区划红线内的燃气工程安装属于市场化竞争的范围。国家发改委、住建部、市场监管总局联合发布《关于规范城镇燃气工程安装收费的指导意见》（发改价格〔2019〕1131号），对于“建筑区划红线内”的燃气工程安装规定“各地要加快建立完善公平开放的燃气工程安装市场，鼓励具备燃气工程安装施工能力的企业依法取得相应市政公用工程施工资质后参与市场竞争”。据此，河南省发展和改革委员会2019年8月1日也印发《关于规范我省城镇燃气工程安装费的通知》，明确河南省的“燃气工程安装工程已由市场形成价格”，且“鼓励具备燃气工程安装施工能力的企业依法取得相应市政公用工程施工资质后参与市场竞争”。

从上述国家和河南省的规定可见，为保障燃气用户权益及燃气工程安装的市场竞争，国家赋予建筑区划红线内燃气用户对管道安装施工企业的市场化选择权，只要燃气工程施工企业具有相关资质，即可受托进行燃气工程的安装，与特许经营范围无关。

案外人商丘某置业有限公司（委托方）与甲公司（承建方）签订的《管道燃气安装建设合同》第2（2）条“管网建设”约定，商丘某置业有限公司委托甲公司负责涉案小区内户外管线、设备的安装。可见，甲公司所安装的燃气管道即属于上述“建筑区划红线内”的管网设施，甲公司的安装行为即是市场化竞争、用户自主选择的结果，根本不属于“违规（进行）天然气管道施工”的情况。

二、商丘市城管局作出涉案行政决定缺乏法律依据

根据《行政诉讼法》第34条的规定，行政机关应当在行政诉讼中举证其行政行为所依据的规范性文件。商丘市城管局对甲公司作出涉案行政决定的“法律依据”仅有《294号通知》《299号通知》，两者皆为商丘市城管局自行作出的文件，且这两个文件均无权设定行政处罚，不能作为商丘市城管局对甲公司作出涉案行政决定的法律依据。

另外，为充分保障行政相对人的合法权益，监督行政机关依法行政，司法实践中对被告是否具有法律依据、是否正确适用法律，还要求行政机关明确其作出行政行为时的法律依据要具体到条、款、项、目。本案在庭审过程中，经过甲公司多次询问，商丘市城管局也未说明其作出涉案行政决定所依据的法律规定及具体条款。由此可知，商丘市城管局对甲公司作出涉案行政决定缺乏法律依据，应当被撤销。

三、商丘市城管局作出涉案行政决定的程序违法且明显不当

（一）商丘市城管局作出涉案行政决定未给予甲公司陈述、申辩权，未告知甲公司申请听证的权利

2017年《行政处罚法》明确规定了当事人享有陈述、申辩权。本案中，被告作出涉案行政决定前未向原告作出《事先告知书》，也未下发《陈述申辩通知书》等以保障甲公司的陈述、申辩权，程序违法。

根据2017年《行政处罚法》的规定，对于严重程度与责令停产停业、吊销许可证或者执照、较大数额罚款一样的责令限期拆除行为，也应当告知当事人享有申请听证的权利；而2021年《行政处罚法》更是从保障行政相对人权利的角度，扩大了听证的范围，责令限期拆除属于“较重的行政处罚”，也应当组织听证。本案中，商丘市城管局作出涉案行政决定，未告知甲公司申请听证的权利，程序违法。

（二）商丘市城管局未履行教示义务，未告知甲公司申请救济的权利

行政机关在作出行政处罚时应告知行政相对人依法进行救济的权利，包括申请行政复议或提起行政诉讼，并且应告知相应的申请期限、起诉期限。这是行政机关必须履行的法定义务。本案中，涉案行政决定并未载明原告申请行政复议或提起行政诉讼的途径和期限，被告亦未提交证据证明其在作出涉案行政决定时向原告履行了救济权利告知的义务，属于程序违法。

（三）涉案行政决定未给予甲公司合理履行义务的期限，其规定的履行期限程序明显不当

对行政行为的审查，除了合法性审查，还应对行政行为进行合理性审查。本案中，2021年1月19日，商丘市城管局向甲公司作出涉案行政决定，当日送达给甲公司，并要求甲公司于2021年1月21日之前改正，仅给予甲公司一个工作日的时间拆除全部天然气管道设施，明显违背生产、生活规律，客观上不可能履行。

四、《294号通知》《299号通知》不能作为认定涉案行政决定合法的依据

（一）商丘市城管局制定《294号通知》超越了法定职权

在行政相对人与行政机关就行政协议达成一致之后，行政机关有权监管、指导行政相对人的履行行为，为了社会公共利益的需要，行政机关有权对行政协议予以单方变更，但是无论监管、指导还是变更，均是在保障行政相对人作为独立的民事主体自行组织经营活动的基础上才可以实施的行政行为。商丘市城管局可以就甲公司违法或违反约定履行《特许经营协议》的行为（如有）依法监管、督促、警告、追究违约责任等，但是，商丘市城管局无权介入、干涉甲公司的经营活动，无权要求甲公司让出部分特许经营地域范围。

（二）《294 号通知》对甲公司不具有法律拘束力，不能作为涉案行政决定的依据

河南省住房和城乡建设厅作出的行政复议决定明确认定《294 号通知》对甲公司不产生法律拘束力，即不具有法律上的单方强制效力。商丘市城管局将不具有法律拘束力的《294 号通知》作为行政行为的依据，与生效法律文书的认定相背离，对其据此作出的行政行为，应予以撤销。

（三）《299 号通知》系对《294 号通知》的细化、具体规定，在《294 号通知》不具有合法性的情况下，《299 号通知》亦不合法，不能作为涉案行政决定的规范性文件依据

其一，《299 号通知》没有法律、法规、规章依据，违法增加当事人的义务，属于“规范性文件不合法”。其二，《299 号通知》根据《294 号通知》制定，主要内容为对《294 号通知》的细化、具体规定，如前所述，《294 号通知》内容违法、超越职权，不具有合法性，《299 号通知》的合法性前提已被推翻，其当然亦不能作为涉案行政决定的规范性文件依据。

综上所述，商丘市城管局作出涉案行政决定不具有事实和法律依据，且作出的程序违法、内容不当，应当被撤销；甲公司在涉案小区内建设管道设施，并不违反规定，商丘市城管局制定的《294 号通知》《299 号通知》内容违法、超越职权，不能作为涉案行政决定的法律依据。

☞【案件结果】

一审法院认为：“本案中，被告商丘市城管局向甲公司作出涉案行政决定，但其未能提供作出行政行为时对违法事实的调查、执法情况证据，也未提交作出行政行为的法律依据，故商丘市城管局作出涉案行政决定，程序严重违法，依法应予以撤销。关于甲公司要求对商丘市城管局作出的《294 号通知》《299 号通知》进行合法审查问题，《行政诉讼法》第 53 条规定‘公民、法人或者其他组织认为行政行为所依据的国务院部门和地方人民政府及其部门制定的规范性文件不合法，在对行政行为提起诉讼时，可以一并请求对该规范性文件进行审查。前款规定的规范性文件不包含规章’。《国务院办公厅关于加强行政规范性文件制定和监督管理工作的通知》（国办发［2018］37 号）对行政规范性文件界定为‘除国务院的行政法规、决定、命令以及部门规章和地方政府规章外，由行政机关或者经法律、法规授权的具有管理公共事务职能的组织（以下统称行政机关）依照法定权限、程序制定并公开发布，涉及公民、法人和其他组织权利义务，具有普遍约束力，在一定时期内反复适用的公文’。本案中，商丘市城管局作出的《294 号通知》是对甲公司和乙公司燃气经营区域纠纷的处理意见，《299 号通知》也是商丘市城管局基于甲公司和乙公司产生的燃气经营区域纠纷，针对甲公司和乙公司作出，商丘市城管局所作出的两份通知均是针对特定对象作出的行政行为，且甲公司对《294 号通知》曾向河南省住房和城乡建设厅申请复议，该厅复议决定书认为纠纷系行政协议争议，亦未认为《294 号通知》系规范性文件。综上，商丘市城管局作出的《294 号通知》《299 号通知》并非具有普遍约束力且在一定时期内反复适用的规范性文件，甲公司诉求对上述通知进行合法性审查无事实及法律依据，依照《最高人民法院关于适用〈中华人民共和国行政诉讼法〉的解释》第 69 条的规定，应予以驳回起诉。故判决如下：撤销商丘市城管局作出的涉案行政决定。”

商丘市城管局不服，提起上诉，商丘中院驳回上诉，维持原判决。

☞【裁判文书】

（2021）豫 1403 行初 45 号行政判决书

（2021）豫 14 行终 202 号行政判决书

☞【办案心得】

本案发生时，甲公司与商丘市政府、商丘市城管局的行政协议纠纷正在审理过程中，对于商丘市城管局作出的涉案行政决定，如何进行权利救济，甲公司也存在疑虑，经过审慎分析，甲公司采纳了代理律师的建议，最终也成功撤销了商丘市城管局作出的涉案行政决定，而本案折射出的行政诉讼思路及策略，也值得深思。

一、涉案行政决定的性质及诉讼思路

2021 年 1 月，商丘市城管局作出 2021 商城责停（改）通字［2021］第 01191 号《责令停止（改正）违法行为通知书》，全文如下：“因你单位涉嫌

违规天然气管道施工的行为，违反《294 号通知》规定，根据《299 号通知》的规定，现责令你单位立即停止违法行为，并于2021 年1 月21 日前改正。具体整改内容及要求如下：自行拆除在某小区内违规安装的天然气管道设施。”

由该涉案行政决定看出：文书名称为责令停止违法行为通知（即责令停止建设）；文书正文的一部分内容为责令改正，另一部分内容为责令限期拆除。根据《最高人民法院关于行政案件案由的暂行规定》，责令停止建设、责令改正均属于行政处理纠纷下的子案由，责令限期拆除则属于行政处罚纠纷下的子案由。此时，必须进一步厘清三者之间的关系：

第一，行政机关作出的行政行为的性质，应当结合作出主体、主要内容、事实依据、法律责任等综合判断，不能仅凭文书名称直接认定，实践中，也广泛存在行政机关错误套用法律文书模板的情形，因此，本案中，商丘市城管局作出涉案行政决定的文书名称虽为“责令停止（改正）违法行为通知书”，但是对甲公司创设的义务，远超过责令停止违法行为的范畴。

第二，2017 年《行政处罚法》第 23 条规定：“行政机关实施行政处罚时，应当责令当事人改正或者限期改正违法行为。”涉案行政决定所涉的若干内容中，实质影响甲公司权利义务的为责令限期拆除，而责令改正是行政机关作出责令限期拆除这一行政处罚时对甲公司附随的义务，其目的在于终止违法行为，责令改正本身不具有惩戒性，不属于行政处罚。

第三，对于责令改正的诉讼方式，代理律师认为：一方面，责令改正作为一个独立的行政行为而非行政处罚的前置行为时，责令改正属于行政处理决定，当事人不服的，可就责令改正申请行政复议或提起行政诉讼；另一方面，责令改正作为行政处罚的附随义务或前置行为时，实质影响当事人权利义务的系行政处罚，当事人不服的，应就行政处罚（本案的责令限期拆除行为）申请行政复议或提起行政诉讼。

二、规范性文件的界定及附带审查

《国务院办公厅关于加强行政规范性文件制定和监督管理工作的通知》规定，“行政规范性文件是除国务院的行政法规、决定、命令以及部门规章和地方政府规章外，由行政机关或者经法律、法规授权的具有管理公共事务职能的组织（以下统称行政机关）依照法定权限、程序制定并公开发布，涉及公民、法人和其他组织权利义务，具有普遍约束力，在一定期限内反复适用的公文”。政府规范性文件有以下特征：

第一，制定主体的广泛性。从纵向看，从基层的乡镇人民政府、街道办事处到国务院各组成部门、专业委员会等，均有权制定规范性文件。虽然《中华人民共和国立法法》（以下简称《立法法》）规定国务院各部门及地方人民政府有权制定规章，但是，并不意味着上述行政机关制定的广义的规范性文件均为规章，《国务院工作规则》也明确，国务院各部门有权制定规章或规范性文件。例如，为规范民政部部级课题管理，民政部办公厅制定《民政部部级课题管理办法》。从横向看，承担不同的行政管理职能的政府组成部门，均有权在相关领域内制定政府规范性文件。例如，为规范行政执法信息公开行为，济南市工商行政管理局制定《行政执法信息公示暂行办法》。

第二，法律效力的低阶性。法律效力位阶，是指每一部规范性文件在法律体系中的纵向等级。下位阶的法律必须服从上位阶的法律，所有的法律必须服从最高位阶的法律。我国《立法法》规定了法的位阶问题，下位法不得与上位法的规定相抵触；同位法之间具有同等效力，在各自的权限范围内施行。政府规范性文件的效力低于宪法、法律、行政法规、地方性法规、自治条例和单行条例、地方政府规章，属于“规章之下的法律文件”。

第三，规范领域的具体性。尽管政府规范性文件的效力具有低阶性，但是绝不意味着其作用的“低阶性”。根据奥地利法学家汉斯·凯尔森提出的“纯粹法学”理论，法律层级越高，其统摄的社会事实越抽象；法律层级越低，其统摄的社会事实越具体。政府规范性文件根据上位法的规定，结合地区实际情况，对某一领域、某一事项的法律适用问题作出规定，而这些规定往往与行政相对人的关系最为密切。例如，《国有土地上房屋征收与补偿条例》规定，为了公共利益的需要，征收国有土地上单位、个人的房屋，应当对被征收房屋所有权人给予公平补偿。但是，该规定具有原则性，每个地区的实践有所不同，在开展房屋征收工作时，征收主体根据《国有土地上房屋征收与补偿条例》的相关规定，结合当地实际情况，制定详细的《征收补偿安置方案》，规定被征收片区内的相关补偿安置事项。

第四，制定程序的便捷性。政府规范性文件的制定程序较为便捷，制定周期较短，一般遵循立项、评估论证、公开征求意见、合法性审核、集体审议决定、向社会公开发布等程序。同时，重视公开征求意见及专家论证的作用。例如，在起草《宿迁市市区饮食业油烟污染防治办法》时，2018 年 8 月，宿迁市城市管理局专门组织市级相关单位专家、宿迁市餐饮协会秘书长、光大公司负责人等相关领域的专家组织论证，提出意见。

综合上述分析可知，《294 号通知》《299 号通知》系商丘市城管局针对甲公司、乙公司关于特许经营范围的争议作出，不具有普遍约束力，不能反复使用。借用过去的行政法概念，《294 号通知》《299 号通知》均属于具体行政行为而非抽象行政行为，无须予以附带审查。既然如此，甲公司为何在本案诉讼中要求进行附带审查呢？

虽然复议机关已经认定《294 号通知》对于甲公司不产生法律拘束力，但是，商丘市城管局依然将其作为履行行政管理职能的依据，并多次以此为由向甲公司施加压力，例如本案即责令甲公司自行拆除管道设施。因此，甲公司只能寻求司法救济，诉请法院对《294 号通知》《299 号通知》是否具有法律拘束力作出明确判断，由法院明确认定其不得作为行政行为的依据。甲公司的“明知故问”“投石问路”实属无奈之举，但从诉讼策略上，确实一定程度上避免了有关部门继续行政乱作为。

最后，关于一审判决对是否附带审查的处理方式，代理律师认为欠妥。《最高人民法院关于适用〈中华人民共和国行政诉讼法〉的解释》第 69 条规定的是对行政行为本身应当裁定驳回起诉的情形，而规范性文件的审查是在法院审查行政行为时附带审查，法律并未规定对规范性文件的审查可以驳回起诉。况且，即使驳回起诉，根据“一案一诉”原则，法院也只能对案件进行拆分并另案裁定驳回起诉，不能在本案判决书中直接驳回。代理律师认为，根据法律规定，若法院认为规范性文件与被诉行政行为无关，正确的处理方式是在“本院认为”部分阐明不予审查的理由，无须也不应对规范性文件附带审查的请求裁定驳回起诉。

案例六

对当事人的权利义务产生重大影响的行政处罚应适用排除合理怀疑的证明标准

☞【案例名称】

对当事人的权利义务产生重大影响的行政处罚应适用排除合理怀疑的证明标准

——周某某诉中国证监会行政处罚案

☞【基本案情】

山东江泉实业股份有限公司（以下简称“江泉实业”）是一家上海证券交易所上市公司，其控股股东为华盛江泉集团公司（以下简称“华盛江泉公司”）。2010年以来，江泉实业一直寻求卖壳。唯美度科技（北京）有限公司（以下简称“唯美度公司”）自2013年计划借壳上市，并通过中间人委托张某某帮助寻找“壳资源”。2014年6月12日，江泉实业发布《关于公司筹划重大资产重组停牌公告》，称因华盛江泉集团有限公司拟对本公司进行重大资产重组，公司股票自2014年6月12日开市起连续停牌不超过30日。6月26日，华盛江泉公司与唯美度公司签署了《重大资产重组框架协议》，后江泉实业先后于7月11日、8月8日发布《重大资产重组暨延期复牌公告》。9月12日，江泉实业复牌。

张某某于1990年毕业于成都体育学院，自由职业者，长期从事资本市场相关工作。周某某系成都体育学院教授，是张某某本科时的老师。周某某系多年炒股的股民，其账户于1993年8月开立，上海股东代码为A129225678，2011年11月，周某某开立信用账户，上海股东代码为E001341001。上述账户均由周某某本人操作。周某某的 A129225678 账户分别于 2014 年 5 月 8 日、14 日、15 日、16 日、19 日、23 日、26 日、27 日、30 日大量买入江泉实业，并于 5 月 12 日、6 月 6 日部分卖出。E001341001 账户分别于 2014 年 6 月 3 日、4 日、6 日、10 日、11 日大量买入江泉实业，并于 5 日、10 日、11 日部分卖出。截至 2014 年 8 月 26 日，周某某上述账户共计买入江泉实业 3 436 489 股，卖出 1 056 800 股。2014 年 9 月 24 日至 2014 年 10 月 8 日，周某某账户将内幕交易敏感期内所买股票全部卖出，按照先进先出法，扣除相关税费，获利 10 529 910.65元。该账户买入江泉实业的资金主要来源于周某某自有资金。

赖某某账户开立于 2011 年 11 月，系周某某学生，该账户自 2013 年 4 月起由周某某操作，分别于 2014 年 5 月 14 日、23 日，6 月 3 日、5 日共计买入江泉实业 281 200 股，2014 年 9 月 24 日全部卖出，扣除相关税费，获利 1 240 390.31 元。

李某某账户开立于 1999 年 6 月，为周某某的朋友。2013 年 3、4 月份，李某某主动提供资金和证券账户给周某某，约定回报率为每年 10%。2013 年 4 月之后，李某某账户一直由周某某操作。该账户于 2014 年 5 月 27 日买入江泉实业 218 500 股，2014 年 9 月 24 日全部卖出，扣除相关税费，获利 869 819.07 元。

2014 年 7 月 7 日，证监会接上海证券交易所反映江泉实业因筹划重大资产重组停牌前，赖某某、李某某等账户交易异常的情况后，决定进行调查。后证监会对周某某依法开展调查，在调查过程中，因发现张某某、周某某等人行为涉嫌犯罪，证监会于同年 10 月 14 日将该案移送公安机关。

2014 年 8 月 13 日，周某某在接受证监会询问时表示张某某跟我说江泉实业有重组预期，本着扭转今年投资亏损的想法，我决定买入江泉实业。2015 年 1 月 19 日，周某某在接受四川省公安厅经济犯罪侦查总队讯问时，当民警问及其是否有涉嫌内幕交易的犯罪事实时，其作出如下供述："我从我的学生张某某那里得知江泉实业有重组预期的消息后，我要出差美国一个多月，经过自己分析大量买入了江泉实业股票。直到 2014 年 4 月份，我记得在体育学院网球馆二楼的茶楼里，张某某过来找我聊天喝茶，当时就我们两个人，张某某过来找我商量如何开发汶川那片林地，然后我们两个聊了一下股市壳资源，张某某给我推荐了四川圣达、江泉实业、新嘉联和高新发展 4 只股票。

张某某给我讲这4只股票都有重组的预期，然后我就问张某某为什么认为这4只股票有重组的预期，当时张某某每只票都给我分析了，因为时间有点久，其他几只票我记不清楚了，但是我对江泉实业这只股票印象比较深刻，因为那段时间我知道张某某经常跑南充，后来张某某讲起江泉实业时才知道，当时张某某去南充就是在做江泉实业和四川南充的四川泰合置业集团（以下简称‘泰合置业’）洽谈借壳重组上市的事情，这次洽谈过程中，张某某作为中间人直接参与了。当时我听了觉得这个消息比较可信。”

2015年7月15日，四川省公安厅公安局对周某某作出《终止侦查决定书》川公直（经）终侦字〔2015〕01号，查明周某某涉嫌内幕交易证据不足，根据2012年《公安机关办理刑事案件程序规定》第183条第2款之规定，决定终止对周某某的侦查。

2015年7月28日，公安部将周某某交易江泉实业案移送证监会依法处理，并将有关证据材料移送证监会。2016年1月4日，证监会向周某某作出《行政处罚事先告知书》，告知拟对周某某作出行政处罚的事实、理由、依据，并告知其相关权利。

2016年3月4日，四川省成都市中级人民法院作出一审判决认定张某某犯内幕交易罪，判处有期徒刑三年，缓刑四年，罚金人民币200万元，对其违法所得2 007 606元予以追缴。

2016年8月16日，证监会对周某某作出行政处罚决定，认定事实如下：“一、江泉实业与唯美度公司所进行的重大资产重组事项属于《中华人民共和国证券法》第67条第2款第8项[1]规定的重大事件，江泉实业发布《重大

〔1〕 2014年《中华人民共和国证券法》（以下简称《证券法》）第67条第2款规定：“下列情况为前款所称重大事件：（一）公司的经营方针和经营范围的重大变化；（二）公司的重大投资行为和重大的购置财产的决定；（三）公司订立重要合同，可能对公司的资产、负债、权益和经营成果产生重要影响；（四）公司发生重大债务和未能清偿到期重大债务的违约情况；（五）公司发生重大亏损或者重大损失；（六）公司生产经营的外部条件发生的重大变化；（七）公司的董事、三分之一以上监事或者经理发生变动；（八）持有公司百分之五以上股份的股东或者实际控制人，其持有股份或者控制公司的情况发生较大变化；（九）公司减资、合并、分立、解散及申请破产的决定；（十）涉及公司的重大诉讼，股东大会、董事会决议被依法撤销或者宣告无效；（十一）公司涉嫌犯罪被司法机关立案调查，公司董事、监事、高级管理人员涉嫌犯罪被司法机关采取强制措施；（十二）国务院证券监督管理机构规定的其他事项。”

资产置换及发行股份购买资产暨关联交易报告书（草案）》前，相关信息属于《中华人民共和国证券法》第75条第2款第1项[1]规定的内幕信息。张某某作为中间介绍人参与本次重大资产重组筹划，最迟不晚于2014年4月29日获悉相关信息，是内幕信息知情人；二、周某某从张某某处获悉内幕信息，并于涉案期间内控制周某某、赖某某、李某某账户买入江泉实业，并于2014年5月12日至10月8日期间卖出获利。周某某的行为违反了《中华人民共和国证券法》第73条[2]和第76条第1款[3]的规定，构成《中华人民共和国证券法》第202条[4]所述内幕交易行为，违法所得为12 640 120.03元。根据周某某违法行为的事实、性质、情节与社会危害程度，依据《中华人民共和国证券法》第202条的规定，决定对周某某没收违法所得12 640 120.03元，并处以12 640 120.03元罚款。”

周某某不服，向北京市一中院提起行政诉讼，请求撤销上述行政处罚决定。

☞【代理思路与意见】

本案涉及证券监管中内幕交易问题，代理律师接受委托后，通过阅卷、调查取证、阅读文献等，归纳出以下问题：①江泉实业的交易信息是否属于内幕信息，张某某是否属于内幕信息知情人员；②周某某交易时是否掌握并

---

〔1〕 2014年《证券法》第75条第2款规定：“下列信息皆属内幕信息：（一）本法第六十七条第二款所列重大事件；（二）公司分配股利或者增资的计划；（三）公司股权结构的重大变化；（四）公司债务担保的重大变更；（五）公司营业用主要资产的抵押、出售或者报废一次超过该资产的百分之三十；（六）公司的董事、监事、高级管理人员的行为可能依法承担重大损害赔偿责任；（七）上市公司收购的有关方案；（八）国务院证券监督管理机构认定的对证券交易价格有显著影响的其他重要信息。”

〔2〕 2014年《证券法》第73条规定：“禁止证券交易内幕信息的知情人和非法获取内幕信息的人利用内幕信息从事证券交易活动。”

〔3〕 2014年《证券法》第76条第1款规定：“证券交易内幕信息的知情人和非法获取内幕信息的人，在内幕信息公开前，不得买卖该公司的证券，或者泄露该信息，或者建议他人买卖该证券。”

〔4〕 2014年《证券法》第202条规定：“证券交易内幕信息的知情人或者非法获取内幕信息的人，在涉及证券的发行、交易或者其他对证券的价格有重大影响的信息公开前，买卖该证券，或者泄露该信息，或者建议他人买卖该证券的，责令依法处理非法持有的证券，没收违法所得，并处以违法所得一倍以上五倍以下的罚款；没有违法所得或者违法所得不足三万元的，处以三万元以上六十万元以下的罚款。单位从事内幕交易的，还应当对直接负责的主管人员和其他直接责任人员给予警告，并处以三万元以上三十万元以下的罚款。证券监督管理机构工作人员进行内幕交易的，从重处罚。”

依赖张某某提供的信息；③在公安机关已经认定周某某不构成内幕交易罪的情况下，证监会以实施内幕交易为由作出行政处罚是否具有事实依据；④处罚金额是否具有事实依据。据此，梳理代理思路如下：

一、张某某的公开身份并非内幕信息知情人员

2014年《证券法》第74条规定："证券交易内幕信息的知情人包括：（一）发行人的董事、监事、高级管理人员；（二）持有公司百分之五以上股份的股东及其董事、监事、高级管理人员，公司的实际控制人及其董事、监事、高级管理人员；（三）发行人控股的公司及其董事、监事、高级管理人员；（四）由于所任公司职务可以获取公司有关内幕信息的人员；（五）证券监督管理机构工作人员以及由于法定职责对证券的发行、交易进行管理的其他人员；（六）保荐人、承销的证券公司、证券交易所、证券登记结算机构、证券服务机构的有关人员；（七）国务院证券监督管理机构规定的其他人。"

从证监会提供的证据材料可知，张某某既不是中介组织人员（证券机构、律师等）也不是重组各方单位董事、监事、高级管理人员，即不是上述2014年《证券法》所规定的内幕信息知情人员，其公开身份是一位普通股民。对于张某某是否参与江泉实业重组事宜，周某某是不知晓的。对于张某某提供的任何信息，即使是真实的，任何人也只会将信将疑，因为，在此之前，张某某自己就是一位失败的股民，其关于股票市场的任何言论只会当作茶余饭后的谈资而已，任何人也不会认为其有资格和能力能掌握内幕信息，更不会认为其谈论股票时是在透露内幕信息。

认定行为人存在利用内幕信息进行交易的行为显然需要两个前提条件：一是行为人知道提供信息的人为内幕信息知情人员；二是行为人知道提供信息的人提供的是没有公开的内幕信息。本案中，没有任何证据证明周某某知道同是股民的张某某是内幕信息知情人，也就谈不上利用（暂不考虑周某某是否真实际利用）张某某提供的信息作为内幕信息从而进行非正常交易。

二、张某某从未向周某某透露其当时正在参与江泉实业重组事项

首先，从张某某的笔录可以看出，张某某从未向周某某说过（明示或暗示）江泉实业会重组，和谁重组等，恰恰相反的是，在张某某所写的"情况

说明”中写道：“记得他（指周某某）去美国前给我电话，能否买点江泉实业赌赌，反正便宜。我讲我不清楚，不知道，最好不要买。”这表明，张某某不仅没有说过江泉实业重组事宜，反而劝说周某某不要买江泉实业。另一方面，在周某某委托律师对张某某所做的《调查笔录》中，张某某也证实，其与周某某在江泉实业这只股票上，从来没有任何合作，也没有让周某某去买江泉实业的股票。

其次，江泉实业重组预期在资深股民眼中已是众所周知的信息，不存在从张某某处获得信息的客观可能性。当时财经新闻、东方财富网、百度贴吧等均江泉实业重组预期的消息，周某某经过层层筛选才最终选择了江泉实业。

最后，在四川省公安厅公安局对周某某侦查过程中，曾经对周某某的手机、电脑等做过技术恢复，调查了与张某某的短信往来记录，并未发现张某某向周某某透露江泉实业重组预期的证据，这足以证明周某某与张某某之间的联络仅是朋友之间的正常联络，并不涉及江泉实业重组预期的信息。

因此，在内幕信息公开前，无论双方是否联络频繁，都不必然表明周某某“理应”知道张某某是内幕信息知情人，更不必然表明，张某某向周某某透露江泉实业重组的内幕信息。

三、周某某并不知晓江泉实业重组的内幕信息

一方面，在四川省公安厅对周某某做的讯问笔录中，周某某的供述前后矛盾。2015 年 1 月 19 日，周某某第一次接受讯问时，称“我从我的学生张某某那里得知江泉实业有重组预期的消息后，我要出差美国一个多月，经过自己分析大量买入了江泉实业股票”。当天，周某某接受第二次讯问时，其认为，“……而且我自己分析以后觉得这只股票股价低，壳资源很干净、很好，即使和四川泰和置业谈不成，和其他公司重组的可能性也很大，所以我看好这只股票，就大笔买进了”。可见，周某某并不确定江泉实业将于近期重组。2015 年 4 月 10 日，周某某接受第三次讯问时，对于事情的来龙去脉做了合理的解释，其供述，“我在 2013 年底就在网上看到江泉实业有可能重组的消息，我就一直关注这只股票，在 2014 年 4 月份的时候，我要去美国访问一个多月，我就想买一只股票放在那里，我就在关注的股票里面筛选，选中了江泉

实业，大概在2014年5月初的时候，就开始购买江泉实业，前后一共使用了3个账户买卖江泉实业股票，累计购买了200多万股，累计投入资金1 000万左右”，“我在互联网上和电视看到了江泉的报道，再加上我炒股20多年的经验，分析该股票股价低，该上市公司是没有核心技术乡镇企业，所以风险小。于是我大量买卖该股票”。侦查机关问：“据犯罪嫌疑人张某某交代，他2014年4月18日在体育学院茶楼告诉你他自己购买了江泉实业股票并推荐给你，有没有这回事?”周某某作出了否认。

由此可见，周某某第一次、第二次接受讯问时的供述不但与其第三次接受讯问时的供述是矛盾的，而且与张某某本人写的情况说明、张某某接受调查时的讯问笔录、张某某接受律师调查取证时形成的《调查笔录》也是矛盾的，不能轻率认定周某某知晓内幕交易信息。

另一方面，在证监会对周某某做的调查笔录中，首先，关于江泉实业的重组信息，张某某最多只说过江泉实业有重组预期，而当时关于江泉实业有重组预期的消息比比皆是，甚至，不仅仅在当时，多年以来，江泉实业一直盛传有重组预期。其次，重组预期与确定重组是两个概念，不能因为江泉实业有重组预期，周某某与张某某作为股民之间的正常讨论，提到有重组预期，就断定周某某了解江泉实业重组的内幕信息。最后，在2014年8月13日接受证监会询问时，调查人员问：“请问张某某跟你说起江泉实业有重组预期时，有没有提到他为这次重组牵线搭桥做介绍人?”周某某答：“没有，当时好像是我和他通电话时说起各只股票，说到江泉实业时张某某就说这个有重组预期，我还跟他说我看好舜元实业。”可见，周某某的交易行为与内幕信息没有必然的因果关系。

四、周某某在所谓内幕信息敏感期内的交易行为并不异常

首先，周某某在首次买入“江泉实业”前账户有闲置资金1 300余万元，根本不存在突击转入资金买入“江泉实业”的事实。证监会认为，周某某所称的闲置资金1 300余万元存放于名为“天汇宝”的现金理财账户中，具有投资属性，并非闲置。然而，所谓“天汇宝”中的资金，可以随时取出，随时用来买入股票，周某某之所以将资金存在天汇宝，在于其比活期存款相对较高的利息，且不影响资金的随时使用。天汇宝的性质与余额宝是一样的，

与具有投资性、期间性的理财产品完全不同。

其次，周某某的买入时点与张某某获取内幕信息的时点完全不吻合。按证监会统计的结果显示，周某某自2014年5月8日首次买入江泉实业股票，到2014年8月26日期间，共计买入江泉实业3 436 489股，卖出1 056 800股，既有买进也有卖出，且卖出比例占持有江泉实业股票的30%左右，特别是江泉实业股票在2014年6月12日停牌前两天，周某某还分别于2014年6月10日和6月11日，共计卖出了江泉实业股票40余万股；同样，在所谓内幕信息敏感期内，周某某账户自有资金达到1 300多万元，且周某某没有从其他渠道搜集资金集中购买江泉实业，2014年5月8日首次买入江泉实业股票时，账户中仍有闲置资金300多万元。这些行为表现恰恰是一个资深股民的正常投资表现。

再次，在买入品种集中度及买入意愿方面，多年以来，周某某一直保持重仓持有股票的炒股习惯，2014年6月，其准备出国访学并拜访朋友，因此，出国之前选择买入江泉实业。根据证监会提交的资料可知，张某某最迟4月18日就已经获知了内幕信息，但是周某某5月8日才第一次购买江泉实业的股票，炒股的人都知道，股市的行情每天都在变化，相差20天足以消弭内幕信息的价值。

最后，至于5月6日上午周某某与张某某通话6分53秒的记录，根据常理分析，若真的存在利用内幕信息的可能，最简单也最可能规避调查的办法，自然是选择当面沟通或者使用其他人的通讯设备联系，避免监管机关的怀疑，即使双方直接联系，也可以长话短说，几秒钟就可以把事情说清楚。如果周某某明知张某某当时正在操作江泉实业借壳事宜，何必自寻烦恼，堂而皇之地联系并通话这么久呢？这明显与常理不符。

五、证监会作出数额巨大的罚款的行政处罚应当适用排除合理怀疑的证明标准，在通过最为严格的刑事侦查手段都证实周某某涉嫌内幕交易证据不足的情况下，证监会作出处罚决定缺少证据支持

首先，从证明标准看，我国法律虽没有明确规定，但行政处罚的证据至少应该达到行政机关对待证事实进行认定的最低或必要程度。一般认为，对于行政相对人的人身或财产权益有重大影响的行政处罚，特别是限制人身自由的处罚或者巨额的财产罚没等，应当适用“排除合理怀疑”的证明标准。即使证监会基于调查手段的限制，此种“排除合理怀疑”可以不必像刑事侦查程序中体现得那样绝对严格，但是，无论如何，都不应当与刑事侦查程序得出的结论相悖。

本案中，四川省公安厅基于“证据不足”而非“犯罪情节轻微、危害不大”对周某某终止侦查程序。这说明，经过严格、专业的侦查，四川省公安厅认为，没有充足的证据证明周某某在江泉实业预期重组一事中存在实施内幕交易的行为。刑事侦查机关已经确认没有充足的证据证明内幕交易事实的存在，对于不存在的事实，不可能存在刑事犯罪问题，也不应当作出行政处罚。

其次，从法律后果来看，我国 2009 年《行政处罚法》第 4 条第 2 款规定：“设定和实施行政处罚必须以事实为依据，与违法行为的事实、性质、情节以及社会危害程度相当。”该法第 30 条规定：“公民、法人或者其他组织违反行政管理秩序的行为，依法应当给予行政处罚的，行政机关必须查明事实；违法事实不清的，不得给予行政处罚。”法律规定表明，行政处罚必须以事实为依据，以法律为准绳。公安机关已经根据刑事案件的证明标准“排除合理怀疑标准”认定周某某涉嫌内幕交易“证据不足”，证券管理部门在没有证据推翻上述结论的情形下，无权作出行政处罚。

最后，《最高人民法院关于办理内幕交易、泄露内幕信息刑事案件具体应用法律若干问题的解释》第 7 条规定：“在内幕信息敏感期内从事或者明示、暗示他人从事或者泄露内幕信息导致他人从事与该内幕信息有关的证券、期货交易，具有下列情形之一的，应当认定为刑法第一百八十条第一款规定的情节特别严重：（一）证券交易成交额在二百五十万元以上的；（二）期货交易占用保证金数额在一百五十万元以上的；（三）获利或者避免损失数额在七十五万元以上的；（四）具有其他特别严重情节的。”证监会对周某某作出罚款 1 200 余万元的行政处罚，意味着证监会认定周某某利用内幕信息获利 1 200余万元，此时已经属于“情节特别严重”的内幕交易罪，依法应当倒追周某某的刑事责任，然而，四川省公安厅已经对周某某涉嫌内幕交易作出证据不足并撤销案件的刑事侦查结论，这显然也造成逻辑悖论。

六、退一步讲，假设周某某实施了内幕交易行为，本案也不应采用“先进先出法”认定股票的价值，证监会认定违法所得缺少事实依据

一方面，证监会没有提供任何其采取“先进先出法”计算违法所得额的法律依据。另一方面，“先进先出法”是财务会计对库存货物的一种计价方法，并且，该方法适用于市场价格普遍处于下降趋势的商品，以使期末存货的价格接近于当时的价格，确保真实反映企业期末资产状况。但股票不属于一般商品，其更不可能是买入后，价格会持续下降。证监会采用“先进先出法”计算违法所得额，其计算的结果必然很高，而证监会不仅以此很高的“违法所得额”予以没收，而且还以此很高的“违法所得额”作为罚款的标准，显然这也违背了行政处罚“过罚相当”的原则。

☞【案件结果】

一审法院认为：

本案争议焦点一，周某某是否知悉内幕信息并利用内幕信息实施内幕交易行为。

一、周某某与张某某关系密切，在内幕信息公开前与张某某联络频繁。周某某已经明知张某某作为中间人参与江泉实业与泰合置业重组的事实，张某某作为中间人参与江泉实业重组，其向周某某提供江泉实业重组预期的信息，具有较强的确定性与较大的实现可能。再结合分析周某某交易江泉实业行为的特征，进而认定周某某知悉本案内幕信息亦不违背常理。周某某的上述主张，依据不足，不予支持。

二、周某某交易江泉实业行为明显异常。首先，周某某突击转入资金于内幕信息公开前买入江泉实业；其次，周某某集中交易江泉实业，买入意愿坚决。周某某账户于内幕交易敏感期内有交易记录的17个交易日中有13个交易日单一交易江泉实业。李某某账户单一交易江泉实业。赖某某账户交易江泉实业和另外一只股票。李某某、赖某某账户均亏损卖出另一只股票后将所得资金用于买入江泉实业，买入意愿坚决。再次，周某某的交易时点与联系时点、张某某交易时点高度趋同。周某某多次在与张某某通话当日或其后临近交易日买入江泉实业。如2014年5月17日，周某某与张某某通话，随后

第一个交易日（5月19日），周某某买入10 300股。综合分析上述三方面的交易行为特征，足以认定周某某交易江泉实业的行为明显异常。

本案争议焦点二，即刑事处罚与行政处罚的衔接及行政处罚证明标准问题。

公安机关以证据不足对周某某作出终止侦查决定并不构成证监会对其进行行政处罚的阻却事由。根据《公安机关办理刑事案件程序规定》第183条第2款规定，对于经过侦查发现共同犯罪案件中部分犯罪嫌疑人不够刑事处罚的，应当对有关犯罪嫌疑人终止侦查，并对该案件继续侦查。公安机关以证据不足决定终止对周某某的侦查程序，系刑事侦查机关对犯罪嫌疑人是否符合刑事追诉标准作出的独立判断，并不影响之后行政处罚程序的进行，不能成为证监会作出被诉决定的程序阻却事由。证监会有权在接受公安机关移送案件后，对刑事侦查程序中所获取的证据进行审查，并依据证券法有关规定进行行政处罚。周某某有关该问题的主张缺乏法律依据，不予支持。周某某称大额罚款的行政处罚应当适用排除合理怀疑证明标准的相关主张，亦缺乏法律依据，亦不予支持。

另，证监会基于周某某控制周某某账户、赖某某账户、李某某账户实施交易行为的事实，采用“先进先出法”以实际获利计算出违法所得，并按照违法所得数额一倍予以罚款处罚，并无不当之处。

综上，一审法院判决驳回周某某的诉讼请求。

周某某不服，提起上诉，二审法院基本以同样的理由驳回上诉，维持原判决。

☞【裁判文书】

（2016）京01行初1076号行政判决书

（2017）京行终2804号行政判决书

☞【办案心得】

本案发生于2016年，彼时，《行政诉讼法》刚刚修改，新法语境下的行政诉讼尚在探索，尤其对于行政诉讼中被告提供证据的证明标准问题，无论法律规定、理论研究，都存在一定空白。司法实践中，不区分行政行为的内容，在行政诉讼中对被告一般适用明显优势证明标准。结合民事诉讼和刑事诉讼所规定的证明标准，简要对比如下：

	民事诉讼	行政诉讼	刑事诉讼
证明标准	优势证明标准	明显优势证明标准	排除合理怀疑证明标准
主要内容	某一待证事实存在的可能性大于其不存在的可能性	一方当事人提供的证据具有较大优势且该优势足以使法官确信事实真实存在	对于事实的认定，已没有符合常理的、有根据的怀疑，实际上达到确信的程度
举证规则	谁主张谁举证	被告举证	公诉机关举证

但是，上述诉讼类型对应的证明标准，只是一种“理想类型”，绝不能简单机械地套用。民事诉讼中，也可能根据不同的案情，要求证据达到排除合理怀疑的证明标准，例如，2015年《最高人民法院关于适用〈中华人民共和国民事诉讼法〉的解释》第109条规定：“当事人对欺诈、胁迫、恶意串通事实的证明，以及对口头遗嘱或者赠与事实的证明，人民法院确信该待证事实存在的可能性能够排除合理怀疑的，应当认定该事实存在。”根据该规定，当事人在民事诉讼中主张对方欺诈、胁迫或恶意串通的，其提供的证据应达到排除合理怀疑的证明标准，而非一般民事诉讼中适用的优势证明标准或明显优势证明标准。

行政诉讼亦然，在代理本案时，代理律师明确提出，对于如此严重的行政处罚，对当事人的财产权益有重大影响，其严厉性、惩罚性绝不亚于有期徒刑等刑罚。在刑事侦查结论已经认定周某某不构成内幕交易罪的情况下，如若给予行政处罚，应适用排除合理怀疑的证明标准。

理论上，对合理怀疑的排除，有正反两种方式：一种是直接正面证明不存在某种合理怀疑或充分说明根据常识、经验和逻辑足以排除通常情况下相关怀疑的“合理性”；另一种是间接地从反面排除怀疑的合理性，即努力证明待证事实达到充分的确信程度，以形成待证事实系本案唯一结论之确信。[1]就本案而言，一个明显的合理怀疑是周某某通过公开渠道获知或推测出江泉

〔1〕 方文兵：“‘排除合理怀疑’的实践思考”，载《中国检察官》2022年第4期。

实业的重组信息继而进行股票交易，在案证据既不能消除这一合理怀疑，又不能证明周某某实施内幕交易达到排除合理怀疑的程度（若达到，则应对周某某追究刑事责任，而本案恰恰由公安机关作出终局结论，认定不追究刑事责任）。然而，受多种因素影响，上述观点并未被法院采信。

近年来，随着行政诉讼的进步，被告提供证据的证明标准这一关键问题愈发引起实务界人士的关注。在某些类型的行政诉讼中，适用排除合理怀疑的证明标准这一理念得到普遍的认可，并就案件类型、举证标准进行了广泛探讨。最高人民法院行政庭原法官蔡小雪指出："在行政诉讼中，排除合理怀疑的证明标准适用于三类案件：一是公安机关作出的限制人身自由的行政拘留决定案件和具有惩罚性的限制人身自由的强制措施案件；二是行政机关作出的停产停业和吊销执照的决定案件；三是被诉行政行为对公共安全或公共利益有重大影响的案件。……应从以下方面理解行政诉讼中的排除合理怀疑的证明标准：其一，合理怀疑意味着肯定的判断存在错误的可能性。其二，排除合理怀疑同时意味着否定的判断亦存在错误的可能性。其三，合理怀疑的理由应当以相关证据为基础，如果不存在相反的证据，法官不能以没有证据为依据的主观怀疑推翻公安机关（行政机关）认定的事实。即合理怀疑基于现实推断而非思辨或逻辑推断。其四，合理怀疑的证据应当足以让法官形成内心确信。"〔1〕

〔1〕 蔡小雪：《行政行为的合法性审查》，中国民主法制出版社2020年版。

案例七

对环保行政处罚案中检测报告的质证策略

☞【案例名称】

对环保行政处罚案中检测报告的质证策略

——珠海某化工公司诉珠海市生态环境局撤销行政处罚决定案

☞【基本案情】

珠海某化工公司系注册地位于珠海市高栏港经济区的化学品生产企业。2018年5月21日、6月28日，市生态环境局委托深圳市某科技有限公司（以下简称检测机构）对该公司的废气排放口（编号：xxx－0053－1、JWFQ－0053－2）进行了取样监测，采样人员均为陈某、莫某。

2018年6月7日，检测机构作出HB185E0211030《检测报告》（采样时间：2018年5月21日），认为废气排放口（JW－FQ－0053－2）非甲烷总烃排放浓度为261mg/m³，超过广东省《大气污染物排放限值》（DB44/27－2001）第二时段二级标准（非甲烷总烃排放浓度120mg/m³）。2018年7月5日，检测机构作出HB186E0414020《检测报告》（采样时间：2018年6月28日），认为废气排放口（JW－FQ－0053－2）非甲烷总烃排放浓度为7.57×10^3mg/m³，臭气浓度为2.32×10^3无量纲，超过广东省《大气污染物排放限值》（DB44/27－2001）第二时段二级标准（非甲烷总烃排放浓度120mg/m³）和《恶臭污染物排放标准》（GB14554－1993）表2排放限值（臭气浓度2000无量纲）。

2018年8月15日，市生态环境局作出《责令改正违法行为决定书》，认为该公司实施了超过大气污染物排放标准排放大气污染物（JW－FQ－0053－

2）非甲烷总烃和臭气浓度检测结果超过排污许可证排放标准的环境违法行为，依照《中华人民共和国大气污染防治法》和《中华人民共和国行政处罚法》的规定，责令立即改正违法行为，并告知该公司：“我局将在30日内对你单位改正违法行为的情况进行复查，如你单位拒不改正违法排污行为，我局将按照《中华人民共和国环境保护法》第五十九条第一款、《广东省环境保护条例》第七十九条的规定，对你单位实施按日连续处罚。”

此后，市生态环境局未进行复查，2018 年 11 月 12 日，市生态环境局向该公司作出《行政处罚听证告知书》。2019 年 3 月 29 日，市生态环境局作出《行政处罚决定书》，认定该公司实施超过大气污染物排放标准排放大气污染物的环境违法行为，决定对该公司作出罚款人民币 80 万元的行政处罚。

该公司不服，向市政府申请行政复议，2019 年 11 月 4 日，市政府作出《行政复议决定书》，维持《行政处罚决定书》。该公司不服，提起行政诉讼，请求法院撤销《行政处罚决定书》《行政复议决定书》。

在行政诉讼程序中，该公司发现，市生态环境局作出《行政处罚决定书》可能未经集体讨论，同时，该公司将两份《检测报告》提交给华南理工大学的专家进行分析，专家发现检测人员资质及检测机构的资质存在前后不一致的情形，且《检测报告》的结果不符合科学规律，有可能是采样不规范导致。

☞【代理思路与意见】

本案历经行政复议、行政诉讼一审、行政诉讼二审发回重审、行政诉讼发回重审一审、行政诉讼发回重审二审程序，综合各个阶段的代理意见，律师整理代理思路如下。

一、检测机构的采样人员不具有作业资质，检测报告不能作为行政处罚决定的依据

本案在行政复议、行政诉讼过程中，检测机构提交了多份资质信息，汇总如下：

	市生态环境局	
	检测人员	检测机构
行政复议	莫某、陈某的上岗合格证（第一次提供的上岗证不包含甲烷总烃、臭气、VOCs 采样资质，第二次提供的上岗证增加了相关项目资质，且发证日期与编号相同，两个版本不符合唯一性标识的要求）。	2015190091U 号《计量认证证书》及附表、201819121231 号《计量认证证书》、检定证书
行政诉讼一审	莫某、陈某的上岗合格证（不包含甲烷总烃、臭气、VOCs 采样资质的上岗证）。 莫某、陈某的培训考核合格证。	201819121231 号《计量认证证书》及附表、检定证书
行政诉讼发回重审一审	莫某、陈某的上岗合格证（系在行政复议中第一次提供的不包含甲烷总烃、臭气、VOCs 采样资质的上岗证）。 补充提交莫某、陈某的培训考核合格证。	201819121231 号《计量认证证书》及附表、检定证书
行政诉讼发回重审二审	/	补充提交 2015190091U 号《计量认证证书》

（一）检测机构的采样人员并不具有相应的作业资质

依据《检验检测机构资质认定能力评价检验检测机构通用要求》（RB/T 214 – 2017）中“4.2 人员”部分的要求，“检验检测机构应建立和保持人员管理程序，对人员资格确认、任用、授权和能力保持等进行规范管理”“检验检测机构应与其人员建立劳动、聘用或录用关系，明确技术人员和管理人员的岗位职责、任职要求和工作关系”以及“4.2.5 检验检测机构应对抽样、操作设备、检验检测、签发检验检测报告或证书以及提出意见和解释的人员，依据相应的教育、培训、技能和经验进行能力确认并持证上岗。应由熟悉检验检测目的、程序、方法和结果评价的人员，对检验检测人员包括实习员工进行监督”，但检测报告中存在人员不具有非甲烷总烃、臭气、VOCs 采样资质的情况，导致采样过程不合规，结果不可信。

检测机构补交的上岗证系不具有证明力的材料。依据《检验检测机构资质认定能力评价检验检测机构通用要求》（RB/T 214 – 2017）中“4.5.3 文件控制的规定，检验检测机构应建立和保持控制其管理体系的内部和外部文件的程序，明确文件的标识、批准、发布和废止，防止使用无效、作废的文件。

检验检测机构的内部与外部文件均须具有唯一性标识”。检测机构两次提供的采样人员“莫某”和“陈某”上岗合格证相关资料不一致，第一次提供的上岗证不包含非甲烷总烃、臭气、VOCs采样资质，而第二次提供的上岗证增加了相关项目资质，且发证日期与编号相同，两个版本不符合唯一性标识的要求，第二次提供的版本有后续增补嫌疑，故第二次提供的上岗合格证不能作为证据使用。

在行政复议阶段，复议机关向检测机构调取的材料中，检测机构提供的又是另外一组由当地检测协会提供的培训合格的检测证明，与其前两次提供的资质证明又不同。而在行政诉讼阶段，市生态环境局又提交了其第一次提供的工作人员没有非甲烷总烃、臭气、VOCs采样资质的上岗证。市生态环境局、复议机关提交的多个材料存在逻辑混乱、前后矛盾的情形。

（二）珠海市生态环境局补充提交2015190091U号《计量认证证书》不包括附表内容，不能用于证明检测机构具有检测资质

《计量认证证书》载明“检测能力见附表”，也就是说不能仅凭一张认证证书就认定该机构具有相应的检测能力，而应结合附表列明的具体的检测资质去逐个对照。珠海市生态环境局未提供对应的附表，该《计量认证证书》不具有证据能力。根据《行政诉讼法》关于“举证责任倒置”的规定，市生态环境局未提交合法有效的证据证明作出行政处罚决定的事实依据。

（三）检测机构在出具两份《检测报告》时并不具有完整资质，《检测报告》不具有真实性、合法性

HB185E0211030《检测报告》关于“非甲烷总烃”使用HJ/T38－2017标准，该标准于2017年12月29日发布、2018年4月1日实施，因此，检测机构在2018年4月1日前取得的2015190091U号《计量认证证书》不可能具有该检测能力。

将检测机构的证书附表与HB185E0211030《检测报告》逐一对照可以看出，“总VOCs”这一检测内容没有证书附表予以对应，换言之，检测机构并无该项检测资质。本案中，检测机构先后提交了三个不同的所谓认证证书，该公司在政府网站将三个认证证书对应的附表下载之后，逐项与HB185E0211030《检测报告》进行了比对，经核实，检测机构或许具有“TVOC”的检测资质，但是并不具有“总VOCs”的检测资质，二者不能混同：VOCs 通常涉及大气排放、油墨中含量、涂料中含量、油漆中含量、建筑用复合材料中含量等领域，要对 VOCs 排放或含量进行控制的原因在于，其进入大气后会成为颗粒物 PM2.5 及臭氧的重要前体物，加重城市灰霾及加剧光化学污染；而 TVOC 通常涉及室内空气质量、墨粉中含量等领域，在室内空气质量方面，无论是国家强制性标准《民用建筑工程室内环境污染控制标准》GB 50325－2020 还是国家推荐性标准《室内空气质量标准》GB/T 18883－2002 都明确设定了 TVOC 挥发性有机物的限值（例如，家具定制中，厂家会将 TVOC 数值低作为其产品环保性的“卖点”）。因此，两个资质有天壤之别，完全不能等同、套用。

（四）HB186E0414020《检测报告》中，采样人员不具有作业资质，对于臭气浓度的检测不具有真实性

臭气浓度检测属于感官检测，按照 GB/T 14675－93 标准的规定，嗅辨员、配气员应通过嗅辨能力测评，取得嗅觉能力检测合格认证，这种测评不是考试，而是实际能力测试。显然，深圳华保公司没有提供相关嗅辨人员的任何资质证明文件，包括但不限于嗅觉是否健康的医学证明、使用标准物质进行嗅觉能力测试的相关原始记录证明等，据此制作的 HB186E0414020《检测报告》不具有合法性。

（五）两份《检测报告》违背科学规律，不具有真实性，不能作为行政处罚决定的事实依据

《最高人民法院关于行政诉讼证据若干问题的规定》第 48 条规定：“对被诉具体行政行为涉及的专门性问题，当事人可以向法庭申请由专业人员出庭进行说明，法庭也可以通知专业人员出庭说明。必要时，法庭可以组织专业人员进行对质。当事人对出庭的专业人员是否具备相应专业知识、学历、资历等专业资格等有异议的，可以进行询问。由法庭决定其是否可以作为专业人员出庭。专业人员可以对鉴定人进行询问。”

本案办理过程中，为了说明两份《检测报告》的内容违背基本的科学规律，代理人咨询了华南理工大学的专家，并请专家出具了《关于检测报告意见》，指出了两份《检测报告》明显违背科学规律之处，专家亦到庭参加了诉讼。

二、市生态环境局作出《行政处罚决定书》程序违法，违反行政行为拘束力原理

本案涉及两个行政行为，一个是生态环境局作出的《责令改正违法行为决定书》，另一个是生态环境局作出的《行政处罚决定书》，二者对比如下：

项目	责令改正违法行为决定书	行政处罚决定书
立案时间	未告知	2018 年 8 月 15 日
调查时间	2018 年 5 月 21 日、2018 年 6 月 28 日、2018 年 8 月 15 日	2018 年 5 月 21 日、2018 年 6 月 28 日、2018 年 8 月 15 日
作出时间	2018 年 8 月 15 日	2019 年 3 月 29 日
调查事项	超过大气污染物排放标准排放大气污染物	超过大气污染物排放标准排放大气污染物
事实依据	根据 5 月 21 日、6 月 28 日的现场检测情况，由检测机构出具的两份《检测报告》	根据 5 月 21 日、6 月 28 日的现场检测情况，由检测机构出具的两份《检测报告》
法律依据	《大气污染防治法》第 99 条第 2 项、《行政处罚法》第 23 条	《大气污染防治法》第 99 条第 2 项、《珠海市环境保护局行政处罚自由裁量规则》第 7 条
处理决定	立即改正违法行为	处罚款 80 万元
法律后果	行政机关将在 30 日内对公司改正违法行为的情况进行复查，如公司拒不改正违法排污行为，行政机关将按照《环境保护法》第 59 条第 1 款和《广东省环境保护条例》第 79 条的规定，对公司实施按日连续处罚	逾期不缴纳罚款的，我局将每日按罚款数额的 3% 加处罚款

由上表可知，2018 年 5 月 21 日、6 月 28 日，市生态环境局委托检测机构对该公司的废气污染物排放进行检测，2018 年 8 月 15 日，市生态环境局作出（2018）5142 号《责令改正违法行为决定书》，告知该公司："我局将在 30 日内对你单位改正违法行为的情况进行复查，如你单位拒不改正违法排污行为，我局将按照《中华人民共和国环境保护法》第五十九条第一款、《广东省环境保护

条例》第七十九条的规定，对你单位实施按日连续处罚。”行政行为一经作出，就具有推定合法的效力，行政相对人要受到行政行为的约束，同样，行政机关亦受到行政行为的拘束，否则，对于行政相对人而言，将没有任何法律秩序的安定性、法律后果的心理预期可言，本案中，市生态环境局并未组织复查，而是启动行政处罚程序，就同一行为作出行政处罚，明显违反行政行为拘束力原理。

三、市生态环境局作出行政处罚决定未经集体讨论，程序严重违法，应予撤销

当时的《行政处罚法》第38条第2款规定：“对情节复杂或者重大违法行为给予较重的行政处罚，行政机关的负责人应当集体讨论决定。”《环境行政处罚办法》第52条规定：“案情复杂或者对重大违法行为给予较重的行政处罚，环境保护主管部门负责人应当集体审议决定。集体审议过程应当予以记录。”

一审庭审时，市生态环境局的代理人当庭明确表示不需要经过集体讨论，并自认没有经过集体讨论，市生态环境局出庭应诉的工作人员也当庭表示认可并在庭审笔录签字，休庭后，市生态环境局却要求补充提交2019年3月1日的《集体讨论笔录》，此后形成所谓的《集体讨论笔录》。市生态环境局在集体讨论这一问题上认识的前后矛盾、举证上的超出法定期限，不能排除其事后补做的嫌疑，不应作为其作出行政行为的依据。

☞【案件结果】

本案的审理也一波三折，2019年11月，一审法院认为：①市生态环境局立案之前就已展开调查并调查终结的行为违反法定程序；②市生态环境局给予珠海某化工公司较重的行政处罚未经负责人集体审议决定，违反法定程序。据此，判决撤销《行政处罚决定书》《行政复议决定书》。

市生态环境局、市政府提起上诉，2020年6月，二审法院作出行政裁定书，认为一审判决认定事实不清，裁定发回重审。

2020年12月，一审法院经过对案件的全面审查，认为：①检测机构在2018年5月21日进行采样时并不具备相关资质，不能证明所有的检测项目都在其检测能力范围内；②市生态环境局作出较重的行政处罚未经负责人集体审议决定，违反法定程序。据此，判决撤销《行政处罚决定书》《行政复议决

定书》。市生态环境局、市政府依然不服，提起上诉，2021 年 5 月，二审法院判决撤销一审，驳回该公司的全部诉讼请求。

☞【裁判文书】

（2021）粤 04 行终 67 号行政判决书

☞【办案心得】

本案在行政实体法上，涉及我国环境保护监管中的排污许可证制度；在行政程序法上，涉及环境监管行政处罚调查取证的基本规则；在诉讼程序法上，涉及专家证人或专家辅助人制度。

一、排污许可证制度

（一）基本内容

《中华人民共和国环境保护法》（以下简称《环境保护法》）第 45 条规定："国家依照法律规定实行排污许可管理制度。实行排污许可管理的企业事业单位和其他生产经营者应当按照排污许可证的要求排放污染物；未取得排污许可证的，不得排放污染物。"所谓排污许可制度，有四层法律含义：其一，企业生产经营过程中需要排放污染物的，包括但不限于排放废水、废气、固体废物等，均应当取得环境保护行政主管部门的审批；其二，环境保护行政主管部门主要通过颁发排污许可证的方式对排污企业进行管理，但是，取得排污许可并不意味着可以无偿、免费排污，企业需缴纳相应的排污费；其三，企业超过排污许可的范围、种类排污的，属于违法行为，可能受到行政处罚甚至被追究刑事责任；其四，即使污染物产生量、排放量和对环境的影响程度都很小的企业，不需要申请排污许可证，也应当填报排污登记表。

（二）分类管理

国务院制定的《排污许可管理条例》规定，根据污染物产生量、排放量、对环境的影响程度等因素，对排污单位实行排污许可分类管理：①污染物产生量、排放量或者对环境的影响程度较大的排污单位，实行排污许可重点管理；②污染物产生量、排放量和对环境的影响程度都较小的排污单位，实行排污许可简化管理。实行排污许可管理的排污单位范围、实施步骤和管理类别名录，由国务院生态环境主管部门拟订并报国务院批准后公布实施。

2019 年 12 月 20 日，生态环境部公布《固定污染源排污许可分类管理名录（2019 年版）》，对畜牧业、煤炭开采和洗选业、石油和天然气开采业、卫生等 51 个国民经济行业的排污许可事项作出规定，每一行业对应具体的管理方式（重点管理、简化管理、登记管理）。例如，在造纸和纸制品业，对从事纸浆制造的，全部实行重点管理；对于有工业废水和废气排放的加工纸制造，实行简化管理；对于除简化管理外的加工纸制造，实行登记管理。企业在申请排污许可时，可在生态环境部网站查阅，网址为 http：//www. mee. gov. cn/xxgk2018/xxgk/xxgk02/202001/t20200103_757178. html。

需要特别说明的是，重点管理、简化管理、登记管理是法定的排污管理方式，属于重点管理、简化管理的行业的，应申请排污许可证，属于登记管理的行业的，无须申请排污许可证，三者之间的对比如下：

	重点管理	简化管理	登记管理
适用情形	污染物产生量、排放量或者对环境的影响程度**较大**的排污单位	污染物产生量、排放量和对环境的影响程度**都较小**的排污单位	污染物产生量、排放量和对环境的影响程度**都很小**的排污单位
审批期限	应当自受理申请之日起 30 日内作出审批决定；需要进行现场核查的，可延长至 45 日	应当自受理申请之日起 20 日内作出审批决定	企业在全国排污许可证管理信息平台自行填报
管理方式	申请排污许可	申请排污许可	填报登记表

（三）法律责任

在环境保护行政管理中，企业未申请排污许可擅自排污的，或者超过排污许可的种类、幅度排污的，都将承担相应的法律责任，以广东省为例，对与排污管理制度有关的法律责任，例举部分内容如下：[1]

---

〔1〕 下文中《中华人民共和国大气污染防治法》简称《大气污染防治法》，《中华人民共和国水污染防治法》简称《水污染防治法》，《中华人民共和国固体废物污染环境防治法》简称《固体废物污染环境防治法》。

违法行为	法律依据及处罚内容
违法排放污染物拒不改正的	《环境保护法》第59条规定：企业事业单位和其他生产经营者违法排放污染物，受到罚款处罚，被责令改正，拒不改正的，依法作出处罚决定的行政机关可以自责令改正之日的次日起，按照原处罚数额**按日连续处罚**。 《大气污染防治法》第123条、《水污染防治法》第95条、《固体废物污染环境防治法》第119条也对相关领域的按日连续处罚作出规定。
未申请或未依法取得排污许可证但排放污染物的	《大气污染防治法》第99条第1款规定：未依法取得排污许可证排放大气污染物的，由县级以上人民政府生态环境主管部门**责令改正或者限制生产、停产整治，并处十万元以上一百万元以下的罚款**；情节严重的，报经有批准权的人民政府批准，责令停业、关闭。 《水污染防治法》第83条、《固体废物污染环境防治法》第104条、《排污许可管理条例》第33条也对相关领域的行政处罚事项作出类似规定。 《广东省环境保护条例》第66条规定：企业事业单位和其他生产经营者未依法取得排污许可证排放污染物的，由县级以上生态环境主管部门责令改正或者限制生产、停产整治，并处十万元以上一百万元以下罚款；情节严重的，报经有批准权的人民政府批准，责令停业、关闭。
不按照排污许可证规定排放污染物的	《排污许可管理条例》第35条规定：排污单位未按照排污许可证规定控制大气污染物无组织排放或特殊时段未按照排污许可证规定停止或者限制排放污染物的，由生态环境主管部门责令改正，处5万元以上20万元以下的罚款；情节严重的，处20万元以上100万元以下的罚款，责令限制生产、停产整治。 第36条规定：污染物排放口位置或者数量、排放方式或者排放去向不符合排污许可证规定或污染物排放自动监测设备传输数据异常的，由生态环境主管部门责令改正，处2万元以上20万元以下的罚款；拒不改正的，责令停产整治。 《广东省环境保护条例》也作出相关规定。

本案中，珠海某化工公司之所以被市生态环境局调查并最终作出行政处罚，就在于市生态环境局认为该公司排污超标，即不按照排污许可证规定排放污染物。但是，这属于本案的法律适用问题，更应当分析的是本案事实问题，即珠海某化工公司是否存在排污超标的情形，这涉及行政处罚调查取证制度及专家证人出庭制度在行政诉讼中的作用问题。

二、环境监管行政处罚调查取证制度

根据《行政处罚法》《环境行政处罚办法》《环境行政处罚听证程序规定》等法律的规定，环境保护主管部门调查取证需遵循以下程序：

1. 立案。

（1）环境保护主管部门对涉嫌违反环境保护法律、法规和规章的违法行为，应当进行初步审查，并在7个工作日内决定是否立案。符合条件的，予以立案。

（2）对需要立即查处的环境违法行为，可以先行调查取证，并在7个工作日内决定是否立案和补办立案手续。

2. 调查取证。

（1）环境保护主管部门对登记立案的环境违法行为，应当指定专人负责，及时组织调查取证。调查取证时，调查人员不得少于两人，并应当出示中国环境监察证或者其他行政执法证件。

（2）环境行政处罚证据，主要有书证、物证、证人证言、视听资料和计算机数据、当事人陈述、监测报告和其他鉴定结论、现场检查（勘察）笔录等形式。

（3）实践中，环境保护主管部门经常委托监测机构进行现场检测，并要求提交监测报告。监测报告必须载明下列事项：①监测机构的全称；②监测机构的国家计量认证标志（CMA）和监测字号；③监测项目的名称、委托单位、监测时间、监测点位、监测方法、检测仪器、检测分析结果等内容；④监测报告的编制、审核、签发等人员的签名和监测机构的盖章。

3. 案件审查。案件审查的主要内容包括：①本机关是否有管辖权；②违法事实是否清楚；③证据是否确凿；④调查取证是否符合法定程序；⑤是否超过行政处罚的时效；⑥适用依据和初步处理意见是否合法、适当。

4. 告知和听证。

（1）在作出行政处罚决定前，应当告知当事人有关事实、理由、依据和当事人依法享有的陈述、申辩权利。

（2）环境保护主管部门在作出较大数额罚款、没收违法所得、吊销营业执照等严重影响当事人权利义务的行政处罚决定之前，应当告知当事人有申请听证的权利；当事人申请听证的，环境保护主管部门应当组织听证。

5. 处理决定。

（1）案情复杂或者对重大违法行为给予较重的行政处罚，环境保护主管部门负责人应当集体审议决定，集体审议过程应当予以记录。

（2）机关负责人经过审查，视情节作出行政处罚决定或不予行政处罚，构成犯罪的，移送有权机关处理。以上处理结果及救济途径均应告知当事人。

（3）环境保护行政处罚案件应当自立案之日起的 3 个月内作出处理决定。案件办理过程中听证、公告、监测、鉴定、送达等时间不计入期限。

值得探讨的是，本案市生态环境局委托深圳市某科技有限公司进行调查取样，并将《检测报告》作为本案认定事实的关键证据，其法律依据是什么？深圳市某科技有限公司作为第三方鉴定机构，进行技术鉴定，起到的是辅助调查取证的作用，而无权代市生态环境局作出行政处罚（实际上也没有）。实际上，《检测报告》作为本案认定事实的证据，其法律依据在于《行政处罚法》第 46 条“证据包括：（一）书证；（二）物证；……（七）鉴定意见；……”之规定。《检测报告》作为鉴定意见，与其他证据一样应具有真实性、合法性、关联性并佐证其证明目的。若出具鉴定意见的检测机构、检测人不具有法律规定的作业资质，而鉴定意见本身又违背科学规律，不应将其作为行政处罚的证据。

三、专家证人出庭制度

《行政诉讼法》第 101 条规定：“人民法院审理行政案件，关于期间、送达、财产保全、开庭审理、调解、中止诉讼、终结诉讼、简易程序、执行等，以及人民检察院对行政案件受理、审理、裁判、执行的监督，本法没有规定的，适用《中华人民共和国民事诉讼法》的相关规定。”《民事诉讼法》及相关司法解释规定了具有专门知识的人可以代表当事人对鉴定意见进行质证，[1]或

[1] 《最高人民法院关于适用〈中华人民共和国民事诉讼法〉的解释》第 122 条规定：“当事人可以依照民事诉讼法第八十二条的规定，在举证期限届满前申请一至二名具有专门知识的人出庭，代表当事人对鉴定意见进行质证；或者对案件事实所涉及的专业问题提出意见。具有专门知识的人在法庭上就专业问题提出的意见，视为当事人的陈述。人民法院准许当事人申请的，相关费用由提出申请的当事人负担。”

者对案件事实所涉及的专业问题提出意见，其在法庭上就专业问题提出的意见，视为当事人的陈述。本案中，华南理工大学的专家也向法院提交了书面的意见，并出庭就《检测报告》不符合科学规律的情形做了说明，相关意见不涉及法律分析，本文不再引用。

案例八

行政机关行使自由裁量权应当遵循比例原则

☞【案例名称】

行政机关行使自由裁量权应当遵循比例原则

——陈某某诉合肥市交通运输管理处行政处罚案

☞【基本案情】

2017年5月25日，合肥市交通运输管理处（以下简称“合肥市运管处”）执法人员在汽车站附近实施执法检查时，发现司机陈某某搭载乘客从合肥市汽车站送至目的地池州市东至县昭潭镇，按照滴滴平台内置计费系统显示车费为398.50元。由于陈某某未取得道路运输经营许可，且载运乘客从合肥市至昭潭镇，认定陈某某属于擅自从事跨行政区域的班线运输营运行为。6月12日15时11分，陈某某签收《违法行为通知书》，同日，陈某某书写书面申请，放弃陈述申辩的权利，且不要求组织听证。6月12日15时12分，陈某某签收《行政处罚决定书》，处罚决定书载明“依据2016年《道路运输条例》第63条之规定，给予陈某某三万元罚款”。陈某某对该处罚决定不服，委托代理律师提起诉讼。

☞【代理思路与意见】

一、合肥市运管处作出的行政处罚决定事实认定错误，陈某某不存在任何营运行为

根据2016年《网络预约出租汽车经营服务管理暂行办法》第38条、《国

务院办公厅关于深化改革推进出租汽车行业健康发展的指导意见》及《安徽省人民政府办公厅关于深化改革推进出租汽车行业健康发展的实施意见》等规定，私人小客车合乘也称为拼车、顺风车，是指与合乘服务提供者出行线路相同的人，乘坐合乘服务提供者的小客车，并分摊合乘服务提供者部分出行成本或免费互助的共享出行方式，私人小客车合乘出行不属于道路运输经营活动，不存在营利目的。

对于本案来说，因为端午假期临近，陈某某从合肥回老家探亲时（正常250公里左右），匹配到顺风车订单（昭潭镇，距老家仅几十公里，起止点基本一致）。基于分摊出行成本的考虑，陈某某和合乘乘客达成了合乘需求，并经过顺风车平台约定了合乘费用。本案中，从合肥市汽车站到昭潭镇，300公里左右，出行4小时，过路费135元。除此之外，基于合乘起止点的大致一致，陈某某还需要承担接合乘乘客和到达终点后返回老家的成本，也即陈某某到达合乘起点的距离、时间成本，合乘终点返回自己老家的成本，昭潭镇返回老家还需要1小时、80公里的路程，以及40元的过路费。这样，总里程将近400公里，过路费合计175元，再考虑陈某某接人送人的时间成本、交通事故的风险成本，综上，合乘费用每公里不到0.5元，远远低于出租车费用（初步核算单程需要1 000元左右，2.5公里内9元，超出每公里1.5元计算，25公里以上，每公里租价加收75%，过路费135元），明显不是以营利为目的。

二、合肥市运管处作出的行政处罚决定程序违法，应当予以撤销

（一）合肥市运管处未能依法保障陈某某的陈述、申辩权

根据陈某某提供的两份文书送达回证显示，陈某某签收《违法行为通知书》的时间是2017年6月12日15时11分，签收《行政处罚决定书》的时间是2017年6月12日15时12分。另外，陈某某又于同日自书了一份两百字左右的放弃陈述、申辩权利以及要求听证权利的申请书，根据申请书的内容（特别是清楚地写明文书文号的内容）可以知道系在2017年6月12日15时11分之后书写。意即如果本案合肥市运管处是在收到陈某某申请书之后作出的《行政处罚决定书》，陈某某需在一分钟之内阅读并理解百字的法律文书，并自书一份两百字左右的放弃权利申请书。所以本案显然是文化水平不高更

无法律专业知识背景的陈某某在不明晰自身享有的陈述、申辩权以及陈述申辩权的具体含义的情况下，相关行政处罚就已经作出并送达，故合肥市运管处明显剥夺了陈某某的陈述和申辩权。

（二）陈某某要求举行听证的权利被漠视

依据2009年《行政处罚法》第42条以及《安徽省行政处罚听证程序规定》第3条的规定，本案中陈某某享有要求听证的权利。而根据合肥市运管处在庭审中提交的《文书送达回证》表明，《违法行为通知书》《行政处罚决定书》送达陈某某的时间仅相差1分钟，明显违反了2009年《行政处罚法》第42条关于3个工作日内申请听证期限的规定，而陈某某自书的申请书要么不是其真实意思表示，要么系在《行政处罚决定书》送达之后书写，因此，陈某某要求举行听证的权利被漠视，应当认定合肥市运管处违反法定程序。

三、合肥市运管处作出的行政处罚决定适用法律错误

本案中，合肥市运管处对陈某某作出行政处罚的依据为2016年《道路运输条例》第2条、第10条以及第63条的规定。但《道路运输条例》第二章“道路运输运营”载明该条例仅适用于部分“客运”“货运”经营。2016年《道路运输条例》第81条明确规定“出租车客运和城市公共汽年客运的管理办法由国务院另行规定”，这意味着《道路运输条例》明确排除对出租车管理的适用。此外，查阅我国的相关规定，为规范巡游出租及网约出租经营，2016年8月28日，交通运输部颁布了修改后的《巡游出租汽车经营服务管理规定》（以下简称《规定》）；2016年7月27日，交通运输部、工信部等7部委颁布了《网络预约出租汽车经营服务管理暂行办法》（以下简称《办法》）。由上述《道路运输条例》《规定》《办法》，可以看出班线运输、巡游出租、网约车等分别适用不同的规定予以调整。显然，无论从《道路运输条例》的规定，还是本案的基本事实，亦或是我国道路运输管理法律体系的立法状况分析，陈某某的行为都不属于《道路运输条例》规定的“班线客运”行为。本案中陈某某实施以自我出行为前提、不以营利为目的的顺风车行为，合乘服务提供者和合乘者在顺路的情况下自愿达成合乘协议，也即双方通过平台达成合乘意愿的民事法律关系，其行为应受合同法等民法领域法律调整，故合肥市运管处对陈某某行为定性错误，从而导致适用法律错误。

四、合肥市运管处作出的行政处罚决定明显违反比例原则，处罚金额过高

即使陈某某的行为违法且合肥市运管处适用法律正确，在陈某某仅可能收取 260 元合乘成本的情况下，作出罚款 3 万元的处罚决定也违反了行政法上的比例原则。本案中，从主体看，陈某某为在外务工人员，即使存在违法行为，也是因为不懂法所致，而且滴滴出行软件上线多年，全国每天都有千万次的使用量，苛求一名只有朴素法律感的务工人员知晓《道路运输条例》乃至班线客运、旅游客运、包车客运等概念，显然不合理；其次，从行为看，本案中，陈某某与乘客也仅达成了合乘的合意，并没有实施合意行为，没有获取任何经济利益，仅因该合意就作出 3 万元的行政处罚显然过罚失当；最后，从一贯表现看，陈某某一贯遵纪守法，并无违法犯罪记录或受过行政处罚的记录，仅因为与他人达成合乘合意就被处以巨额罚款，显然违反比例原则。

☞【案件结果】

2017 年 10 月 24 日，安徽省合肥市高新技术产业开发区人民法院作出（2017）皖 0191 行初 72 号一审判决，认定“乘客通过滴滴平台叫车，陈某某接单拟将乘客从合肥市旅游汽车站送至昭潭镇，到达目的地后按照滴滴平台内置计费系统显示车费为 398.50 元，因此，陈某某行为属于道路运输经营行为，另由于陈某某载运乘客系从合肥市至昭潭镇，属于跨行政区域的班线运输范畴，并不属于出租汽车客运的经营范围，合肥市运管处对陈某某作出的行政处罚决定，认定事实清楚，证据充分，适用法律正确，程序合法。综上，判决驳回原告陈某某的诉讼请求”。

陈某某不服，向合肥市中级人民法院提起上诉，2018 年 4 月 12 日，合肥市中级人民法院作出（2018）皖 01 行终 50 号二审判决，认定“合肥市运管处是依据《道路运输条例》第六十三条的规定对陈某某予以行政处罚，根据《道路运输条例》第二条、第八十一条的规定，该条例适用于道路旅客运输经营和道路货物运输经营，对于出租车客运违法行为的行政处罚并不适用该条例。且《道路运输条例》对未取得行政许可进行客运经营行为规定的处罚幅度明显高于《安徽省道路运输管理条例》，结合本案陈某某尚未实际取得违法

所得等客观事实，合肥市运管处适用《道路运输条例》对陈某某处以三万元的罚款，在适用法律依据方面，亦存在畸重的情形。综上，判决：一、撤销（2017）皖0191行初72号行政判决；二、撤销被诉行政处罚决定；三、合肥市运管处返还陈某某已缴纳的罚款30 000元”。

☞【裁判文书】

（2017）皖0191行初72号行政判决书

（2018）皖01行终50号行政判决书

☞【办案心得】

随着我国进入“互联网＋”时代，“共享经济”“分享经济”等新的经济形态为人们提供了诸多便利，“顺风车”就是这一趋势的产物。但是，囿于监管制度的滞后性、经济形态的首创性、法律衔接的失调性，交通运输主管部门在对顺风车进行监管时存在着不少争议，本案就是一起典型顺风车车主被处罚的案例。代理律师接受委托后，除了对是否应当作出行政处罚，即是否应当定性为营运行为适用《道路运输条例》进行处罚分析以外，也从行政处罚决定作出的程序以及行政处罚是否合理进行了详细阐述。

一、即便当事人以书面形式确认放弃听证权利，仍需待申请期限届满后再作出行政处罚决定

1996年颁布实施的《行政处罚法》首次从立法上确立了行政处罚的听证制度，随着国家法治化进程的不断推进，听证制度已在多个领域广泛应用，新修订的《行政处罚法》从听证的适用范围、听证程序、听证笔录的效力等方面对听证制度作了进一步修订完善。其中，遵循法定的听证程序，是保障行政相对人权益免受侵犯的重要程序权利，法定听证程序应当包括以下几个方面：

1. 告知当事人有要求举行听证的权利，并且告知当事人应当在5个工作日内提出听证申请（2021年修订后新《行政处罚法》规定）。对于未到5个工作日，当事人即明确提出放弃听证的是否可以直接作出行政处罚决定呢？代理律师认为听证权利是行政处罚法赋予当事人的法定权利，行政机关不得简单以当事人书面确认放弃听证权利为由直接作出行政处罚决定，即行政机关应当待 5 个工作日届满后再作出行政处罚决定。另外，《公安机关办理行政案件程序规定》第 134 条明确规定“违法嫌疑人放弃听证或者撤回听证要求后，处罚决定作出前，又提出听证要求的，只要在听证申请有效期限内，应当允许”。因此，从审慎角度出发，应当给予当事人自告知之日起 5 日内选择的权利，而非直接作出行政处罚决定。

2. 当事人申请听证的，应当告知当事人听证的时间、地点，指定非本案调查人员主持听证。需要特别说明的是：当事人陈述、申辩权利与要求举行听证的权利相互独立、并行不悖。换言之，如拟作出的行政处罚属于听证的范围，如果仅听取其陈述、申辩意见，而未告知有举行听证的权利或未组织听证，则仍然会认定为程序违法。

3. 举行听证时，行政机关调查人员应当陈述当事人违法的事实、理由以及行政处罚建议，并提交处罚的证据和适用的法律法规。如果在听证程序中未向当事人告知违法的事实、证据以及行政处罚建议，则当事人无法有针对性的质证与申辩，也就无法保障当事人的知情权，应当认定听证程序违法。

二、行政机关行使自由裁量权应当遵循比例原则

赋予行政机关自由裁量权，并不意味着行政机关可以在法定幅度内随意处罚。《行政处罚法》第 5 条第 2 款规定：“设定和实施行政处罚必须以事实为依据，与违法行为的事实、性质、情节以及社会危害程度相当。”也就是说，处罚要与违法行为相适应，对于裁量是否适当的判断，应当借鉴比例原则。比例原则包括三个方面：适当性原则，指所采取的措施必须能够实现行政目的或至少有助于行政目的达成并且是正确的手段；必要性原则，指达成法律目的诸方式中，应选择对权利人最小侵害的方式；狭义比例原则，指行政主体执行职务时，面对多数可能选择之处置，应就方法与目的的关系权衡更有利者而为之。

对于本案来说，从必要性原则考虑，顺风车作为分享经济的产物，有助于缓解客运服务的供需矛盾，满足公众多样化出行需求，符合社会发展趋势和创新需求。行政机关在依据现行法律法规对其进行处罚时，应当尽可能将对当事人的不利影响控制在最小范围和限度内，以达到实现行政管理目标和

保护新生事物之间的平衡。从狭义比例原则出发，陈某某没有获取任何经济利益，因此其行为情节轻微，产生的后果较小，而后果通常决定该行为的社会危害性大小，因此其对道路运输市场秩序的损害基本没有。另外，顺风车作为一种新生事物在满足社会需求方面起到积极推动作用，对其所带来的社会危害的评判不仅仅要遵从现行法律法规的规定，更应该充分考虑是否符合社会公众的感受，陈某某社会危害性小符合公众认知。最终二审法院采纳了代理律师的观点，认定合肥市运管处对陈某某作出 3 万元罚款存在处罚畸重情形，最终撤销了一审判决，并撤销了被诉行政处罚决定。

案例九

请求确认行政行为无效不受起诉期限的限制

☞【案例名称】

请求确认行政行为无效不受起诉期限的限制

——北京某公司诉北京市延庆区康庄镇政府确认行政行为无效案以及行政赔偿案

☞【基本案情】

2013年，北京某公司与康庄镇郭家堡村村民委员会签订《荒滩租赁合同》，约定由北京某公司承包康庄镇郭家堡村部分土地用于发展种植业。合同签订后，公司在承包土地上种植了大量树木、果木。2016年5月初，北京某公司接到康庄镇政府工作人员口头通知，公司承包土地中的26.5亩（以下简称“涉案土地”）属于京张高铁延庆段的征地范围内，公司需自行清移涉案土地上种植的白皮松。2016年5月30日，北京某公司收到康庄镇政府作出的《限期清移树木通知书》，主要内容为：“2016年5月17日，京张高铁征拆工作人员在巡查过程中发现：你公司承租的、已经完成地上物清理登记工作的土地上，新植近万株白皮松，该行为属于抢栽抢种行为，不应予以补偿。责令你公司自行清移上述抢栽抢种的树木，逾期不清移的，将实施强制清除。”2017年4月25日，施工单位强行移除了涉案土地上的白皮松。北京某公司不服，于2020年委托代理律师提起诉讼，代理律师建议公司提起确认行政行为无效以及行政赔偿两案。

☞【代理思路与意见】

一、北京某公司起诉并未超过法定期限，请求确认行政行为无效不受起诉期限的限制

北京某公司在本案中提起的诉讼请求并非撤销康庄镇政府作出的《限期清移树木通知书》或确认《限期清移树木通知书》违法，而是请求确认《限期清移树木通知书》无效。行政行为的无效与民事合同的无效虽有不同，但均体现了国家对于重大违反法律、社会公共利益行为的主动干预，因此行政行为无效是否受起诉期限的限制可以参照民事合同无效是否受诉讼时效的限制的裁判标准，而对于民事合同无效不受诉讼时效限制的观点，早已在司法理论界与实务中达成了共识，因此，对于请求确认行政行为无效的诉讼也不应当受起诉期限的限制，北京某公司起诉并未超过法定期限。

二、康庄镇政府超越职权作出《限期清移树木通知书》

根据《北京市人民政府办公厅转发市园林绿化局、市国土局关于遏止本市基础设施建设征地拆迁过程中，抢栽抢种树木苗木行为意见的通知》（京政办发［2007］20号）第1条规定："各区县政府是遏止本市基础设施建设征地拆迁过程中，抢栽抢种树木、苗木行为的责任主体……"结合行政法"权责统一"的基本原则，即"有责必有权，有权必担责"，应当认定抢栽抢种、作出限期清移树木通知的行政主体为区县级政府，而非是乡镇级政府。因此，康庄镇政府作为乡镇一级的政府，显然并无遏止抢栽抢种树木的职权，其超越职权作出的《限期清移树木通知书》理应被确认无效。

三、康庄镇政府作出《限期清移树木通知书》没有事实依据，认定北京某公司抢栽抢种的证据不足

第一，认定抢栽抢种重要时间点，就是栽种树木、苗木行为是否发生在征地公告之后。《北京市人民政府办公厅转发市园林绿化局、市国土局关于遏止本市基础设施建设征地拆迁过程中抢栽抢种树木苗木行为意见的通知》（京政办发［2007］20号）第2条第2项明确规定："《北京市建设征地补偿安置办法》（市政府令第148号）第十二条规定：区县人民政府应当自收到征收土地批准文件之日起10日内在被征地的乡镇、村进行征地公告。自征地公告发布之日起，对在征地范围内新种植的树木、苗木不予补偿……”

第二，本案并无证据证明康庄镇政府发布过征地公告或北京某公司知悉了征地的事实。康庄镇政府以“张贴过《关于遏止抢栽抢种抢建行为的通告》的公告”以及“2016年1月25日的现场勘察表”证据，拟证明北京某公司知悉了征地的事实。对于第一份证据，其只是一张照片的复印件，该张照片既没有拍摄人身份信息、拍摄时间，也没有具体地理位置的记载，而且康庄镇政府也未能提供照片的原始载体，因此，2016年1月25日仅是康庄镇政府单方陈述的时间点；对于第二份证据，现场勘察表上并无北京某公司的签字盖章，也没有任何证据表明北京某公司在勘察现场，因此，无法证明北京某公司知悉征地的事实。

四、康庄镇政府作出《限期清移树木通知书》之前，未进行立案调查，未告知北京某公司享有陈述、申辩权，更未听取陈述、申辩意见，程序存在明显违法

康庄镇政府作出《限期清移树木通知书》之前，没有经过立案、调查程序，也未告知享有陈述、申辩权利，直接向北京某公司作出通知书，这严重违反程序规定。康庄镇政府主张曾以口头形式向北京某公司的工作人员告知过通知，暂且不提工作人员根本没有取得北京某公司的书面授权，康庄镇政府也没有任何工作底稿、音像等能够证明告知过的事实。对于行政执法，2018年国务院颁布《关于全面推行行政执法公示制度执法全过程记录制度重大执法决定法制审核制度的指导意见》，明确要求行政机关应当以文字、音像等形式，对行政决定的启动、调查取证、审核、送达等进行全过程记录，归档保存。因此，康庄镇政府作出的《限期清移树木通知书》程序严重违法。

五、在无其他相反证据足以推翻的前提下，应当认定康庄镇政府为实施强制清移树木的行政主体，并承担相应的赔偿责任

针对涉案土地，康庄镇政府作出了《限期清移树木通知书》，因此清移树木、腾空土地是康庄镇政府所追求的结果，且建设单位、施工单位等民事主体并无实施强制清移树木的权力，否则将会涉嫌故意毁坏财物罪，而北京某公司当场拨打 110 报警，但是警方却并未制止施工工人的行为，因此涉案土地上的树木确系行政主体委托民事主体组织清移的。因而，应当认定康庄镇政府为实施强制移除的行政主体，并承担相应的赔偿责任。

六、北京某公司已经提供了证据证明损失的大小，因康庄镇政府原因导致北京某公司无法进一步举证的，理应由康庄镇政府就损失情况承担举证责任，并承担举证不能的后果

北京某公司提供的证据 4.1 现场勘查表明确载明了白皮松的规格和数量，证据 4.2 也载明了延庆区政府规定的不同规格、品质白皮松的补偿指导价格，以此可以计算出涉案土地上白皮松的价值，也即北京某公司损失的大小。

退一步讲，即使北京某公司未能举证证明损失大小，也系因康庄镇政府违法组织强制移除导致。2017 年 4 月 25 日凌晨，千余名保安和施工工人，突然来到征地现场、北京某公司办公场地及工人生活区，将北京某公司种植的大面积树木、苗木铲除、拉走，并强行推平地面。因康庄镇政府组织强制移除前，未能履行应有的催告程序，以及听取北京某公司的陈述、申辩，导致北京某公司未能进行证据保全，因此，理应由康庄镇政府承担北京某公司损害大小的举证责任，在康庄镇政府不能提供证据的前提下，则应当由其承担举证不能的不利后果，即推定北京某公司所主张的损失成立。

☞【案件结果】

一、确认行政行为无效案

2020 年 12 月 14 日，北京市延庆区人民法院作出（2020）京 0119 行初 24 号一审判决，认定“本案中，康庄镇政府作出的《限期清移树木通知书》不存在重大且明显违法的行政行为无效的情形，在向北京某公司释明后，北京某公司拒绝变更诉讼请求，综上，判决驳回原告北京某公司的诉讼请求”。

北京某公司不服，提起上诉，北京市第一中级人民法院于 2021 年 3 月 15 日作出（2021）京 01 行终 104 号行政判决，判决“驳回上诉，维持一审判决”。

二、行政赔偿案

2021 年 2 月 7 日，北京市延庆区人民法院作出（2020）京 0119 行赔初 2 号行政裁定，认定“鉴于涉案土地范围内的清除苗木行为并未被生效法律文书认定系康庄镇实施以及该清除苗木行为未被确认违法，故北京某公司获得相应行政赔偿的前提条件不存在，综上，裁定驳回原告北京某公司的起诉”。

北京某公司不服，提起上诉，北京市第一中级人民法院于 2021 年 4 月 20 日作出（2021）京 01 行赔终 17 号行政裁定，裁定“驳回上诉，维持一审裁定”。

☞【裁判文书】

（2020）京 0119 行初 24 号行政判决书

（2021）京 01 行终 104 号行政判决书

（2020）京 0119 行赔初 2 号行政裁定书

（2021）京 01 行赔终 17 号行政裁定书

☞【办案心得】

2016 年 5 月 30 日，北京某公司收到康庄镇政府作出的《限期清移树木通知书》，但因《限期清移树木通知书》并未告知公司救济的方式，故没有在起诉期限内提起诉讼。代理律师接受委托后，认为北京某公司取得赔偿款的关键在于确认《限期清移树木通知书》违法，而非确认清除苗木行为违法，鉴于此时提起撤销《限期清移树木通知书》或确认《限期清移树木通知书》违法的诉讼请求已经超过起诉期限，而请求确认行政行为无效却不受起诉期限的限制，据此代理律师提出“提起确认行政行为无效的诉讼请求”的观点，规避起诉期限的限制，最终一审、二审法院对康庄镇政府作出的《限期清移树木通知书》进行了实体审查。

一、请求确认行政行为无效不受起诉期限的限制

第一，对行政行为提起确认无效之诉是否要受到起诉期限的限制，虽然《行政诉讼法》以及司法解释没有明确规定，但司法解释的立场倾向于行政相对人可以在任何时候请求法院确认行政行为无效。《最高人民法院关于适用

〈中华人民共和国行政诉讼法〉的解释》第94条第2款规定，“公民、法人或者其他组织起诉请求确认行政行为无效，人民法院审查认为行政行为不属于无效情形，经释明，原告请求撤销行政行为的，应当继续审理并依法作出相应判决；原告请求撤销行政行为但超过法定起诉期限的，裁定驳回起诉；原告拒绝变更诉讼请求的，判决驳回其诉讼请求”。由此可见：行政相对人针对一个行政行为提起确认无效之诉的，法院一般不会对起诉期限进行审查，即使进行审查，也因确认无效诉讼不受起诉期限的限制，并不会裁定不予立案或驳回起诉，都会进入实体审查，如果最终认定行政行为不属于无效情形，也不再以超过起诉期限为由裁定驳回起诉，而是判决驳回诉讼请求，因此，提起确认行政行为无效之诉不受起诉期限的限制。

第二，提起确认行政行为无效之诉之所以不受起诉期限的限制，就在于无效行政行为自始无效，这就决定了在任何情况下，一个自始无效的行政行为都不可能经过一段时间而转化成合法的行政行为。如果要求对无效行政行为必须在一般起诉期限内提起，那么无效行政行为便丧失了独立的制度定位，沦为可撤销行政行为的一部分，成为一般违法行政行为中违法程度更重或最重的情形。

第三，当行政行为被确认无效后，必然关系到如何处理后续行为、法律关系及由此形成的利益。行政行为被确认无效后，需要恢复至行政行为作出之前的状态，行政相对人负担的义务被解除，取得的利益被收回。如果无效行政行为的产生是由于行政相对人欺诈导致，则即使该行为造成一定的损害后果，也不应予以赔偿。如果基于公共利益和个人利益，依法确有必要设定权利义务关系，则应当作出其他行政行为来替换。在最高人民法院作出的《对十三届全国人大一次会议第2452号建议的答复》中也体现了前述观点，“对行政行为宣告无效，不应对后续行为一律还原到初始状态，应当审慎进行利益衡量，尤其是要考虑无效行政行为涉及善意第三人利益或已经建立的稳定的社会秩序等因素”。

二、当无法确定强制拆除主体时，法院应当推定作出强制拆除决定的主体为强制拆除的实施主体

实践中，对于强制拆除（强制清除）实施主体难以认定的，一般可以推

定作出强制拆除决定主体是实施主体，这是因为决定主体是最有动机实施强制拆除行为的，比如县级政府已经作出国有土地上房屋征收与补偿决定，行政相对人不服强制拆除房屋行为，但不清楚实施主体时，司法解释明确规定“人民法院应当以作出强制拆除决定的行政机关为被告；没有强制拆除决定书的，以县级以上地方人民政府确定的房屋征收部门为被告”〔1〕，前述条款之所以如此规定就在于：在国有土地上房屋征收过程中，有且仅有县级以上政府才具有依法征收房屋的职权，作出强制拆除决定亦是其履行职权的表现，实施强制拆除是其完成征收工作的结果追求。对于本案，亦是如此，康庄镇政府对涉案土地作出了《限期清移树木通知书》，因此，清除苗木、腾空土地是康庄镇政府作出通知书的结果追求，在征收程序已启动的情况下，康庄镇政府理应知晓涉案土地上的苗木被强制清除的相关情况，且在法律上或者事实上具有较大可能作出强制清除行为。因此，应当推定康庄镇政府为实施清除苗木行为的行政主体。

三、诉讼请求的确定直接影响委托人诉权实现与否

代理律师接受委托后，发现本案非常棘手，此时提起撤销之诉或确认违法之诉均已超过起诉期限，法院会直接裁定不予立案或驳回起诉，根本不可能实现当事人的诉讼目的。鉴于此，代理律师开始寻找新的突破口，以期能规避起诉期限限制，经过仔细研究发现被诉行政行为作出时间系 2016 年 5 月 30 日，根据《最高人民法院关于适用〈中华人民共和国行政诉讼法〉的解释》第 162 条之规定，〔2〕对于 2015 年 1 月 1 日以后作出的行政行为，可以提起确认无效之诉，且请求确认无效之诉并不受起诉期限的限制，据此代理律师向法院提起确认行政行为无效案。与代理律师事先设想一致，案件顺利立

---

〔1〕《关于正确确定县级以上地方人民政府行政诉讼被告资格若干问题的规定》第 3 条第 2 款规定：县级以上地方人民政府已经作出国有土地上房屋征收与补偿决定，公民、法人或者其他组织不服具体实施房屋征收与补偿工作中的强制拆除房屋等行为提起诉讼的，人民法院应当根据《行政诉讼法》第 26 条第 1 款的规定，以作出强制拆除决定的行政机关为被告；没有强制拆除决定书的，以县级以上地方人民政府确定的房屋征收部门为被告。

〔2〕 根据《最高人民法院关于适用〈中华人民共和国行政诉讼法〉的解释》第 162 条规定：公民、法人或者其他组织对 2015 年 5 月 1 日之前作出的行政行为提起诉讼，请求确认行政行为无效的，人民法院不予立案。

案，遗憾的是法院未能支持委托人的诉讼请求，认定本案尚不构成“重大且明显违法”，但法院对被诉行政行为作出主体、实体以及程序方面进行了全面的审查。

虽然本案未能胜诉，但代理律师通过选择合适的诉讼请求让案件进入了实体审查，为当事人争取到了胜诉的可能。诉讼请求是诉权保护最原始的出发点，也是实现诉权的基础。只有明确了诉讼请求，律师才能据此寻找相应的事实证据以及法律上的依据，法院才能据此明确案件审查内容并依法作出裁判。诉讼请求选择恰当，委托人权利将受到较好的保护；选择不当，轻则增加委托人诉讼成本，重则使委托人权利遭受毁灭性的影响。因此，代理律师在考虑采取何种诉讼方案时，应当慎重确定诉讼请求，以便最大程度实现委托人利益。

案例十

责令限期拆除决定属于行政处罚

☞【案例名称】

责令限期拆除决定属于行政处罚

——北京某养老公司诉北京市昌平区东小口镇人民政府限期拆除及昌平区人民政府行政复议案

☞【基本案情】

2007年6月，北京某养老公司与北国江南公司签订《土地承包经营权转包协议》，自此开始承包东小口镇店上村甲六号院。2020年5月7日，东小口镇政府对北京某养老公司作出《限期拆除决定》（以下简称“限拆决定”）：“你单位在北京市昌平区东小口镇店上村东侧建设的砖混结构、面积约300平方米的房屋，经北京市规划和自然资源委员会认定，未依法取得乡村建设规划许可证，属违法建设。本机关决定：责令你单位于2020年5月13日24时前自行拆除上述违法建设。逾期不拆除的，本机关将依法实施强制拆除。”北京某养老公司不服该限拆决定，向昌平区政府申请行政复议。9月15日，昌平区政府作出复议决定，确认东小口镇政府作出的限拆决定程序违法。北京某养老公司不服复议决定，委托代理律师提起本案诉讼。

☞【代理思路与意见】

一、东小口镇政府作出的限拆决定未查明案涉建筑的建设时间、建设主体等基本事实，存在处罚对象错误等重大且明显违法情形，昌平区政府对该错误未予纠正，导致复议决定事实认定、法律适用错误

第一，东小口镇政府提供的证据不足以证明北京某养老公司系案涉建筑的建设主体。本案中，东小口镇政府提供的《谈话通知书》以及《审批情况的函》，均不能证明建设主体系北京某养老公司。其中，《谈话通知书》只能证明东小口镇政府就此事项通知过北京某养老公司，而由于没有谈话笔录等书面材料，无法证明北京某养老公司参与过谈话，也无法证明北京某养老公司承认过案涉建筑系其所建；《审批情况的函》只写明了房屋未取得乡村建设规划许可证，而未明确指出是哪幢房屋，是否与涉案建筑有关无从得知，况且由于未后附相关资料，无法核实“案涉建筑系北京某养老公司所建设”结论的得出是否具有事实依据。

第二，北京某养老公司虽然未在查处过程中对建设主体提出异议，即便可能构成“自认”，也不能作为东小口镇政府认定北京某养老公司系案涉建筑建设主体的依据。《行政诉讼法》明确规定了被告对作出的具体行政行为承担举证责任，本案中应当由东小口镇政府提供作出限拆决定的证据和所依据的规范性文件，换句话说，即使东小口镇政府对北京某养老公司的陈述表示认可，也不能必然免除东小口镇政府的举证责任。

第三，事实上，案涉建筑的建设主体系北国江南公司。2007 年 6 月 30 日，北京某养老公司与北国江南公司签订《土地承包经营权转包协议》，自此，北京某养老公司开始承包东小口镇店上村甲六号院的 48 亩土地。在此之前，均为北国江南公司进行的建设行为。而且从东小口镇政府提供的 Google 的航拍地图中就清晰地显示：第一张 2006 年时，北国江南公司已经完成了地下部分即地基的建设，在第二张图 2008 年时，就已经完成了地上建筑的建设，因此，本案查处的未取得乡村建设规划许可证进行从无到有的建设行为，系北国江南公司所完成。

二、东小口镇政府作出的限拆决定程序违法，依法应予撤销，昌平区政府仅认定程序违法并未以此为由撤销限拆决定明显不当

1. 东小口镇政府未经立案、调查取证等程序即作出限拆决定，违反法定程序。根据《国土资源违法行为查处工作规程》规定，行政机关对于违法线索构成立案条件的应当立案，立案后通过询问当事人、土地所有权人、使用权人，进入违法建筑现场进行检查、勘测、拍照、录音、摄像，以及查阅和复印相关材料等方式进行调查取证程序。本案中，东小口镇政府未能提供立案审批表，无法确定其是否立案以及（若有立案）立案时间；东小口镇政府也未向北京某养老公司询问核实其是否为涉案房屋的建设人，且未进行实地调查、现场勘验等程序。故东小口镇政府在对北京某养老公司的违法事实进行调查的过程中，未履行立案、询问调查、现场勘验等程序，违反法定程序，限拆决定应当被撤销。

2. 限拆决定属于行政处罚的一种，应当遵循作出行政处罚的法定程序，即应当听取行政相对人的陈述、申辩、告知行政相对人有要求举行听证的权利，行政相对人要求听证的，应当组织听证。本案中，东小口镇政府未听取北京某养老公司的陈述申辩、未告知公司有要求举行听证的权利，严重违反法定程序。《复议决定书》仅认为程序违法并未以此为由撤销限拆决定，也就是说认为前述程序违法但并不影响本案事实认定以及处理结果的结论，北京某养老公司不予认可。前述调查取证程序的缺失，正是导致东小口镇政府未能查清涉案房屋建设主体的重要原因，当然会直接影响本案事实；如果未影响本案事实，昌平区政府应就程序违法的情形如何未影响本案事实予以释明，而不能在未结合案件事实以及未说明任何理由的情况下，仅认定程序违法而未撤销限拆决定。

☞【案件结果】

2021年5月18日，昌平区人民法院作出（2020）京0114行初243号一审判决，认定："本案中，东小口镇政府在对北京某养老公司违法事实的调查中，应当履行立案、询问调查、现场勘验等程序，在作出对行政相对人重大不利决定前，应听取其陈述申辩的意见，本案中，东小口镇政府提交的证据

尚不足以证明其开展了上述工作，作出的限拆决定属于认定事实不清、证据不足、程序违法，依法应予撤销。鉴于涉案建筑已经全部拆除，限拆决定不具备可撤销内容，故本案应依法判决限拆决定违法。昌平区政府在行政复议过程中虽指出了东小口镇政府的上述程序违法行为，但未纠正其事实认定不清的问题，作出的复议决定属于适用法律、法规错误，故亦应予以确认违法。综上，判决如下：一、确认东小口镇政府作出的限拆决定违法；二、确认昌平区政府作出的复议决定违法。”

东小口镇人民政府不服一审判决，向北京市第一中级人民法院提起上诉，2021 年 8 月 27 日，北京市第一中级人民法院作出（2021）京 01 行终 606 号二审判决：“驳回上诉，维持一审判决。”

☞【裁判文书】

（2020）京 0114 行初 243 号行政判决书

（2021）京 01 行终 606 号行政判决书

☞【办案心得】

代理律师接受委托后，立即着手整理委托人北京某养老公司的材料，以及行政复议案中东小口镇政府提供的证据、规范性文件。经过分析，代理律师认为北京某养老公司确实没有取得乡村建设规划许可证，要想帮助公司达到撤销限拆决定或确认限拆决定违法的目的，本案的突破点应当着重阐述限拆决定作出的程序是否合法以及证明案件事实的证据是否充分。鉴于此，代理律师通过主张限拆决定属于行政处罚，进而阐述限拆决定应当遵循《行政处罚法》的法定程序，之后从实体、程序两方面阐述东小口镇政府作出的限拆决定违法。

一、关于限拆决定的性质

对于限拆决定，作为一种具体行政行为，在规划管理立法中早已出现，2008 年 1 月 1 日实施的《中华人民共和国城乡规划法》（以下简称《城乡规划法》）第 64 条、第 65 条、第 66 条、第 68 条，均规定了适用责令限期拆除的情形，但并未明确限拆决定的性质，这也就导致理论界对于限拆决定的性质有不同的观点。代理律师主张限拆决定属于行政处罚的种类之一，作出限拆决定前应当履行法定程序，而东小口镇政府则主张限拆决定属于行政命令，因此不需要履行告知陈述、申辩义务。限拆决定增加了行政相对人履行拆除建筑的义务，而且如逾期未拆除则会被行政机关强制拆除，进一步减损了行政相对人的权益，因而应当属于行政处罚。随着 2021 年 1 月 1 日《最高人民法院关于行政案件案由的暂行规定》的正式实施，责令限期拆除被列为行政处罚案由下的子案由之一，现今对限拆决定属于行政处罚已不存在任何争议。本案中，一、二审法院均采纳了代理律师的观点，认定在作出对行政相对人重大不利决定前，未听取其陈述、申辩意见，程序违法。

二、关于限拆决定的实体审查内容

行政机关作出限拆决定实体上是否合法，主要审查涉案建筑物、构筑物是否属于违法建筑以及是否应当采用责令限期拆除的方式。对于本案来说，涉案建筑物经北京市规划和自然资源委员会认定，未依法取得乡村建设规划许可证的事实是毋庸置疑的。因此，代理律师主动引导法官关注涉案建筑的建设主体以及建设时间：

1. 根据《城乡规划法》的规定，对于违法建筑，拆除的义务主体是房屋的建设人；对于违法建筑已经建成多年的，实施强制拆除时如已经产生了实际使用人的，此时需要查清违法建筑的实际居住人、使用人，听取其陈述、申辩意见，但是拆除的义务主体仍应当是房屋的建设人。在《广州市违法建设查处条例》第 27 条明确体现了前述观点“违法建设法律责任由违法建设的建设单位或者个人承担。违法建设受让人、承租人或者实际使用人应当配合城市管理综合执法机关或者镇人民政府处理违法建设”。

2. 即使有证据证明行为人存在违反《城乡规划法》等关于规划许可相关规定，擅自搭建建筑物、构筑物或其他设施的行为，但并不一定代表行政机关必须采用责令限期拆除的方式。代理律师针对本案建设时间点展开了详细阐述：本案的建设行为发生在 2008 年之前，最迟于 2007 年 6 月 30 日之前就已经建成了。而 2008 年 1 月 1 日，《城乡规划法》才正式实施，此后才有法律对于乡村规划作出明确规定，在 2008 年 1 月 1 日之前，在乡村进行建设，不需要申请工程规划，根据法不溯及既往的基本原则，不应当对于《城乡规划法》实施之前的行为适用该法的规定。鉴于本案建设行为属于历史遗留问题，东小口镇政府应当首先选择采取责令限期补办规划手续等改正措施后，再针对相应改正的情况酌情作出决定，现直接作出限拆决定必然将对房屋所有人权益造成过度损害。

三、关于限拆决定的程序审查内容

行政机关作出的任何行政行为都必须遵循法定程序亦或是正当程序，依据2021年新修订的《行政处罚法》以及2022年颁布的《自然资源违法行为立案查处工作规程（试行）》规定，行政机关作出限拆决定时，应当遵循以下流程：

1. 立案。执法部门收到投诉举报、上级交办、媒体曝光以及发现公民、法人或者其他组织有违反《城乡规划法》应当给予行政处罚的违法行为时，应当及时决定是否立案。立案应当填写《立案登记表》，同时附上与案件相关的材料，由机构的负责人批准。立案是一般程序的开始阶段，先立案后查处，也是行政处罚程序的最基本要求。

2. 调查取证。调查取证是行政机关对于立案处理的案件，为查明案情、收集证据而依法定程序进行的专门活动，是行政处罚的核心程序。采取现场检查、勘验、拍照取证、走访、询问当事人、证人等方式进行取证，调查完成后填写制作《现场检查笔录》《现场勘验笔录》《询问笔录》等。本案中，一、二审法院均认定东小口镇政府在对北京某养老公司的违法事实进行调查的过程中，未履行立案、询问调查、现场勘验等程序，据此认定事实不清、证据不足。

3. 审查。执法部门工作人员在初步调查结束后，认为案件事实清楚，主要证据齐全的，应当制作案件调查报告，提出处理意见，报从事行政处罚决定审核的人员进行审核。拟作出重大行政处罚决定的，办案机构应当将案件调查报告送本单位负责法制审核的工作机构进行重大执法决定法制审核。

4. 告知与听证程序。当事人陈述、申辩的，应当如实记录当事人的陈述、申辩意见。符合听证条件，当事人要求组织听证的，应当组织听证。执法部门应当充分听取当事人的意见，对当事人提出的事实、理由认真进行复核；

当事人提出的事实、理由或者证据成立的，应当予以采纳。

5. 作出决定。办案机构负责人经审查认定未取得乡村建设规划许可证或未按照乡村建设规划许可证的规定进行建设的，根据不同情况分别作出如下决定：①责令停止建设；②限期改正；③限期拆除；④没收实物或者违法收入，可以并处罚款。

案例十一

“首违轻微不罚”

☞【案例名称】

“首违轻微不罚”

——崔某某与中国银保监会广东监管局行政处罚听证案

☞【基本案情】

2016年，某集团有限公司（以下简称“该集团”）作为股东参与某保险有限公司的组建（以下简称“该保险公司”），崔某某作为该集团的董事局主席，根据该集团的指派在该保险公司首届董事会中担任“拟任董事”。2018年7月，中国银保监会开展对保险机构的SARMRA评估、公司治理评估、资产负债管理能力评估工作。7月25日，受上级委托，中国银保监会厦门监管局进驻该保险公司开展为期10天的现场评估。评估组在现场评估时，发现崔某某自该保险公司筹建时，就未获得银保监会董事任职资格核准，并将该情况告知该保险公司。该保险公司立刻进行整改，7月30日，崔某某辞任该保险公司的“拟任董事”。2019年3月6日，该保险公司收到中国银保监会《关于2018年度公司治理评估结果的函》，反馈的评级结果为合格类公司。

2020年5月，中国银保监会广东监管局对于该保险公司创建初期（2016~2018年），董事会中“部分履行董事职责的人员未通过董事任职资格考试审查，在董事会16份决议文件中签字”一事，认定该行为违反中国银保监会有关公司治理的规定，决定对该保险公司的董事长、拟任董事、董事长秘书、高级管理人员作出行政处罚，其中，拟对崔某某给予警告并处罚款7万元的行政处罚，并于2020年10月27日向崔某某送达了《行政处罚事先告知书》。崔某某找到代理律师作为该案的代理人。

2020 年 12 月 14 日，中国银保监会广东监管局根据崔某某的申请，进行了听证程序，作为崔某某的代理人，代理律师发表了陈述和申辩意见。听证后，2021 年 3 月 26 日，中国银保监会广东监管局向崔某某作出新的《行政处罚事先告知书》，采纳了部分申辩意见，拟给予崔某某警告并处罚款 5 万元的行政处罚。基于法律规定及新的事实，崔某某委托律师再次提出陈述和申辩。

☞【代理思路与意见】

一、崔某某并未担任该保险公司的正式董事，而是以“拟任董事”的身份出席董事会，未真正行使董事职权，若对崔某某作出处罚，事实依据不足

一方面，没有任何一份该保险公司的公司决议或上级公司决定任命崔某某担任董事，所有与崔某某有关的文件，均明确载明崔某某为“拟任董事”，另一方面，崔某某作为“拟任董事”期间，虽在未了解内情的情况下在董事会决议签字，但是，崔某某已经作出合理的、具有说服力的解释：崔某某作为法定代表人的该集团系该保险公司的股东，由于该保险公司的董事会办公室工作人员失误，未区分股东会决议与董事会决议，而是将两者混同交给崔某某签字，该保险公司董事会办公室工作人员已主动承认错误、愿意承担法律责任。事实上，崔某某从未正式担任该保险公司的董事，也未行使董事的职权，不应受到行政处罚。

二、崔某某并无违法的故意或重大过失，不应予以行政处罚。中国银保监会广东监管局认为崔某某知悉保险公司董事须经监管部门任职资格核准的监管要求，履职行为具有主观故意，与客观事实不符

本案中，崔某某对于保险行业系首次涉足，未接受任何专业的培训和指导。尤其应当考虑到，崔某某系作为该保险公司发起设立时股东委派的拟任董事，作为从事传统行业的崔某某，误把保险公司的设立当作普通的有限责任公司的设立去操作，按照商业惯例自然担任了该保险公司拟任董事，崔某某完全不具备任何违法的故意或重大过失。

三、从议案数量、内容等方面看，崔某某的履职行为情节轻微且未造成任何不良后果，中国银保监会广东监管局仅根据履职时间和议决事项认定情节的严重程度，与客观事实不符

在董事会会议方面，崔某某虽当选为第一届董事会的拟任董事，但仅有少数几次会议针对个别议案发表了观点，其余会议实际只是列席，并未实际履行董事职责；在议案数量方面，绝大多数议案，根据议案介绍人和董事会的建议，崔某某仅履行签字程序，未予过问；在议案内容方面，崔某某作为拟任董事，从未滥用权利干涉企业的业务经营，崔某某提出的意见主要在于防范风险、遵循监管要求，第一届董事会审议通过的议案，均合法有效，符合相关管理规定，亦未给任何主体造成损害，崔某某的行为没有造成任何负面社会影响。

四、即使存在违法情节，崔某某的行为轻微并及时纠正，没有造成危害后果，根据2017年《行政处罚法》的规定，应不予行政处罚

2017年《行政处罚法》第27条第2款规定："违法行为轻微并及时纠正，没有造成危害后果的，不予行政处罚。"崔某某的常驻工作地点并不在该保险公司所在地，相关决议均由该保险公司董事会办公室同该集团办公室人员进行对接，以该保险公司董事会办公室的建议进行签署。崔某某公务繁忙，并未参与该保险公司的日常经营，崔某某签字的董事会决议，亦没有任何违反保险监管法规、公司章程的不当之处，未给其他任何经营主体、保险人、监管部门造成不良影响，当中国银保监会的评估组指出违法之处时，崔某某及该保险公司立刻采取改正措施，及时纠正，崔某某辞任该保险公司的拟任董事，从辞任之日起，完全退出该保险公司的董事会，消除了违法行为的影响。

五、对崔某某作出行政处罚不符合修改后的《行政处罚法》关于"首违轻微不罚"的规定

2021年1月22日修订通过、2021年7月15日施行的《行政处罚法》第33条规定，"违法行为轻微并及时改正，没有造成危害后果的，不予行政处罚。初次违法且危害后果轻微并及时改正的，可以不予行政处罚。当事人有

证据足以证明没有主观过错的，不予行政处罚。法律、行政法规另有规定的，从其规定。对当事人的违法行为依法不予行政处罚的，行政机关应当对当事人进行教育”（但是新法于 2021 年 7 月 15 日施行，本案发生时新法尚未实施，故在本案参照适用）。首先，根据“首违轻微不罚”的制度设计，即使崔某某的行为违法，也属于初次违法且危害后果轻微并及时改正的，可以不予行政处罚。其次，崔某某并不存在任何主观过错，且已经举证证明，该保险公司董事会办公室工作人员、该集团办公室工作人员均承认其工作失误，应当不予行政处罚。

同时，2020 年 7 月，国务院发布《关于做好自由贸易试验区第六批改革试点经验复制推广工作的通知》，明确提出在全国范围内推广“多领域实施包容免罚清单模式”，即对市场主体符合首次违法、非主观故意并及时纠正、违法行为轻微、没有造成危害后果的行政违法行为，制定并发布多个领域的包容免罚清单，明确免除罚款的行政处罚。崔某某的行为属于首次且没有造成危害后果的行政违法行为，根据国务院的该通知，属于包容免罚清单的内容，理应不予处罚。

六、对崔某某作出行政处罚不符合银保监会“放管服”改革的政策要求

2020 年 12 月 30 日，中国银保监会办公厅发布银保监办发［2020］129 号《关于深化银行业保险业“放管服”改革优化营商环境的通知》，明确提出从 2021 年 2 月 1 日起，取消银行业保险业董事、监事和高级管理人员任职资格考试。此外，2021 年 2 月 25 日，中国银保监会起草了《保险公司董事、监事和高级管理人员任职资格管理规定（征求意见稿）》，并向社会公开征求意见。在该征求意见稿中，也删除了“保险机构董事、监事和高级管理人员应当通过中国保监会认可的保险法规及相关知识测试”的规定。由此可见，首先，对于保险公司的董事任职资格，考试方式已被取消，正在推行考核、谈话等方式进行监管；其次，非行政许可类的审批事项理应放开，推行“放管服”改革正是这一监管趋势的政策要求。根据银保监会“放管服”改革的政策要求，中国银保监会广东监管局对崔某某的行为不应作出处罚。

☞【案件结果】

中国银保监会广东监管局以崔某某违反了《中华人民共和国保险法》第

81 条“保险公司的董事、监事和高级管理人员，应当品行良好，熟悉与保险相关的法律、行政法规，具有履行职责所需的经营管理能力，并在任职前取得保险监督管理机构核准的任职资格”以及《保险公司董事、监事和高级管理人员任职资格管理规定》第 4 条“本规定所称高级管理人员，是指对保险机构经营管理活动和风险控制具有决策权或者重大影响的下列人员：（一）总公司总经理、副总经理和总经理助理；（二）总公司董事会秘书、合规负责人、总精算师、财务负责人和审计责任人；（三）分公司、中心支公司总经理、副总经理和总经理助理；（四）支公司、营业部经理；（五）与上述高级管理人员具有相同职权的管理人员”、第 5 条“保险机构董事、监事和高级管理人员，应当在任职前取得中国保监会核准的任职资格”的规定，认为崔某某未取得任职资格履行董事职责，根据《中华人民共和国保险法》第 171 条规定，对崔某某作出粤银保监罚告字［2020］48 号《行政处罚事先告知书》，拟对崔某某给予警告并处罚款 7 万元的行政处罚。

崔某某申请进行了听证，中国银保监会广东监管局对崔某某的陈述申辩意见予以部分采纳，作出粤银保监罚告字［2021］17 号《行政处罚事先告知书》，调低拟处罚金额至 5 万元。崔某某再次进行了陈述和申辩，最终中国银保监会广东监管局对崔某某作出粤银保监罚告字［2021］20 号《不予行政处罚告知书》，决定对崔某某不予行政处罚。

☞【裁判文书】

粤银保监罚告字［2020］48 号《行政处罚事先告知书》
粤银保监罚告字［2021］17 号《行政处罚事先告知书》
粤银保监罚告字［2021］20 号《不予行政处罚告知书》

☞【办案心得】

代理律师接手本案后，对案情进行认真深入的分析与研究，发现崔某某确实没有取得保险业董事的任职资格，其违法事实较为清晰，争议不大。于是代理律师将代理思路更多地转向如何能为崔某某减轻或免除处罚的角度上来。代理律师分析发现崔某某未取得任职资格即履职的行为情节轻微、没有造成任何不良后果，且崔某某与该保险公司立即整改，及时消除了不良影响，故代理律师提出，对于崔某某应当适用“首违轻微不罚”。

我国《行政处罚法》第 33 条第 1 款规定，“违法行为轻微并及时改正，没有造成危害后果的，不予行政处罚。初次违法且危害后果轻微并及时改正的，可以不予行政处罚”。该规定系 2017 年《行政处罚法》第 27 条“违法行为轻微并及时改正的，没有造成危害后果的，不予行政处罚”演化而来，相较于修改前的行政处罚法，新法修订时加上了“初次违法且危害后果轻微并及时改正的，可以不予行政处罚”的内容，该内容可以概括为“首违轻微不罚”。适用“首违轻微不罚”在条件上需要满足三点：初次违法、危害后果轻微、违法行为人及时改正，三条件缺一不可，而在效果上应当达到有效消除违法行为社会危害性的效果。

根据《行政处罚法》第 6 条规定“实施行政处罚，纠正违法行为，应当坚持处罚与教育相结合，教育公民、法人或者其他组织自觉守法”和第 33 条第 3 款规定“对当事人的违法行为依法不予行政处罚的，行政机关应当对当事人进行教育”，可以看出，《行政处罚法》坚持处罚与教育相结合的原则，通过教育的方式督促公民、法人或者其他组织自觉守法。行政处罚是手段而不是目的，在作出行政处罚时，公权力应当保持适度的“谦抑性”，并非对任何略微“逾矩”行为都要作出处罚。对于初次违法，且危害后果轻微、违法行为人及时改正的，通常情况下对其进行批评、教育、劝诫，并且给予其一个整改和矫正的机会，这样的手段足以达到警示目的，更能发挥法律的教育作用，也更体现出包容审慎、宽严相济的执法理念，对社会大众来说也能起到一定的预防违法犯罪作用，从源头上降低违法犯罪行为的发生。

在本案中，代理律师从多个角度进行了分析，崔某某的履职行为情节轻微且未造成任何不良后果，崔某某本人并无任何主观恶意，崔某某只是担任该保险公司的拟任董事，并未实际参与该保险公司日常经营与管理，崔某某签字的董事会决议，没有违反任何保险监管法规、公司章程，崔某某的任职也未给其他任何经营主体、保险人、监管部门带来不良影响。崔某某及该保险公司在评估组指出违法之处后，立刻采取改正措施，崔某某也辞任该保险公司的拟任董事，完全退出该保险公司的董事会，对崔某某进行批评教育已经可以达到警示目的，故代理律师提出对崔某某应该适用“首违轻微不罚”并被行政机关采纳。

行政处理

案例十二

未听取被投诉人意见的政府采购投诉处理决定应被撤销或确认违法

☞【案例名称】

未听取被投诉人意见的政府采购投诉处理决定应被撤销或确认违法

——北京某技术开发公司与新疆生产建设兵团财政局政府采购投诉处理决定案

☞【基本案情】

2017年12月22日，受新疆生产建设兵团安全生产监督管理局的委托，新疆生产建设兵团招标有限公司（以下简称“招标公司”）对某危化品气体检测仪设备产品（以下简称“投标产品”）采购事项进行公开招标，同时，《招标文件》载明了招标公告、投标人须知、采购需求、评审方法、政府采购合同、投标文件格式等内容。北京某技术开发公司（以下简称“甲公司”）依法参与了投标活动。2018年1月18日，招标公司在新疆兵团公共资源交易信息网上发布了《中标公告》，确定中标供应商为甲公司。

2018年1月15日，投标人之一的新疆某安全设备有限公司（以下简称“乙公司”）向招标公司提出质疑，2018年2月2日，乙公司向新疆生产建设兵团财政局（以下简称“兵团财政局”）提起投诉，认为评标不公，应当依法作出处理，主要理由如下：“1. 乙公司于2018年1月15日向招标公司提出了质疑，15个工作日仍未收到任何书面答复，程序违法。2. 中标的甲公司提供的《检测报告》第1页刘某霞的名字不是本人的笔迹，检测报告第3页可探测种类实验结果明显被人为改动。3. 依据招标文件，招标要求检测到62种易燃易爆危险液体（含除油剂、正戊醇），开标现场需提供国家安全产品质监检测中心出具的《检测报告》原件，而中标人甲公司的投标产品无法检测除油剂、正戊醇，不符合招标文件要求。4. 我公司和甲公司提供的投标产品出自一个代工厂，软件功能、外观、尺寸完全相同，相同的产品却认为我公司的不符合要求，有明显的用不同的标准对待我公司。”

2018 年 3 月 7 日，兵团财政局作出《某气体检测仪等设备采购投诉处理决定书》（以下简称《处理决定》），该《处理决定》认为：“1. 招标公司未在法定期限内通知乙公司并作出说明，违反《政府采购法》第 54 条[1]的规定。2. 经向《检测报告》的出具机构进行询证，甲公司的报告真实有效。3. 经复查甲公司、乙公司等四家投标人的《检测报告》，发现均未满足可检测 62 种易燃易爆危险液体（含除油剂、正戊醇）的采购需求，评标委员会仅对乙公司予以废标，对于评分点‘主要产品配置及技术参数’，有两位评审专家对乙公司之外的三家投标人打了满分，有一位评审专家对乙公司之外的三家投标人打了不及格分且未说明原因，违反了《政府采购法实施条例》第 41 条第 1 款[2]的规定。招标公司的行为违反了《财政部关于进一步规范政府采购评审工作有关问题的通知》第二条[3]的规定。依据《政府采购供应商投诉处理

---

〔1〕《中华人民共和国政府采购法》（以下简称《政府采购法》）第 54 条规定：“采购人委托采购代理机构采购的，供应商可以向采购代理机构提出询问或者质疑，采购代理机构应当依照本法第五十一条、第五十三条的规定就采购人委托授权范围内的事项作出答复。”第 51 条规定：“供应商对政府采购活动事项有疑问的，可以向采购人提出询问，采购人应当及时作出答复，但答复的内容不得涉及商业秘密。”第 53 条规定：“采购人应当在收到供应商的书面质疑后七个工作日内作出答复，并以书面形式通知质疑供应商和其他有关供应商，但答复的内容不得涉及商业秘密。”

〔2〕《政府采购法实施条例》第 41 条第 1 款规定：“评标委员会、竞争性谈判小组或者询价小组成员应当按照客观、公正、审慎的原则，根据采购文件规定的评审程序、评审方法和评审标准进行独立评审。采购文件内容违反国家有关强制性规定的，评标委员会、竞争性谈判小组或者询价小组应当停止评审并向采购人或者采购代理机构说明情况。”

〔3〕《财政部关于进一步规范政府采购评审工作有关问题的通知》第 2 条规定：“采购人、采购代理机构要依法细化评审工作程序，组建评审委员会，并按规定程序组织评审。要核实评审委员会成员身份，告知回避要求，宣布评审工作纪律和程序，介绍政府采购相关政策法规；要根据评审委员会的要求解释采购文件，组织供应商澄清；要对评审数据进行校对、核对，对畸高、畸低的重大差异评分可以提示评审委员会复核或书面说明理由……”

办法》第19条[1]有关规定，决定本项目作废标处理，采购人重新开展采购活动。”

甲公司不服，以兵团财政局为被申请人，向中华人民共和国财政部（以下简称“财政部”）申请行政复议，请求撤销《处理决定》。

☞【代理思路与意见】

本案是因第三人投诉而启动的行政处理程序，兵团财政局作出《处理决定》，甲公司是该《处理决定》的当事人之一，当然具有申请复议或提起诉讼的主体资格。本案的争议焦点为，兵团财政局作出的《处理决定》是否具有事实依据和法律依据，结合案情，梳理代理思路如下：

一、兵团财政局作出的《处理决定》法律适用错误

《处理决定》载明其法律依据为《政府采购供应商投诉处理办法》。然而，财政部于2018年3月1日施行的《政府采购质疑和投诉办法》（财政部第94号令）第45条明确规定：“本办法自2018年3月1日起施行。财政部2004年8月11日发布的《政府采购供应商投诉处理办法》同时废止。”本案中，兵团财政局作出《处理决定》之前，新法已经实施，《处理决定》却以明确废止的旧法作为法律依据，显然法律适用错误。

二、兵团财政局作出的《处理决定》事实认定错误

（一）招标公司对乙公司的答复程序不违反《政府采购法》的规定

《处理决定》认为，招标公司未在法定期限内书面通知乙公司并作出说明，违反了《政府采购法》第54条的规定。本案的事实是，2018年1月15日，乙公司向招标公司提出质疑，认为《检测报告》的“第1页刘彩霞的名

---

[1]《政府采购供应商投诉处理办法》第19条规定：“财政部门经审查，认定采购文件、采购过程影响或者可能影响中标、成交结果的，或者中标、成交结果的产生过程存在违法行为的，按下列情况分别处理：（一）政府采购合同尚未签订的，分别根据不同情况决定全部或者部分采购行为违法，责令重新开展采购活动；（二）政府采购合同已经签订但尚未履行的，决定撤销合同，责令重新开展采购活动；（三）政府采购合同已经履行的，决定采购活动违法，给采购人、投诉人造成损失的，由相关责任人承担赔偿责任。”

字不是本人笔体，检测报告第 3 页可探测种类试验结果明显被认为改动检测报告，第 3 页可探测种类实验结果明显被人改动”，鉴于该情况，招标公司需向《检测报告》的制作方公安部安全防范报警系统产品质量监督检验中心（上海）（以下简称“上海检验中心”）核实，招标公司于 2018 年 1 月 18 日收到上海检验中心的《报告勘误证明》，证明签名有误但其他内容均真实有效。当日，招标公司即将相关情况告知了乙公司，后乙公司又要求核实另外两家投标人的《检测报告》的真伪，2018 年 1 月 18 日，招标公司向上海检验中心发出询证函。2018 年 1 月 25 日，招标公司收到上海检验中心的复函，证实三份《检测报告》均真实有效。2018 年 1 月 26 日，招标公司将该结果电话告知了乙公司。因上海至新疆路途遥远，邮寄文件需要一定时间，2018 年 2 月 2 日，招标公司通知乙公司领取复函的原件。

《政府采购法》第 53 条规定：“采购人应当在收到供应商的书面质疑后七个工作日内作出答复，并以书面形式通知质疑供应商和其他有关供应商，但答复的内容不得涉及商业秘密。”招标公司之所以未能在 7 个工作日内作出书面答复，原因在于乙公司质疑的事项需要向第三方核实，自然应当将向第三方询证的时间从答复期限中扣除，本案中，若扣除第三方询证及邮寄时间，实质上，从招标公司收到质疑到作出制作书面答复函，只用了 5 个工作日（1 月 15 日、1 月 29 日、1 月 30 日、1 月 31 日、2 月 1 日），并不违法。退一步讲，招标公司之所以主动询证，并对实体问题作出答复，而不是仅在程序上告知乙公司应向第三方查证，正是为了保证招投标的公平、公正，符合《政府采购法》的立法原意及价值取向，不应当因此而承担不利后果。

（二）甲公司满足《招标文件》列明的采购需求，不应当予以废标

《处理决定》认为，《招标文件》要求投标产品可以探测汽油、煤油、柴油等六十二种易燃易爆危险液体，所有的供应商都未满足该标准，因此应当予以废标，这并不符合客观事实。

首先，上海检验中心作出的《检测报告》证实，甲公司的投标产品符合 62 种易燃易爆液体检测的标准，只不过在这些易燃易爆液体明细中，《招标文件》要求的除油剂、正戊醇在《检测报告》中没有体现。

其次，对于除油剂、正戊醇，甲公司的产品样机演示依然可以检测到除油剂、正戊醇，甲公司提供的投标产品本身并不存在任何功能缺陷，完全可以通过提交补充证明的方式予以补正，而不是以此为由直接废标。

最后，即使《检测报告》漏写了除油剂、正戊醇，甲公司的投标产品客观上确实可以检测到62种《招标文件》要求的易燃易爆危险液体，而乙公司投标的产品只能检测到40种左右易燃易爆品，与《招标文件》要求的62种相差近20种，这才是评标组只废除乙公司一家的根本原因。

（三）评审专家的行为未违反法律规定，据此废标无法律依据

首先，《政府采购法实施条例》第41条要求评标委员会客观、公正、独立评审，既然是独立评审，自然有权根据客观情况打分；其次，从法律后果看，该款并未明确规定评标委员会打分畸高、畸低的，给予废标处理，兵团财政局依据评审专家的打分情况就作出废标决定，并无法律依据；最后，兵团财政局完全可以通过要求评审专家说明情况的方式进行更进一步的调查核实，在未对案情事实做全面了解的情况下就予以废标处理，违反正当程序。

此外，兵团财政局认为招标公司违反《财政部关于进一步规范政府采购评审工作有关问题的通知》第2条的规定，就应当予以废标，也无事实及法律依据。该通知第2条规定，“采购人、采购代理机构要依法细化评审工作程序，组建评审委员会，并按规定程序组织评审。要核实评审委员会成员身份，告知回避要求，宣布评审工作纪律和程序，介绍政府采购相关政策法规；要根据评审委员会的要求解释采购文件，组织供应商澄清；要对评审数据进行校对、核对，对畸高、畸低的重大差异评分可以提示评审委员会复核或书面说明理由”。由此可见，一方面，“可以”表示招标公司有权自行决定是否要求评审委员会复核或书面说明理由，本案中，招标公司的做法并不违反该规定；另一方面，即使招标公司的做法违反了该通知的要求，该通知也并未规定直接导致废标的法律后果，兵团财政局根据招标公司的行为作出废标决定，并无法律依据。

三、兵团财政局作出《处理决定》程序违法，依法应予撤销

首先，《政府采购质疑和投诉办法》第21条第1款第4项规定：“投诉符合本办法第十八条、第十九条规定的，自收到投诉书之日起即为受理，并在收到投诉后8个工作日内向被投诉人和其他与投诉事项有关的当事人发出投诉答复通知书及投诉书副本。”第22条规定：“被投诉人和其他与投诉事项有

关的当事人应当在收到投诉答复通知书及投诉书副本之日起 5 个工作日内，以书面形式向财政部门作出说明，并提交相关证据、依据和其他有关材料。”本案中，兵团财政局受理投诉之后，并未向甲公司发出投诉答复书及投诉书副本，剥夺了甲公司的知情权、陈述申辩权等，在甲公司没有参与的情况下径行作出《处理决定》，违反了《政府采购质疑和投诉办法》，程序严重违法。

其次，兵团财政局作出《处理决定》的送达程序违法。《政府采购质疑和投诉办法》第 34 条明确规定：“财政部门应当将投诉处理决定书送达投诉人和与投诉事项有关的当事人，并及时将投诉处理结果在省级以上财政部门指定的政府采购信息发布媒体上公告。”本案中，兵团财政局作出《处理决定》时，从未向与投诉事项有关的甲公司送达，甲公司在咨询招标公司何时领取中标通知书时，才得知已经被废标。

综上，兵团财政局作出的《处理决定》的法律适用及事实认定均存在错误，处理及送达程序均严重违法，依法应当予以撤销。

☞【案件结果】

本案复议机关财政部认为：

一、关于招标公司未在规定的时间内作出质疑答复的问题。本案中，招标公司于 2018 年 1 月 15 日收到乙公司提交的《质疑函》，未在 7 个工作日内向投诉人作出书面质疑答复，违反了《政府采购法》第 54 条关于质疑答复期限的规定。

二、关于《检测报告》真伪性的问题。由于报告检测中心的原因，造成甲公司提供的《检测报告》中主检人员打印错误。兵团财政局经调查后将有关情况在《处理决定》中予以说明，认定事实清楚，证据确凿。

三、关于评审过程。根据《政府采购法实施条例》第 41 条第 1 款的规定，评标委员会应当按照客观、公正、审慎的原则，根据采购文件规定的评审程序、评审方法和评审标准进行独立评审。本案中，根据招标文件采购需求和评审方法的规定，采购项目要求投标产品危险液体检测仪能够检测包括除油剂、正戊醇在内的 62 种易燃易爆危险液体，如果不满足该项要求，应扣 2 分。如果投标人技术明细表中所列内容无法满足招标文件中提出的要求，投标有可能被拒绝。经核实，甲公司的《检测报告》、乙公司的《检测报告》及另外两个投标人的《检测报告》均未显示投标产品危险液体检测仪能够检测除油剂、正戊醇，即四家投标供应商提供的《检测报告》均不能证明其投标产品完全满足招标文件规定的上述需求。在这种情况下，评标委员会的评审结果是，乙公司未能通过初步评审，未进入详细评审阶段，而甲公司及另外两个投标人均通过初步评审，进入详细评审阶段。在详细评审阶段，对于评分点“主要产品配置及技术参数”，有两位评审专家给甲公司及另外两个投标人均打了满分。据此，评审专家的行为违反了《政府采购法实施条例》第41条第1款的规定，采购过程存在违法行为，且有可能影响中标结果，兵团财政局认定事实清楚，证据确凿。

四、行政复议审理过程中，甲公司向复议机关提交了其投标产品的制造商深圳某公司出具的《说明》和上海检测中心于2018年5月8日作出的《检测报告》，主张其投标产品能够检测除油剂、正戊醇。本案审理的焦点是评标委员会的评审行为是否违反了《政府采购法实施条例》第41条第1款的规定，甲公司提交的上述材料与本案审理焦点无直接关系。

五、关于《处理决定》的法律适用问题。《政府采购供应商投诉处理办法》的有效期为2004年9月11日至2018年2月28日，《政府采购质疑和投诉办法》自2018年3月1日起施行。本案中，一方面，政府采购活动和投诉行为均发生在《政府采购供应商投诉处理办法》的有效期内；另一方面，《处理决定》的作出时间是在《政府采购质疑和投诉办法》施行之后。鉴于评审专家的行为违反了《政府采购法实施条例》第41条第1款的规定，无论是根据《政府采购供应商投诉处理办法》第19条的有关规定，或是根据《政府采购质疑和投诉办法》第32条的有关规定，本案的处理结果均应是责令重新开展采购活动。据此，兵团财政局根据《政府采购供应商投诉处理办法》第19条的有关规定作出《投诉处理决定》，并无不妥。

六、关于兵团财政局作出《处理决定》的程序问题。本案中，甲公司是与投诉事项有关的政府采购当事人，兵团财政局受理投诉后并未甲公司发送投诉书副本，亦未将《处理决定》送达甲公司，违反了《政府采购法》和《政府采购供应商投诉处理办法》的规定，程序违法，但不影响本案事实认定和处理结果。

综上，本案复议机关财政部决定：确认兵团财政局于2018年3月7日作出的《处理决定》违法。

【办案心得】

本案中，甲公司的复议请求为撤销兵团财政局作出的《处理决定》，最终，复议机关财政部确认兵团财政局作出的《处理决定》违法。撤销行政行为与确认行政行为违法的法律依据、法律效力评价、法律后果有着显著区别，简单对比如下：

	撤销行政行为	确认行政行为违法
法律依据	明显的实体违法、证据不足或程序严重违法	轻微程序违法、不具有可撤销内容或撤销会给国家利益、社会公共利益造成重大损害
效力评价	否定性	肯定性
法律后果	不具有拘束力	具有拘束力
是否执行	不再执行被撤销的行政行为	一般应执行确认违法的行政行为，已执行完毕的视情形可另案申请行政赔偿

本案中，甲公司请求撤销《处理决定》，若复议机关予以支持，则甲公司的中标结果继续有效，进而可以与采购方签订并履行合同。但是，复议机关确认《处理决定》违法，招标公司应重新开展招投标活动，重新确定中标人。

当然，本案的思考不应止步于此，综合考虑各种因素，甲公司后续没有提起行政诉讼，财政部作出的复议决定具有终局效力，但是，代理律师认为，复议决定的部分内容有待商榷：

一、关于《处理决定》的法律适用问题

首先，财政部的逻辑在于，既然新法与旧法对违反《政府采购法》第41条第1款的行为规定了同样的法律后果，那就不构成“实质性违法”。代理律师无法认同。《立法法》第92条明确规定：“同一机关制定的法律、行政法规、地方性法规、自治条例和单行条例、规章，特别规定与一般规定不一致的，适用特别规定；新的规定与旧的规定不一致的，适用新的规定。”兵团财政局作出《处理决定》时，新法已经生效，应当适用新法的规定。采购行为

和投诉活动发生在旧法生效期间不应该成为适用旧法的理由，正确的做法是，在新法生效后，针对与采购行为及投诉活动有关的本案事实，与新法的规定一一比照，并根据新法作出《处理决定》。

其次，如果对招投标程序中的瑕疵一概作出废标处理，将导致投标人之间互相投诉，甚至恶意投诉，严重影响采购单位的需求。因此，在《政府采购质疑和投诉办法》中，根据实际情况规定了新的投诉处理方式，并非一概废标，即使废标，也可以在其他投标人中选择合格中标人，无须重新开展招投标活动。新法与旧法的法律后果并非完全相同。

最后，《处理决定》并非对程序性事项适用法律错误，而是明显的实体错误，即使不影响案件结果，也应当通过"指正"的方式予以纠正，以治愈行政行为的违法性，无论如何，都不应得出法律适用正确的结论。

二、关于统一法律适用标准的问题

一方面，在招标公司答复期限是否违反《政府采购法》的问题上，财政部采用形式审查标准，即不考量立法目的、客观情况、价值取向，直接在形式上根据三段论推理得出招标公司的答复期限违法的结论；另一方面，在《处理决定》是否应当适用新法的问题上，采用实质审查标准，即考量立法目的、客观情况（所谓"投标活动和采购行为发生在旧法的有效期内"）、价值取向，而不在形式上直接根据三段论推理得出适用旧法属于法律适用错误的结论。

显然，假如在价值取向上，财政部倾向于维护招投标活动的公平，那么应当对兵团财政局适用旧法的错误行为予以纠正；假如财政部倾向于维护招投标活动的交易稳定性，既然认为法律适用错误都无需纠正，那么对招标公司答复期限的问题也应当认定为合法（扣除向第三方取证的时间，并未超过期限）。一个复议决定中对于法律适用问题采用不同的标准，分不同情况决定进行实质审查或形式审查，某种意义上为《处理决定》找补合法性"线索"，有悖于保障和监督行政机关依法行使职权的行政复议制度设计初衷。

案例十三

行政机关对于企业改制时的承诺应当得到履行

☞【案例名称】

行政机关对于企业改制时的承诺应当得到履行

——珠海某公司诉珠海市自然资源局、珠海市人民政府、广东省人民政府土地行政答复以及复议纠纷案

☞【基本案情】

珠海某公司于1987年11月设立，前身性质为全民所有制企业。2000年，全体职工大会通过改制方案进行股份制改革，根据《中共珠海市委、珠海市人民政府关于市属国有企业改制若干问题的意见》，珠海某公司的19名员工购买了该公司的产权（股权），公司资产包括珠海市吉大九洲大道莲花山52栋一、二层和珠海市景山路莲花山第5栋首层房地产（以下简称“涉案房产”）。但是，近二十年来，珠海市有关职能部门对涉案房产的权利人名称、房屋功能、土地性质功能等一直未予变更登记。2019年6月27日，珠海某公司向珠海市自然资源局提交了《关于请求办理不动产权利人名称、房屋功能、土地性质等变更事项的函》，申请将52栋一层的房屋用途变更为商业功能、二层的房屋用途变更为办公功能，将第5栋首层的房屋用途变更为住宅功能，将土地由划拨转为出让后变更登记至公司名下。

2020年3月31日，珠海市自然资源局香洲分局作出《关于办理不动产权利人名称、房屋功能、土地性质等变更事项的复函》（以下简称“复函”），不同意珠海某公司的申请事项，要求珠海某公司重新缴纳土地出让金，办理土地出让手续。珠海某公司不服该复函，向省政府申请行政复议，省政府审

理后作出复议决定，维持复函。珠海某公司不服复议决定，委托代理律师向人民法院提起诉讼。

☞【代理思路与意见】

一、珠海市自然资源局、珠海市政府故意回避了企业改制对于不动产变更事项的决定性影响，违背了诚实信用原则

2000年，珠海某公司进行企业改制，珠海市委、珠海市政府出台了《中共珠海市委、珠海市人民政府关于市属国有企业改制若干问题的意见》，提出改制企业的划拨土地可以按出让方式处置，土地溢价部分计入净资产。根据该意见，珠海市兴城控股公司（系珠海市政府、珠海市国资主管部门对企业改制的具体管理单位）对企业的净资产进行了“升级”处置：将工业、仓库等功能房产按商业、办公、住宅功能进行评估；将划拨土地按出让土地评估；将地面建筑按当时的房产市场价格评估。因此，在实际净资产297 393.31元基础上又计入52栋房产的增值部分（基于用途变更及土地由划拨变为出让）1 811 681.47元、地价2 239 867.5元，再减去其他相关费用，最终确定的产权转让价格为2 614 420.30元。

此后，珠海市兴城控股公司发出《关于珠海某公司改制方案的批复》，明确划拨用地转出让的价格为3 445 950元，产权转让价格为2 614 420.30元，规定“改制后的新公司须向国资局补交划拨土地转国有土地使用权出让土地费为1 085 474元”。该批复一是明确了须补交的改制费用为1 085 474元；二是变更了补充协议约定的补交主体，由19名员工变更为“改制后的新公司”；三是变更了补充协议约定的收取主体，由上缴“产权收益专户”变更为向“国资局”补交；四是变更了补充协议要求的在2001年11月30日前缴交，没有规定具体的缴交时间；五是作废了《关于珠海某公司改制方案处理意见》。

2001年5月，珠海某公司与19名员工签订了新的《产权转让合同书》，约定转让价格为2 614 420.30元，依据的文件为《关于珠海某公司改制方案的批复》，并作为该合同的附件。在当时的历史条件下，珠海某集团公司处分集团下属各国有企业单位的国有资产，每一个环节都要经过珠海市国资局的批准，遵循珠海市兴城控股公司的改制要求本身代表了行政机关的旨意，正

是经过了珠海市政府在内的珠海市有关行政机关的认可，为了将改制企业的净资产“做大”，妥善安置企业员工，才将珠海某公司在本案中主张的不动产变更事项拟制为前提并纳入评估的资产，并由此约定了转让条件。在珠海某公司的员工支付转让价款之后，珠海市自然资源局、珠海市政府又违背诚实信用原则，推翻在先的承诺，作出涉案复函明显违法。

二、涉案复函对房产用途的认定缺乏事实依据

就涉案房产的用途，2000 年进行改制时，珠海市委、珠海市政府及珠海市国资局早已作出确认，珠海某公司亦依据当时认定的用途支付了转让款，多年来，珠海市自然资源局、珠海市政府不但未予办理变更登记手续，反而单方对用途作出变更，与当时的承诺完全背道而驰。

根据 52 栋的《房屋所有权证》可知，该建筑为 9 层框架结构，基底面积为 729. 76 平方米，建筑面积为 3 538. 71 平方米，其中住宅面积为 1 963. 66 平方米、非住宅面积为 1 575. 05 平方米。52 栋的一、二层共计 1 575. 05 平方米，属于非住宅，对于非住宅用途，既可能属于工业用途，也可能属于商业用途，应当结合其他材料予以综合判断。经珠海某公司从珠海市城建档案馆查询，当时的报建资料，例如，珠海市审计局的《自筹资金基建项目来源申报表》、珠海市计划委员会的《自筹基建计划预备项目通知单》、珠海市建委、计划委、财政局的《自筹资金基建项目资金呈批表》等都注明以商场、办公、住宅（一二层为商场、办公，三层以上为住宅）申报，而珠海市规划局作出的《建筑许可证》也注明是“综合楼”，这足以证实，52 栋的一层、二层是以商场、办公用途进行报建，并非以工业用途报建，涉案复函认定为工业用途没有事实依据。

三、涉案复函对房产补交地价款的核定缺乏事实依据

涉案复函要求以办理变更登记时的地价管理规定补交地价款，严重违背了改制时的承诺。在进行改制时，企业的净资产 297 393. 31 元是涉案房产的评估总价值，但是，即便如此，依旧无法满足改制及安置员工的需要，为了解决该问题，珠海市企业改制主管部门根据珠字（2000）29 号《中共珠海市委、珠海市人民政府关于市属国有企业改制若干问题意见》，决定采取“一企一策”的改制办法，将企业的原固定资产进行“升值”处置：将

工业、仓库等功能房产按商业、办公、住宅功能进行评估；将划拨土地按出让土地评估；将地面建筑按当时的房产市场价格评估。通过增加所谓的房产增值部分 1 811 681.47 元、地价款 2 239 867.5 元（3 445 950 元的 65%），相当于重复计算了涉案房产的价值和地价，将净资产增加为 4 345 342.28 元。该 3 445 950 元的 65% 计入净资产转让给了 19 名员工，3.5% 作为改制后退休员工的补偿，31.5% 即 1 085 474 元根据《关于珠海某公司改制方案的批复》作为补交的地价款。因此，改制时确定的地价款与产权转让价格及整个改制情况是紧密相连的，该 1 085 474 元地价款从 2000 年改制时列入珠海某公司会计账目，至案件审理时一直挂在账上。复函改变了地价款的支付方式，要求按办理变更登记时的地价管理规定补交地价款，无异于将整个改制推翻，完全违背了政府当初的承诺。

☞【案件结果】

2020 年 12 月 25 日，珠海市金湾区人民法院作出（2020）粤 0404 行初 466 号行政判决，认定“珠海市自然资源局香洲分局作出的复函职权依据充分，认定事实清楚，适用法律正确，程序轻微违法。综上，判决：一、确认被诉复函程序违法；二、撤销省政府作出的《行政复议决定书》”。

珠海某公司不服，向珠海市中级人民法院提起上诉，2021 年 8 月 15 日，珠海市中级人民法院作出（2021）粤 04 行终 111 号行政判决，认定“珠海某公司改制时房地产处置情况是本案的基础事实，对后期案涉土地变更登记及地价款核算均有重大影响。珠海市自然资源局作出复函时并未考量珠海某公司改制时对房地产的处置情况，存在不应有的疏忽，致使处理结果失当，依法应予撤销。鉴于珠海某公司改制是相关行政机关在珠海市政府领导下联动的结果，珠海市自然资源局在重新作出处理时，在考虑珠海某公司对复函前述重复处理内容无诉权的基础上，直面历史遗留问题，重点考量案涉改制就房地产用途（功能）的处置结果，积极与相关行政机关协调，以展示高效而又精准的服务行政水平”。

综上，判决如下：“一、撤销珠海市自然资源局香洲分局作出的复函；二、责令珠海市自然资源局就珠海某公司提交的《关于办理不动产权利人名称、房屋功能、土地性质等变更事项的复函》在本判决生效后两个月内重新作出处理。”

☞【裁判文书】

（2020）粤0404行初466号行政判决书

（2021）粤04行终111号行政判决书

☞【办案心得】

本案发生于特殊的历史背景下，珠海市政府为了将改制企业的净资产“做大”，对改制企业包括本案珠海某公司在内采取了特殊的改制办法。鉴于此，代理律师认真研究了本案全部材料，重点关注了改制时的文件，筛选出对本案有直接影响的政府会办记录、当时国资局的决定等材料，并引导法院重点关注政府违背当年的改制承诺，违反了诚实信用原则，在作出行政决定时未能考虑对本案有重大影响的事实因素，不符合依法行政的要求。

一、诚实信用原则在行政法上的内涵以及适用

随着法学理论的发展，诚实信用原则现已由私法领域向公法领域扩张。行政主体负有合法行政和保持行政法律秩序安定的义务，而行政相对人有理由相信行政主体所作出的行政行为是合法有效的，并基于此安排其生活或处置其财产，这就是诚实信用原则在行政法领域的内涵。如果行政主体基于其他理由而否定行政行为的效力，行政主体就会因有违作出时的承诺、辜负行政相对人的信赖而违反诚实信用原则。诚实信用原则与信赖利益保护原则不同的是，后者仅体现在对授益性行政行为发生变更的过程中，而前者则贯穿于整个行政过程中。

诚实信用原则重要表现之一是行政主体言行有信，不得违背行政机关之前的承诺、决定。结合本案来说，代理律师认为珠海市自然资源局、珠海市政府违背改制时承诺，应当认定珠海市自然资源局、珠海市政府作出的复函违反诚实信用原则；珠海市自然资源局则认为诚实信用原则抽象宽泛，无法直接适用于行政案件。但事实上，诚实信用原则作为一般法律原则，起到的是作为法律解释之基准的作用，当需要完成特定的法解释任务而其他工具又力有不逮时，诚实信用原则便可以发挥作用。各地法院也早已将“诚实信用

原则”写入判决之中，在崔龙书诉丰县人民政府行政允诺案（2016）苏行终字第 90 号中，江苏省高级人民法院指出“法治政府应当是诚信政府。诚实信用原则不仅是契约法中的帝王条款，也是行政允诺各方当事人应当共同遵守的基本行为准则。在对行政允诺关键内容的解释上，同样应当限制行政主体在无其他证据佐证的情况下，任意行使解释权、变更权。否则，将可能导致该行政行为产生的基础，即双方当事人当初的意思表示一致被动摇”。最终二审法院采纳了代理律师的意见，认为珠海市自然资源局违背改制时的承诺，撤销了一审判决，并撤销了《关于办理不动产权利人名称、房屋功能、土地性质等变更事项的复函》。

二、法院判令被告重作的，被告再次以同一事实和理由作出基本相同行政行为时，行政相对人应如何应对?

二审判决作出后，珠海市自然资源局重新对珠海某公司作出了一份新复函，代理律师比照之后发现，新复函对于珠海某公司请求事项的处理方式、认定理由与被撤销的原复函完全一致，代理律师据此建议珠海某公司再次提起行政诉讼。

根据《行政诉讼法》第 71 条规定“人民法院判决被告重新作出行政行为的，被告不得以同一的事实和理由作出与原行政行为基本相同的行政行为”，以及《最高人民法院关于适用〈中华人民共和国行政诉讼法〉的解释》第 90 条第 3 款规定“行政机关以同一事实和理由重新作出与原行政行为基本相同的行政行为，人民法院应当根据行政诉讼法第七十条、第七十一条的规定判决撤销或者部分撤销，并根据行政诉讼法第九十六条的规定处理”，当法院判决被告重作时，被告再次以同一事实和理由作出基本相同行政行为时，行政相对人可以就新行政行为再次向法院提起诉讼，法院经审理后认定以同一的事实和理由作出与原行政行为基本相同的行政行为，则会判决撤销新行政行为。同时，针对行政机关拒不履行生效判决、损害司法权威的行为，行政相对人可以要求法院依据《行政诉讼法》第 96 条第 4 项之规定向监察机关或者该行政机关的上一级行政机关提出司法建议。

行政确认

案例十四

对登记类行政行为所涉民事行为事实不宜作过度审查

☞【案例名称】

对登记类行政行为所涉民事行为事实不宜作过度审查

——王某丽诉北京市朝阳区市场监督管理局工商登记案

☞【基本案情】

某资本管理有限公司（以下简称“该公司”）系注册地在北京市朝阳区的有限责任公司，王某渝、胡某涛为公司原股东，各占50%股份。2017年7月，因原股东发生变动，该公司想引入新股东同时增资扩股，原股东王某渝找到王某丽，进行多次交流和协商后，王某丽于2017年7月28日向该公司支付了500万元增资扩股投资款，并由该公司出具了收据。2017年8月28日，王某渝、胡某涛、王某丽签订了《增资扩股协议》，三人均在该《增资扩股协议》上签字。2018年年初，王某丽调取该公司的工商登记资料时才发现，在对前述《增资扩股协议》向北京市朝阳区市场监督管理局（原北京市工商行政管理局朝阳分局）申请变更公司信息时，其他人员伪造了王某丽的签名。其中《内资企业变更登记审核表》第18页《股东会决议》、第21页《转让协议》、第22页《转让协议》的王某丽签字，系他人伪造。

2018年4月，王某丽向北京市朝阳区人民法院提起行政诉讼，要求撤销北京市朝阳区市场监督管理局的登记行为，法院经审理认为，北京市朝阳区市场监督管理局履行了行政机关的形式审查义务，王某丽应当先解决与王某渝、胡某涛的民事纠纷（即王某丽、王某渝、胡某涛签订的《增资扩股协议》

纠纷），不能仅以伪造签名为由径行请求撤销行政行为，故判决驳回王某丽的诉讼请求。王某丽向北京市第三中级人民法院提起上诉，二审法院在庭审时向王某丽释明应当先解决民事纠纷，故驳回上诉，维持原判决。

2018 年 8 月 27 日，王某丽以王某渝、胡某涛为被申请人，向北京仲裁委员会提起仲裁，要求撤销《增资扩股协议》并由王某渝、胡某涛返还 500 万元投资款。2019 年 8 月 30 日，法大法庭科学技术鉴定研究所出具法大［2019］物鉴字第 411 号《司法鉴定意见书》，明确第 18 页《股东会决议》、第 21 页《转让协议》、第 22 页《转让协议》中签名均非王某丽本人书写。2019 年 12 月 31 日，北京仲裁委员会作出（2019）京仲裁字第 3489 号裁决书，裁决撤销王某丽、王某渝、胡某涛签订的《增资扩股协议》，王某渝、胡某涛连带向王某丽返还 500 万元投资款。后王某渝申请撤销《裁决书》被北京市第四中级人民法院驳回。

2020 年 4 月，王某丽向北京市朝阳区人民法院再次提起行政诉讼要求撤销北京市朝阳区市场监督管理局于 2017 年 10 月 25 日作出的关于该资本管理有限公司的变更登记行为。

☞【代理思路与意见】

一、工商变更登记行为具有可诉性，属于行政诉讼的受案范围

股东变更登记行为属于行政确认，根据《行政诉讼法》的规定，当行政机关的确认行为或不确认行为损害行政相对人的合法权益时，行政相对人可以提起行政诉讼寻求救济，行政确认作为行政行为的一种，属于行政诉讼的审理范围。

二、《增资扩股协议》被撤销，工商机关作出股东变更登记行为的基础已经不存在

北京仲裁委员会组成的仲裁庭就《增资扩股协议》是否属于因欺诈而订立的合同进行了全面的实体审查，2019 年 12 月 31 日，北京仲裁委员会作出（2019）京仲裁字第 3489 号裁决书，裁决如下：①撤销王某丽、王某渝、胡某涛签订的《增资扩股协议》；②王某渝、胡某涛连带向王某丽返还 500 万元

投资款；③本案鉴定费、仲裁费全部由王某渝、胡某涛承担。王某渝不服，向北京市第四中级人民法院申请撤销仲裁裁决，2020 年 4 月，北京市第四中级人民法院作出民事裁定驳回王某渝的申请。故工商机关作出股东变更登记行为的基础已经不存在。

三、北京市朝阳区市场监督管理局未尽到“形式审查”义务，不能作为认定股东变更登记行为合法的依据

第一，北京市朝阳区市场监督管理局并未尽到基本的“形式审查”义务。所谓形式审查，至少要有初步的材料证明签名是真实的，例如与王某丽本人的笔迹进行初步核对、提供经过公证的委托书等。本案中，北京市朝阳区市场监督管理局根本未尽到“形式审查”的义务。按照其逻辑，只要有签名就符合作出股东变更登记的要件，行政机关就无须承担法律责任，无异于鼓励他人伪造签名，是一种实质意义上的“懒政”。

第二，“形式审查”的前提是推定真实、合法，在有相反证据证明不真实、不合法时，形式审查就不能再作为抗辩理由。王某丽提交的笔迹鉴定报告表明，王某渝、胡某涛、该公司提交的《内资企业变更登记审核表》中关于王某丽签字的部分均系伪造，据此作出的股东变更登记不具有事实依据。

四、北京市朝阳区市场监督管理局作出的股东变更登记行为并无事实依据，依法应当撤销

第一，最高人民法院《关于审理公司登记行政案件若干问题的座谈会纪要》第 1 条第 1 款规定：“因申请人隐瞒有关情况或者提供虚假材料导致登记错误的，登记机关可以在诉讼中依法予以更正。登记机关依法予以更正且在登记时已尽到审慎审查义务，原告不申请撤诉的，人民法院应当驳回其诉讼请求。原告对错误登记无过错的，应当退还其预交的案件受理费。登记机关拒不更正的，人民法院可以根据具体情况判决撤销登记行为、确认登记行为违法或者判决登记机关履行更正职责。”第 1 条第 2 款规定：“公司法定代表人、股东等以申请材料不是其本人签字或者盖章为由，请求确认登记行为违法或者撤销登记行为的，人民法院原则上应按照本条第一款规定处理，但能够证明原告此前已明知该情况却未提出异议，并在此基础上从事过相关管理和经营活动的，人民法院对原告的诉讼请求一般不予支持。”本案中，王某丽知晓该情况之后立刻提出异议，并未从事相关管理和经营活动，且王某丽提交了合法有效的笔迹鉴定报告证明了用于办理股东变更登记的材料均系他人伪造，根据该规定，人民法院应当判决撤销股东变更登记行为。

第二，退一万步讲，即使不适用前述规定，根据新的事实和证据，王某丽与王某渝、胡某涛之间的民事纠纷已经解决，作为股东变更登记行为之基础的民事法律关系已不存在，王某丽并非该公司的股东，北京市朝阳区市场监督管理局作出的股东变更登记与客观事实不符，将给王某丽带来巨大的法律风险，损害了通过工商信息公开保护诚信市场主体的制度目的，理应撤销北京市朝阳区市场监督管理局作出的股东变更登记。

☞【案件结果】

北京市朝阳区人民法院认为：针对申请人提出的公司变更登记申请，申请人负有保证申请材料的真实性的义务，登记机关仅对申请材料是否齐全负有形式审查义务，在符合规定条件时，即应予以登记。本案中，该公司在申请股东变更登记时，提交了符合法定形式要求的申请材料，原朝阳区工商局经审查认为该公司的申请材料齐全、符合法定形式，准予其变更登记，其履行审查义务并未违反相应法律法规的规定。关于王某丽诉请撤销的股东变更登记行为，本次股东变更登记行为的基础性法律关系为公司股权转让行为，对此北京仲裁委员会作出的《裁决书》已裁决撤销了王某丽与王某渝、胡某涛签订的《增资扩股协议》，且北京市第四中级人民法院裁定驳回王某渝撤销《裁决书》的申请，当事人之间的股权转让基础民事法律关系已缺失，进而被诉股东变更登记所依据的事实基础已不存在，且法大鉴定所出具的《鉴定意见书》也可以证明股东变更登记所依据的申请材料合法性存在问题，不能证明本次股东变更登记是王某丽本人真实意思表示，故对王某丽提出的诉讼请求予以支持。

北京市朝阳区人民法院判决撤销北京市朝阳区市场监督管理局（原北京市工商行政管理局朝阳分局）于2017年10月25日作出的将原告王某丽登记为某资本管理有限公司的股东变更登记行为。

☞【裁判文书】

（2020）京 0105 行初 210 号行政判决书

☞【办案心得】

委托人王某丽于 2018 年自行提起了行政诉讼，要求撤销工商变更登记行为，一、二审法院均裁定驳回其起诉，王某丽对结果不解，找到代理律师咨询。代理律师结合案情和相关法律法规，向王某丽解释了如果想证明《增资扩股协议》签字是伪造的，则应当在民事诉讼中申请司法鉴定，而不应当在行政诉讼中申请鉴定确定。更何况，即使《增资扩股协议》签字是伪造的，对于增资扩股协议效力判断，不仅限于协议真伪问题，而在行政诉讼中对登记类行政行为所涉民事行为事实又不宜作过度审查。因此，代理律师提出诉讼方案：先申请仲裁，撤销《增资扩股协议》，待《增资扩股协议》效力确定后，再行提起行政诉讼。

一、行政诉讼受案范围是人民法院在立案审理时首先要审查和解决的重要问题，也是代理律师成功提起行政诉讼必须具备的法定条件之一，而要对此作出准确的判断，必须正确认定被诉行政行为的性质

对于工商变更登记行为，部分学者认为属于行政许可，但是依据《行政许可法》第 2 条规定："本法所称行政许可，是指行政机关根据公民、法人或者其他组织的申请，经依法审查，准予其从事特定活动的行为。"以及第 12 条第 5 项规定，企业或者其他组织的设立等，需要确定主体资格的事项，可以设定行政许可。可以看出，只有工商设立登记、注销登记行为才属于行政许可，而工商变更登记行为不属于行政许可。

代理律师认为，工商变更登记行为属于行政确认行为。行政确认是指行政机关对行政相对人的法律地位、法律关系或有关法律事实进行确定、认定、证明或否定并予以宣告的具体行政行为。对于工商变更登记行为来讲，工商行政主管机关通过对申请人提交的已经变更的事实材料，如注册资本的增加或股东新增退出等，来确定和证明某种法律事实或法律关系真实、合法，因此工商变更登记行为属于行政确认。

二、作为工商变更登记基础的民事行为效力存在争议的，应当先通过民事诉讼解决其效力问题，对登记类行政行为所涉民事行为事实不宜作过度审查

最高人民法院在《关于审理公司登记行政案件若干问题的座谈会纪要》对“行民交叉”的问题作出了相应规定：“利害关系人以作为公司登记行为之基础的民事行为无效或者应当撤销为由，对登记行为提起行政诉讼的，人民法院经审查可以作出如下处理：对民事行为的真实性问题，可以根据有效证据在行政诉讼中予以认定；对涉及真实性以外的民事争议，可以告知通过民事诉讼等方式解决。”

对于股权变更登记类案件，对其所涉股权变更民事行为事实不宜作过度审查。原因在于，登记实际上仅是起到公示的作用，主要依据是申请资料中的股东会决议（董事会决议）、股权转让协议、增资扩股协议等基础性法律文件，前述法律文件效力不仅涉及签字真伪，还涉及行为人的行为能力、意思表示是否真实、是否存在委托代理等问题，但这些都不应当在行政诉讼中解决。换言之，即使签名被证明系伪造，也需要先通过民事诉讼确认民事行为的法律效力，而非在行政诉讼中确认。而且审理民事案件与行政案件存在本质上的差异，认定此类民事行为法律效力的案件，由专门审理公司类民事案件的法官来审理更加适宜。

本案中，《增资扩股协议》是办理涉案工商变更登记行为的依据，《增资扩股协议》的效力直接决定了工商变更登记行为的合法性。而代理律师代王某丽再次提起行政诉讼之前，已经取得了北京仲裁委员会作出的《裁决书》，《裁决书》已裁决撤销了王某丽与王某渝、胡某涛签订的《增资扩股协议》，且北京市第四中级人民法院裁定驳回王某渝撤销《裁决书》的申请，故当事人之间的基础民事法律关系已缺失，民事纠纷已经得到解决，进而最终法院认定被诉工商变更登记所依据的事实基础已不存在，判决撤销了北京市朝阳区市场监督管理局的工商变更登记行为。

案例十五

当原工商登记行为已被新登记行为取代时，法院不得撤销原登记行为

☞【案例名称】

当原工商登记行为已被新登记行为取代时，法院不得撤销原登记行为

——北京某商务公司诉北京市朝阳区市场监督管理局、北京某经纪公司、重庆某公司工商登记案

☞【基本案情】

2018年7月13日，北京某经纪公司向原北京市工商行政管理局朝阳分局（现北京市朝阳区市场监督管理局，以下简称"朝阳区市监局"）提出投资者变更登记申请，申请将中方投资者北京某商务公司变更为北京某科技公司，同时提交了董事会决议、股权转让协议书、公司章程修正案等申请材料。同日，朝阳区市监局核准北京某经纪公司的变更登记申请。2018年7月24日，朝阳区市监局应北京某经纪公司申请，将该公司中方投资者北京某科技公司变更登记为重庆某公司。

2018年8月27日，北京某商务公司发现北京某经纪公司工商登记信息发生了变更，自称董事会决议以及股权转让协议落款的签章系伪造的，认定朝阳区市监局未尽到对申请材料的审查义务，以股权转让行为不具有真实性为由向法院主张撤销工商变更登记行为，北京某经纪公司、重庆某公司委托代理律师应诉本案。

☞【代理思路与意见】

一、朝阳区市监局已经尽到形式审查义务，涉案变更登记行为不应当被撤销

2012 年 3 月 7 日，最高人民法院颁布的《关于审理公司登记行政案件若干问题的座谈会纪要》中全面系统地提出了包括变更登记在内的“形式审查模式”，其第 2 条规定：“登记机关无法确认申请材料中签字或者盖章的真伪，要求申请人进一步提供证据或者相关人员到场确认，申请人在规定期限内未补充证据或者相关人员未到场确认，导致无法核实相关材料真实性，登记机关根据有关规定作出不予登记决定，申请人请求判决登记机关履行登记职责的，人民法院不予支持。”可以看出，登记机关对申请材料真实性的审查应当是形式上的，即查看是否存在表面的不一致或错误之处，如申请人提供的书面材料能够成立，则予以变更登记；相反，如申请人提供的书面申请材料的签字和盖章存有疑点或者不能确定，则需要进一步核实。

结合本案来说，《股权转让协议》落款处有加盖的北京某商务公司公章，公章中央刊五角星，五角星外刊商务公司名称，自左而右环行，章印清晰；《董事会决议》落款处有北京某商务公司法定代表人的签名，签名位于指定位置的横线上，笔迹流畅无停顿。因此，朝阳区市监局对于北京某经纪公司提供的变更登记申请材料的签字、盖章的真实性已经进行了形式上的判断，结合其他材料综合认定不存在真实性存疑的现象，于是依法予以变更。因此，朝阳区市监局已经尽到了审查义务，不应当撤销涉案变更登记行为。

二、如北京某商务公司认为涉案登记行为涉及的民事行为存在争议，则理应先行解决民事争议再行提起行政诉讼，本案应当裁定驳回其起诉

第一，北京某商务公司认为本案应当适用《关于审理公司登记行政案件若干问题的座谈会纪要》第 1 条之规定，直接作出撤销判决，但适用该条规定的前提是“申请人提供虚假材料导致登记错误的”，而根据北京某商务公司诉中国银行保险监督管理委员会北京监管局、中国银行保险监督管理委员会的生效判决可以发现，目前在案证据无法认定北京某经纪公司存在伪造董事

签名、伪造股东印鉴的情况。进一步讲，也就不能认定北京某经纪公司提供了虚假的材料，而作出撤销判决。

第二，对董事会决议、股权转让协议是否合法有效的审查判断，不仅涉及签字盖章的真伪，还涉及行为人的行为能力、意思表示是否真实、是否存在委托代理等问题，而前述问题均系民事争议范畴，并非行政诉讼的审查范围。况且，即使签字盖章真伪性存疑，也应当在民事诉讼中申请司法鉴定，而不应当在行政诉讼中申请鉴定确定。因此，理应先行通过民事诉讼途径对董事会决议、股权转让协议的效力进行判断，直接对变更登记行为提起本案之诉尚不具备法定起诉条件。

三、退一步讲，即使涉案登记行为存在错误，涉案变更登记行为已被新的变更登记行为所取代，涉案登记行为不再具有可撤销内容

根据《行政诉讼法》第 74 条第 2 款第 1 项规定："行政行为有下列情形之一，不需要撤销或者判决履行的，人民法院判决确认违法：行政行为违法，但不具有可撤销内容的……"即使涉案登记行为确有错误，但其已经被新的登记行为所取代，不具有可撤销的内容，因此，只能确认涉案登记行为违法，而不能撤销被诉行政行为。本案中，重庆某公司事先在国家企业信用信息公示系统查询确认了北京某科技公司合法持有股权，在不知道北京某商务公司转让给北京某科技公司的股权可能存在瑕疵或虚假的情况下，通过股权转让的方式从北京某科技公司获得了北京某经纪公司的 1% 股权，并于 2018 年 7 月 25 日，由北京某经纪公司向朝阳区市监局申请变更登记。此时，重庆某公司已成为变更后的股东，其取得方式也明显属于第三人善意取得，即使涉案登记行为存在错误，只能判决确认被诉行为违法，而不能撤销登记行为。

☞【案件结果】

2020 年 12 月 25 日，北京市第三中级人民法院作出（2019）京 03 行初 501 号行政裁定书，认定"本案中，被诉工商变更登记行为主要依据董事会决议以及股权转让协议，因此董事会决议及股权转让协议的效力直接决定被诉工商变更登记行为的效力。因签署董事会决议及股权转让协议属民事法律行为，该行为是否合法有效无法仅通过其中的签字或盖章的真实性判断，还需判断是否系行为人的真实意思表示，而此属于民事争议范畴，并非行政诉讼审查范围，北京某商务公司可在相关民事争议解决后，再行提起行政诉讼。故北京某商务公司现针对被诉工商变更登记行为提起本案之诉尚不具备起诉条件，综上，裁定驳回原告北京某商务公司的起诉”。

北京某商务公司不服一审裁定，向北京市高级人民法院提起上诉，2021年5月24日，北京市高级人民法院作出（2021）京行终2473号行政裁定书，裁定“驳回上诉，维持一审裁定”。

☞【裁判文书】

（2019）京03行初501号行政裁定书

（2021）京行终2473号行政裁定书

☞【办案心得】

随着市场经济的迅速深入发展，涉及公司登记行政诉讼案件日益增多，本案亦是一起典型的工商变更登记行政纠纷。北京某商务公司主张撤销工商变更登记的理由是董事会决议、股权转让协议签字盖章均为伪造的，工商登记机关未尽到审查义务。经过分析研讨，代理律师认为要想驳回北京某商务公司的诉讼请求，一方面需要帮助被告朝阳区市监局进一步阐述登记类行政行为的审查标准；另一方面则需要阐述涉案工商变更登记行为已被新的变更登记行为所取代，此时即使原工商变更登记行为存在错误，法院也因原工商登记行为不具有可撤销的内容，而只能作出确认违法判决。

一、工商登记机关对企业变更登记材料并无实质审查义务

《市场主体登记管理条例》第17条规定：“申请人应当对提交材料的真实性、合法性和有效性负责。”以及第19条规定：“登记机关应当对申请材料进行形式审查。对申请材料齐全、符合法定形式的予以确认并当场登记。不能当场登记的，应当在3个工作日内予以登记；情形复杂的，经登记机关负责人批准，可以再延长3个工作日。”可以看出，法律已经明确规定工商登记机关对于工商变更的申请材料实行形式审查，即只需要审查申请人提交的申请

材料在形式上是否与办理登记应当具备的条件相一致，而并不要求登记机关审查申请材料本身所提供的内容与实际事实内容是否相符。

对于登记类行政行为之所以采取形式审查而非实质审查，是结合全国公司企业登记管理的实际情况所制定的，在公司企业数量巨大的情况下，要求工商登记机关针对企业变更登记事项进行实质审查，不符合行政成本与行政管理目标之间的适当性、相称性。同时，对企业变更登记材料进行形式审查，是加快行政审批速度，提高行政效率，避免因行政管理抑制经济活力的最优化选择。

二、民事行为存在争议时，理应先行解决民事争议再行提起行政诉讼

在最高人民法院作出的（2018）最高法行申 3680 号永嘉县桥下镇八里村股份经济合作社诉浙江省永嘉县人民政府土地行政登记一案判决指出："至于叶洪有是否具有承包经营资格、相关签字的真伪以及是否影响与发包方之间所形成的基础民事法律关系等，主要涉及民事法律争议，在行政诉讼证据的可采性以及判断行政机关是否尽到审慎审查义务方面，如果没有明显的相反证据足以推翻行政机关办理登记时所认定的事实及相关证据，相关利害关系人对此持有异议，可通过民事诉讼途径予以解决。"在本案庭审时，代理律师提交了前述裁判案例，并引用了《最高人民法院关于统一法律适用加强类案检索的指导意见》规定，希望法院参照前述类案进行裁判，最终一、二审法院均采纳了代理律师的意见。

三、涉案工商变更登记行为已被新的变更登记行为所取代，此时即使原工商变更登记行为存在错误，法院也因原工商登记行为不具有可撤销的内容，而只能作出确认违法判决

本案代理律师同时接受第三人北京某经纪公司以及重庆某公司的委托，并分别为两家公司起草代理词，其中在重庆某公司的代理意见中，代理律师阐述了新的观点：即使涉案工商变更登记行为存在错误，但涉案工商变更登记行为已被新的变更登记行为所取代，重庆某公司成了善意的第三人，原登记行为不再具有可撤销的内容。

《最高人民法院关于审理房屋登记案件若干问题的规定》第 11 条第 2 款、

第 3 款规定："被诉房屋登记行为违法，但该行为已被登记机构改变的，判决确认被诉行为违法。被诉房屋登记行为违法，但判决撤销将给公共利益造成重大损失或者房屋已为第三人善意取得的，判决确认被诉行为违法，不撤销登记行为。"尽管在工商登记中没有明确的法律、司法解释的规定，但相关的法律原理是一致的，该规定可以在审理工商登记案件中参照适用。行政行为一经作出便立即生效，在公司登记事项发生变更登记后，公司相关登记内容已经发生变更，并在此基础上形成了新的权利义务，而且公司的经营也发生了重大变化，甚至已经有善意第三人如本案重庆某公司介入其中，从兼顾公司的经营稳定、长远发展以及维护相关当事人的合法权益角度出发，不能作出撤销判决。因此，即使涉案工商变更登记行为存在错误，原登记行为已不具备可撤销的内容，只能依法确认违法。

行政赔偿

案例十六

征收集体土地上房屋行为被确认违法后的赔偿标准

☞【案例名称】

征收集体土地上房屋行为被确认违法后的赔偿标准

——张某某诉保山市隆阳区青华街道办事处行政赔偿案

☞【基本案情】

张某某系保山市隆阳区青华街道办事处某村村民，在该村村民小组拥有合法房产。2017年4月19日，保山市隆阳区青华街道办事处（以下简称“青华街道办事处”）将张某某房屋强制拆除。张某某于2017年5月4日提起行政诉讼，保山市隆阳区人民法院作出判决确认青华街道办事处强制拆除上述房屋的行政行为违法。2019年3月17日，张某某通过邮寄方式向区青华街道办事处递交《行政赔偿申请书》，要求其承担行政赔偿责任。2019年4月12日，青华街道办事处作出（2019）隆政青赔23号《赔偿决定书》，载明张某某被拆除房屋建筑面积合计242.78m^2，其中，永久性建筑面积208.42m^2，简易砖木面积34.36m^2。装饰装修包括不锈钢防盗窗、铝合金门、踏步砖等14项。附属物设施包括太阳能、化粪池、增压泵等4项。房屋折算面积249.88m^2，按照3 400元/m^2赔偿849 592元，装饰装修及附属设施赔偿65 132元，宅基地面积1 075.12m^2，按照79 950元/亩赔偿129 014.40元，合计赔偿张某某财产损害赔偿金1 043 738.40元。2019年4月13日张某某收到青华街道办事处作出上述的《赔偿决定书》。另查明，张某某房屋被拆除时，青华街道办事处将屋内部分物品安放于某房屋内进行保管。张某某对此《赔偿决定书》不服，向保山市隆阳区人民法院起诉，青华街道办事处找到代理律师代理此案，代理律师代为应诉。

【代理思路与意见】

一、青华街道办事处作出赔偿决定有充分的事实及法律依据

青华街道办事处对于本案房屋的赔偿标准严格依照隆阳区人民政府所作的规范性文件《隆阳区人民政府征地拆迁有关问题解答》的相关规定，并且该标准是结合隆阳区的经济发展水平以及对棚改地区的初步调查情况得出，同时全面考虑到了经济发展水平的提高。其中，对于房屋面积根据测绘标准进行测绘，其测绘结果的证明力高于张某某凭借回忆的陈述。另外，张某某当庭提交的房屋准建证上载明的房屋建设面积为196平方米，张某某合法建筑的面积少于其主张的面积，也少于青华街道办事处给予张某某的赔偿面积。因此，青华街道办事处根据测绘结果对张某某房屋的赔偿，有充分的事实依据，且尽可能保障了张某某的权益。对于土地的赔偿（根据《云南省土地管理条例》规定，征收集体土地的补偿应该补偿给集体组织）青华街道办事处考虑到，之后很难再给予被征收户在宅基地上建造房屋的机会，因此将本应该赔偿给集体的土地赔偿金直接给了包括张某某在内的被征收户。对于土地面积，青华街道办事处委托的测绘机构测量的张某某实际土地面积明显高于张某某的证载面积，青华街道办事处并没有损害张某某的任何权益。

对于屋内物品，张某某仅提交了其自书的清单，未提交任何证据证实其清单的真实性、客观性，但青华街道办事处提交了拆除时制作的物品清单及屋内的照片，照片可以证实物品清单的真实性，况且，青华街道办事处在拆除过程中并未对屋内物品毁损，而是妥善保管并多次通知张某某领取，并且在赔偿决定书中再次告知张某某与其联系尽快领取屋内物品，在张某某拒不领取的情况下，青华街道办事处安排工作人员存放于张某某的过渡安置房内。因此，对于张某某主张的屋内物品损失并无事实依据，张某某也无证据证明。

二、张某某的主张并无事实依据，不应予以支持

（一）根据《中华人民共和国国家赔偿法》的规定，本案仅能采取支付赔偿金的赔偿方式，而不可能采取恢复原状的方式

《中华人民共和国国家赔偿法》（以下简称《国家赔偿法》）第32条规

定："国家赔偿以支付赔偿金为主要方式。能够返还财产或者恢复原状的，予以返还财产或者恢复原状。"本案中，张某某所在的房屋及土地已经被征收，土地已经用于市政配套设施、综合管廊、安置小区等项目的建设，客观上不可能恢复原状，因此，本案应采取支付赔偿金的赔偿方式。

（二）本案并不能参照国有土地上房屋征收补偿标准进行赔偿

《最高人民法院关于审理涉及农村集体土地行政案件若干问题的规定》第12条第2款规定："征收农村集体土地时未就被征收土地上的房屋及其他不动产进行安置补偿，补偿安置时房屋所在地已纳入城市规划区，土地权利人请求参照执行国有土地上房屋征收补偿标准的，人民法院一般应予支持，但应当扣除已经取得的土地补偿费。"本案中，征收主体系对该农村集体土地及土地上房屋一并进行征收，并且也一直积极履行补偿安置的职责，虽然房屋征收的行为被生效判决确认违法，但是所有的征收补偿行为却是实际发生的。因此，本案并不能适用上述规定，所谓按照"国有土地上房屋征收补偿标准进行赔偿"没有事实依据。

（三）本案应当以行政行为作出之日作为认定损失的价值节点

参照《最高人民法院关于审理民事、行政诉讼中司法赔偿案件适用法律若干问题的解释》第12条第2款、2010年《中华人民共和国侵权责任法》第19条关于确定赔偿或损失时间节点的规定，并结合司法实践中的倾向性观点，本案应当以行政行为作出之日作为认定财产损失的时间节点，这也符合《国家赔偿法》所确立的国家赔偿"填平原则"的要求。

另外，以行政行为作出之日作为认定财产损失的时间节点，并没有损害张某某的合法权利，恰恰保障了张某某的权利。在集体土地上房屋征收赔偿中，一般采取重置成本法进行评估，根据该评估规则，评估价值＝重置全价×成新率。近年来，保山当地建造房屋的成本没有太大波动，重置全价基本一致甚至有一定程度的下降；而成新率主要受房屋建成之后使用时间的影响，时间越短，成新率越高。显然，在重置全价未显著上涨的情况下，成新率越高，评估价值就越高。青华街道办事处采取行政行为作出之日甚至当时入户评估之日作为时间节点，比采取行政行为被确认违法之日作为时间节点更短，事实上在二者之间取了较高的成新率，已经尽可能保障了张某某的合法权利。

（四）本案并不发生举证责任的转移

本案张某某主张举证责任转移，但是根据《行政诉讼法》第38条第2款及《最高人民法院关于适用〈中华人民共和国行政诉讼法〉的解释》第47条的规定，在行政赔偿诉讼中，只有在张某某有证据证明或法庭审理查明确因青华街道办事处原因导致张某某无法举证的，才发生举证责任的转移，由青华街道办事处承担举证责任。必须强调的是，青华街道办事处作出的行政行为违法不等于青华街道办事处对于张某某不能举证存在过错，青华街道办事处在房屋拆除过程中，进行了相应的证据保全，比如对房屋及土地面积、装修装饰及附属设施进行评估，对屋内物品进行登记保存，这一系列行为均为证据保全。因此，青华街道办事处并未干扰、影响张某某的举证权利的行使，也不存在任何过错，如果张某某没有提交任何证据证明其实际损失的大小，其应承担举证不能的后果。

三、青华街道办事处作出赔偿决定程序合法

本案中，青华街道办事处提交了包括其工作人员与张某某的通话录音或视频，详细记载了通知张某某听取意见的过程，张某某不愿意参加听取意见程序。青华街道办事处已经充分尽到了赔偿义务机关的义务，并没有任何程序违法之处。

☞【案件结果】

本案原审法院隆阳区人民法院认为：青华街道办事处根据相关文件、政策和法律规定，按照隆阳区人民政府制定的拆迁补偿政策对张某某被强拆的房屋进行赔偿，其作出的《赔偿决定书》程序及内容合法，故对张某某请求撤销青华街道办事处作出的《赔偿决定书》的诉讼请求，不予支持；关于张某某要求青华街道办事处恢复张某某274.64m^{2}房屋或按照20 000元/m^{2}赔偿房屋折价款5 492 800元的诉讼请求，张某某未提交证据证明其合法拥有274.64m^{2}的房屋，且20 000元/m^{2}的价格于法无据，不予支持；关于屋内物品及其他财产损失125 635元，青华街道办事处已将张某某物品搬运至下村片区安放，并未给张某某造成损失，张某某主张青华街道办事处登记造册之外的物品损失，因张某某未提交充分证据证明其损失存在，故不予支持。综上

所述，隆阳区人民法院判决：①由青华街道办事处赔偿张某某房屋、附属设施等损失合计 1 043 738.40 元；②驳回张某某的其他诉讼请求。

张某某对于原审法院的判决不服，向保山市中级人民法院提起上诉。保山市中级人民法院综合本案争议，具体评判如下：关于赔偿方式，本案房屋系因棚改项目征收而被强制拆除，案涉区域规划条件现已改变，张某某要求恢复房屋原状的诉讼请求已不能实现，原审判决对其损失以支付赔偿金的方式赔偿更符合客观实际和法律规定，二审法院予以支持；关于赔偿时点，原审法院将违法行为发生时作为认定财产损失的赔偿时点并无不当；关于物品损失，青华街道办事处虽将物品放置于过渡房，但未提交证据证明已将该安置情况告知张某某，也未提交物品妥善完好存放现状的证据，可酌情支持部分损失；关于赔偿标准和具体金额，首先关于房屋和土地，原审法院根据隆阳区人民政府确定的征收补偿安置方案和相关政策，参照《云南省十五个州（市）征地补偿标准（修订）目录》，比照周边类似情况征收补偿标准，以 79 950元/亩的标准对宅基地予以赔偿、以 3 400 元/m^2 的标准对房屋予以赔偿符合法律规定和实际情况，并无不当，张某某主张适用《最高人民法院关于审理涉及农村集体土地行政案件若干问题的规定》第 12 条规定参照国有土地上房屋征收补偿标准进行赔偿的观点二审法院不予支持；关于面积，张某某主张的房屋及宅基地面积不能提供系经专业测绘得出的依据，故其相关主张因不能提交合法证明不予支持；关于物品损失，青华街道办事处虽提交了拆除房屋时制作的物品清单，并说明相关物品放置在安置房内，但原审法院未考虑青华街道办事处未能提交物品现妥善完好存放的证据的客观情形，故予以酌情支持其物品损失 3 000 元。

本案二审最终判决：维持保山市隆阳区人民法院（2019）云 0502 行初 73 号行政判决第二项，即“驳回张某某的其他诉讼请求”，变更第一项为“由保山市隆阳区青华街道办事处赔偿张某某房屋、土地、装饰装修及附属设施、物品等损失合计 1 046 738.40 元”。

☞【裁判文书】

（2019）云 0502 行初 73 号行政判决书

（2020）云 05 行赔终 4 号行政赔偿判决书

【办案心得】

依据《行政诉讼法》第 38 条第 2 款的规定“在行政赔偿、补偿的案件中，原告应当对行政行为造成的损害提供证据”，以及《国家赔偿法》第 15 条第 1 款的规定“人民法院审理行政赔偿案件，赔偿请求人和赔偿义务机关对自己提出的主张，应当提供证据”，可以看出，对于行政赔偿案件举证责任分配，应当遵循“谁主张、谁举证”的原则。本案中，应当由张某某就行政行为与实际损失之间存在因果关系、具体损失金额多少承担举证责任，但是张某某并未提供证据证明损失大小，为了便于法院查明事实，更好地解决被征收户与政府之间的纠纷，代理律师建议委托人青华街道办事处再次查阅张某某的房屋、土地资料，再次核实张某某房屋的装饰装修、附属设施，并将前述材料作为证据向法院提供，最终法院也是根据青华街道办事处提供的证据认定其作出的赔偿金额较为合理，认定房屋价值不应当参照国有土地上房屋征收补偿标准进行赔偿。

一、对于集体土地上房屋征收进行补偿或赔偿，一般不应当参照国有土地上房屋征收补偿或赔偿标准

张某某主张应当按照房屋周边市场价对其房屋进行赔偿，理由是其认为本案应当适用《最高法关于审理涉及农村集体土地行政案件若干问题的规定》第 12 条第 2 款的规定。前述条款之所以规定参照执行国有土地上房屋征收补偿标准，是因为在集体土地征收实践之中，经常出现周边集体土地上房屋或所在的土地在多年前已经被征收但未进行房屋补偿，而房屋周边已经实现基本城镇化。此时，周边房屋价值往往已经普遍提高，如果此时仍然按照过去的集体土地征收批复所确定的安置补偿标准进行再次征收，那么无疑会给被征收人造成重大财产损失。其实，参照国有土地上房屋补偿标准进行补偿，需同时满足以下条件：①对集体土地单独征收为国有，没有对土地附着的房屋依法征收；②征收主体怠于履行补偿安置的法定职责，一直未就房屋及其他不动产进行安置补偿；③若干时间后，该房屋所在地被纳入城市规划区。也就是说，如果对土地的征收和对房屋的征收是同步进行的，征收主体已经积极履行法定职责完成了安置补偿的，就不应当适用此规定。结合本案来说，案涉集体土地与房屋是一并进行征收的，征收主体也积极履行征收补偿职责，仅是因为张某某一直不同意签订补偿安置协议，拒绝接受安置补偿，导致张某某未能获得补偿安置，虽然征收集体土地上房屋的行为后被确认违法，但若对张某某房屋按照国有土地上房屋征收补偿标准进行赔偿，那显然会鼓励更多的被征收人拒绝合法的安置补偿，而这最终会使得集体土地征收制度成为一纸空文。

对于国有土地上房屋征收进行补偿或赔偿，一般采用市场比较法进行评估，而集体土地上的房屋不能在市场上进行交易，故无法按照市场价格对其进行评估。对于集体土地上房屋进行征收补偿或赔偿，应当按照重置成本法进行评估，房屋重置成本价是指宅基地上房屋在一定区域、一定时间内重置为新房的成本价格，具体标准由区县级政府按照当地经济水平来确定，实践中各地普遍根据房屋的性质、结构、使用期限等因素确定具体的补偿或赔偿标准。在本案庭审中，代理律师向法庭详细阐述了涉案房屋价格的计算方式：对于每平方米单价，区政府在充分考量隆阳区经济发展水平的基础上，制定了每平方米赔偿 3 400 元的统一标准；对于建筑面积，根据房屋结构的不同，按照各自权重折算建筑面积的方式。最终一、二审法院认定青华街道办事处对张某某房屋价值的赔偿合理，驳回了张某某要求按照房屋周边市场价进行赔偿的请求。

二、对于国家赔偿案件，将损失发生时即违法行为作出时作为计算财产损失的赔偿时点，符合损害填平原则

《国家赔偿法》第 32 条规定："国家赔偿以支付赔偿金为主要方式。能够返还财产或者恢复原状的，予以返还财产或者恢复原状。"据此可以得知，在无法使受害人的损失恢复原状至损失发生时的状态时，应当采用支付赔偿金的方式进行国家赔偿。故将损失发生时即违法行为作出时作为计算财产损失的赔偿时点，离损害事实发生的时间最为接近，最能反映损失发生时的受损价值，也最符合国家赔偿法的损害填平原则。

《中华人民共和国民法典》（以下简称《民法典》）第 1184 条规定，"侵害他人财产的，财产损失按照损失发生时的市场价格或者其他合理方式计算"；《最高人民法院、最高人民检察院关于办理刑事赔偿案件适用法律若干

问题的解释》第 19 条第 2 款规定，“财产不能恢复原状或者灭失的，财产损失按照损失发生时的市场价格或者其他合理方式计算”；以及《最高人民法院关于审理民事、行政诉讼中司法赔偿案件适用法律若干问题的解释》第 12 条第 2 款规定，“财产不能恢复原状或者灭失的，应当按照侵权行为发生时的市场价格计算损失”。参照上述条款的规定，财产损失的价值评估时点应当为行为发生时或损失发生时。代理律师援引前述法律依据，向法院阐述应当以行政行为作出之日作为计算财产损失的赔偿时点，而且采用此节点作为赔偿时点，并未侵犯张某某权益，反而尽可能为张某某争取到了更高的成新率、更高的房屋价格。原审、二审法院均支持了代理律师的主张，认定行政行为发生时作为认定财产损失的赔偿时点并无不当。

行政批复

案例十七

行政备案的性质与审查方式

☞【案例名称】

行政备案的性质与审查方式

——德州某房地产开发有限公司与德州运河经济开发区经济发展局不予项目备案一案

☞【基本案情】

德州某房地产开发有限公司（以下简称“甲公司”）系注册于山东省德州市的房地产开发企业，拟在当地经济开发区建设商业地产项目。2019 年 3 月，甲公司以平台在线申报的方式向德州运河经济开发区经济发展局（以下简称“区经发局”）申请商业地产项目备案。几日后，区经发局作出答复：“一、在建设规模及内容一栏内补充关于项目建设位置的具体描述；二、依据《德州市工程建设项目审批制度改革行动方案》第三条（一）取消部分审批事项[1]的规定，因你公司在本地开发项目已经发生影响社会稳定的群体性事件，该商业地产项目仍有引发社会稳定风险的可能，故请提交项目社会维稳风险评估报告。”此后，甲公司就答复的第一项内容补充提交了项目建设位置信息，就第二项内容，甲公司提出异议，认为区经发局适用法律错误，其拟建设的商业地产项目申请备案无须提交社会稳定风险评估报告。2019 年 4 月，区

〔1〕《德州市工程建设项目审批制度改革行动方案》第三条：三、精简审批服务事项：（一）取消部分审批事项。1. 取消一般性工业建筑和小型民用建筑规划设计方案审查（对景观风貌影响较大的工程建设项目除外）。……4. 取消一般性项目社会维稳风险评估报告（编制环境影响报告书项目、国内类似发生过群体性事件项目、当地已经或可能发生引发社会稳定风险的项目除外）。

经发局以甲公司未提交社会维稳风险评估报告为由决定对其申请不予备案，并履行了教示义务。甲公司委托律师向区经发局陈述了法律意见，并再次在线提交申请，但是区经发局未做答复。另外，甲公司与区经发局的上级机关——经济开发区管委会曾合作建设城中村改造项目，回迁安置楼已建设完成，但是，双方就土地出让金返还、税收优惠、房屋质量等问题产生纠纷并诉至法院，法院作出的民事判决已经生效并进入执行阶段。2019 年 5 月，甲公司提起行政诉讼，请求撤销不予备案决定并判决区经发局重新作出行政行为。

一审法院认为：①根据国务院制定的《企业投资项目核准和备案管理条例》第 13 条规定，涉案项目备案，不需要原告提供社会维稳风险评估报告。②《德州市工程建设项目审批制度改革行动方案》第 3 条第 1 款第 4 项是取消一般性项目社会维稳风险评估报告，被告依据该规定让原告提供社会维稳风险评估报告属于对该规定理解有误，判决支持原告的全部诉讼请求。

区经发局不服提起上诉，其在上诉理由中提出：其一，甲公司在本地前期开发涉案项目时，因拖欠工资、房屋质量、回迁安置等问题造成大量信访事件，还曾提供伪造的《德州瑞华房地产开发有限公司瑞华·新都汇建设项目社会稳定风险分析报告》、违反电力配套费政策，违约用电，私自使用施工变压器向小区居民生活、电梯、消防等设备供电，造成供电安全隐患等违法行为。其二，甲公司被列为被执行人，其法定代表人被法院限制高消费，要求甲公司提供社会稳定风险评估报告具有现实必要性。其三，涉案项目为公益项目，并非一般意义上独立商业性房地产开发项目，对此类关系国计民生的城中村改造项目，各级政府有权严格监督，应按核准条件进行核准或不予核准。

在二审程序中，区经发局补充提交了《德州运河经济开发区芦庄社区旧村改造开发协议书》《德州运河经济开发区芦庄社区旧村改造开发协议书补充协议》等 7 组证据，其中的 6 组证据均被二审法院采信。最终，二审法院以“甲公司和政府联合改造建设的城中村改造项目曾出现民事纠纷及群众信访，区经发局有权要求提供社会稳定风险评估报告”为由，撤销一审判决，改判驳回甲公司的全部诉讼请求。

甲公司不服，向山东省高级人民法院申请再审，省高院裁定提审本案。

☞【代理思路与意见】

总的来说，代理人认为，甲公司就涉案项目申请备案，无须提交社会稳定风险评估报告，区经发局提出的所谓“群体性事件”的抗辩理由并不成立，具体意见如下：

一、根据《企业投资项目核准和备案管理条例》的规定，甲公司就涉案项目申请备案，无须提交社会稳定风险评估报告

《企业投资项目核准和备案管理条例》第 3 条规定：“对关系国家安全、涉及全国重大生产力布局、战略性资源开发和重大公共利益等项目，实行核准管理。具体项目范围以及核准机关、核准权限依照政府核准的投资项目目录执行……对前款规定以外的项目，实行备案管理。”在国务院于 2016 年发布的最新《政府核准的投资项目目录》中，并未包含房地产开发项目，由此可见，对于商业地产开发项目，早就不属于需要政府核准投资项目，只是进行备案管理。

对于需申请备案的项目，《企业投资项目核准和备案管理条例》第 13 条规定：“实行备案管理的项目，企业应当在开工建设前通过在线平台将下列信息告知备案机关：（一）企业基本情况；（二）项目名称、建设地点、建设规模、建设内容；（三）项目总投资额；（四）项目符合产业政策的声明。企业应当对备案项目信息的真实性负责。备案机关收到本条第一款规定的全部信息即为备案；企业告知的信息不齐全的，备案机关应当指导企业补正。企业需要备案证明的，可以要求备案机关出具或者通过在线平台自行打印。”

由此可见，涉案项目并非政府核准的投资项目，而是一般的商业地产项目，对于一般的商业地产项目，实行备案管理，本案属于典型的信息报送行为，在申请备案时，甲公司没有义务提交社会稳定风险评估报告。

二、涉案项目与城中村改造项目是两个完全不同的项目，况且，涉案项目即使是城中村项目，也无须提交社会稳定风险评估报告

第一，城中村改造项目涉及公共利益，不代表涉案项目涉及公共利益。例如，在前期城中村改造项目中，政府需要支付巨额的补偿、补助，甚至需

要向国家开发银行申请专项资金，但是，涉案项目并无政府注册资金，没有政府任何的补贴。

第二，并非任何房地产开发项目都可以成为城中村改造项目，根据山东省的有关规定，若开展城中村改造项目，需要山东省建委列入山东省城中村改造目录，要列入当地政府年度经济发展和社会发展规划，还需要当地人民代表大会审议通过，但是，涉案项目并没有这些程序。

第三，涉案项目与城中村改造项目是分别开展的不同项目。两个项目分别办理的土地使用权证，分别取得规划许可，分期开工建设，两者之间根本没有任何条件关系或因果关系。况且，即使是当年的城中村改造项目，也是遵循的商业地产项目的开发流程，只是最终建成的房屋用于政府安置被征收人。

三、涉案项目并非政府投资类项目也非公益项目，区经发局对于涉案项目的性质并没有作出准确认定

关于政府投资项目的界定，2019 年 4 月 14 日公布、2019 年 7 月 1 日施行的《政府投资条例》可以作为参照，根据规定，政府投资项目具有以下特征：其一，政府投资项目具有公共性，集中于基础设施建设、环境保护、科技进步、国家安全等领域；其二，政府投资项目具有非经营性，即主要是为了开展项目建设，而不是为了后期对项目进行经营、收益；其三，政府投资项目具有直接性，即主要采取直接注入资本金的方式开展；其四，政府投资项目具有综合统筹性，即中央与地方合理划分职责，并通过建立项目库的方式加强项目资金储备。

涉案项目显然不属于政府投资项目，原因在于：其一，涉案项目是单独备案，单独建设的商业地产项目，从项目建设规模及内容可以看出，新都汇项目包括住宅、商业地产、配套设施等，显然不具有公共性和非经营性的特征；其二，甲公司与德州运河经济开发区管委会签订的合同明确约定，除建设安置房屋用地外，其他土地用于商业开发，但均按照房地产开发项目办理建设手续。在城中村改造项目都没有认定为政府投资项目的情况下，更没有理由将后续的涉案项目认定为政府投资项目。

此外，公益项目与商业项目是根据项目的功能所作的分类，例如，城市

综合管廊建设、市政配套设施、道路建设、公园绿地建设等，就属于公益项目；而一般性地产项目，当然属于商业项目，并非公益项目。区经发局主张涉案项目属于公益项目，显然并无事实依据。

四、二审判决适用法律错误，《国家发展改革委重大固定资产投资项目社会稳定风险评估暂行办法》及《德州市工程建设项目审批制度改革行动方案》均不能适用于本案

第一，《国家发展改革委重大固定资产投资项目社会稳定风险评估暂行办法》适用于需要国家发改委核准、核报等实施核准管理的重大固定资产投资项目，而涉案项目属于备案管理的一般性商业地产项目，区经发局也没有提供任何证据证明本项目与国家发改委有关，不应适用该部门规章。

第二，根据内容可以看出，《德州市工程建设项目审批制度改革行动方案》属于精简审批事项的规定，不能用于增加行政相对人的义务；其次，《德州市工程建设项目审批制度改革行动方案》系根据《山东省工程建设项目审批制度改革行动方案》所制定，而《山东省工程建设项目审批制度改革行动方案》明确规定“房地产开发项目立项由核准改为备案”，《德州市工程建设项目审批制度改革行动方案》在无授权的情况下增加“但书”规定，且区经发局也从未提交任何取消一般性项目审批事项之前的规定。因此，《德州市工程建设项目审批制度改革行动方案》不应作为被诉行政行为合法的依据。

五、信访事项并非群体性事件且并非甲公司的行为所导致

第一，区经发局一直以发生过群体性事件为由要求甲公司提交社会稳定风险评估报告，但是，无论在作出行政行为时还是在行政诉讼阶段，区经发局从未提交任何可以将信访行为界定为群体性事件的法律依据，本案所谓的群体性事件，只是其主观猜测。

第二，根据我国法律规定，信访行为与群体性事件系不同的概念，不能等同。“群体性事件”这一表述最早出现在中办发［2004］33号《关于积极预防和妥善处置群体性事件的工作意见》这一文件中，该意见要求，对于群体性事件，慎用警力、慎用强制措施、慎用警械和武器。要根据群体性事件的起因、规模、影响以及现场情势和危害程度，决定是否动用处置性警力，

是否采取强制性措施以及采取何种强制性措施，是否使用警械以及使用何种警械。既要防止警力和强制措施使用不当而激化矛盾，也要防止当用不用而使事态失去控制。对于群体性事件的处理，要由各级党委、政府、公安机关及有关部门协作配合，形成整体合力。而在新华社、人民日报等官方权威媒体对群体性事件的相关报告中，例如对湖北石首事件等报道中，可以看出，群体性事件的基本特征在于其暴力性、对抗性、群体性，往往伴随聚众滋事、打砸抢烧、冲击国家机关办公场所等行为，而信访事项系信访人根据《信访工作条例》的规定，通过信访方式寻求权利救济的行为，是合法的理性反映诉求的渠道。区经发局将信访事项认定为群体性事件，是对信访制度的错误理解。

六、区经发局对社会稳定风险评估的程序、主体、内容、作用均存在错误认识，其关于双方之间民事争议的陈述不能作为发生群体性事件的依据

第一，关于社会稳定风险评估的程序及主体，《国有土地上房屋征收与补偿条例》第12条规定：“市、县级人民政府作出房屋征收决定前，应当按照有关规定进行社会稳定风险评估；房屋征收决定涉及被征收人数量较多的，应当经政府常务会议讨论决定……”因此，如果说本案涉及社会稳定风险评估的内容，也应当在征收主体征收土地时，由开发区管委会或者德州市人民政府组织社会稳定风险评估，甲公司作为开发商，没有义务进行社会稳定风险评估。

第二，所谓社会稳定风险评估，评估的对象为建设项目而非建设单位，因此，建设单位在建设项目之前的状况、资质、行为，并不能作为启动建设项目社会稳定风险评估的条件。换言之，社会稳定风险评估针对项目的性质、投资、社会影响等因素，其制度基础在于一种“理性假设”，系在建设之前为衡量风险而组织的评估活动；而针对建设单位在之前项目中的行为，对建设单位采取“有罪推定”的模式，在后续项目建设之前要求进行社会稳定风险评估，其制度基础嬗变为“行为假设”，与社会稳定风险评估制度的目的相背离。

第三，目前，德州市并没有制定社会稳定风险评估的指引、办法等，即使甲公司愿意进行社会稳定风险评估，最终评估报告的合法性也无从判断，

在行政机关没有为行政相对人履行义务设置必要的条件、内容的情况下，不能将未履行义务的责任转由行政相对人承担。

第四，区经发局主张的民事争议、税收管理、企业诚信、越级信访、工程款催讨、小区供电等诸多理由，不能作为证明区经发局不予备案的依据。区经发局并未提交任何证据，其上述理由的真实性根本无法判断，况且，上述理由也不能概括为或上升为“群体性事件”。

七、二审程序严重违法，且已经影响到实体公正

第一，二审期间，区经发局补充提交了 7 组证据，对于其中的 6 组，二审判决予以采信并作为本案证据，区经发局违反了先取证后裁决的基本原则，二审程序违反了《行政诉讼法》关于举证责任和举证期限的基本规定。

第二，二审法院为证明行政行为的合法性调取被告作出行政行为时未收集的证据，程序严重违法。我国《行政诉讼法》第 40 条明确规定：“人民法院有权向有关行政机关以及其他组织、公民调取证据。但是，不得为证明行政行为的合法性调取被告作出行政行为时未收集的证据。”本案中，二审法院为证明区经发局作出行政行为的合法性，实施了调取证据的行为，且该证据系区经发局作出行政行为时应收集而未收集的证据，违反法定程序。

第三，二审法院以《最高人民法院关于适用〈中华人民共和国行政诉讼法〉的解释》第 42 条的规定作为其调取证据及采信新证据的法律依据，显属法律适用错误。该司法解释第 42 条规定：“能够反映案件真实情况、与待证事实相关联、来源和形式符合法律规定的证据，应当作为认定案件事实的根据。”该规定是从真实性、合法性、关联性三个角度阐明对于证据的采纳规则，而本案二审程序中，二审法院调取的证据及区经发局补充提交的证据，程序已经严重违法，来源和形式不符合《行政诉讼法》的要求。

☞【案件结果】

山东省高级人民法院认为：①从申请立项的项目名称、建设内容及资金来源来看，甲公司申请立项的涉案项目应当为房地产开发项目，并非公益项目。②属于《政府核准的投资项目目录（2016 年版）》内的项目及关系国家安全、涉及全国重大生产力布局、战略性资源开发和重大公共利益等项目实

行核准管理，而其他项目（包括房地产开发项目）均实行备案管理，山东省自2018年9月26日起对房地产开发项目也已实行备案管理。本案所涉项目系房地产开发项目，根据上述规定，应实行备案管理而非核准管理。③根据《企业投资项目核准和备案管理条例》第13条规定，实行备案管理的项目通过在线平台提交的信息并不包括社会稳定风险评估报告。《德州市工程建设项目审批制度改革行动方案》是取消一般性项目社会稳定风险评估报告，也就是说在此之前需要提交社会稳定风险评估报告的项目现在予以取消。而涉案项目系房地产开发项目，不属于前述需提交社会稳定风险评估报告的情形，故区经发局要求甲公司提供社会稳定风险评估报告属于理解有误。最终，撤销二审判决，维持一审判决。

2021年4月14日，山东高院召开行政审判新闻发布会，山东高院副院长张成武发布《2020年全省法院行政案件司法审查报告》，行政审判庭庭长侯勇发布《山东法院优化营商环境行政诉讼典型案例》，本案亦入选。

☞【裁判文书】

（2020）鲁行再13号行政判决书

☞【办案心得】

接受委托之后，根据在案证据，代理律师认为，本案所涉的商业地产项目属于国民经济和社会发展管理领域，在援引实体法规范时，应围绕国务院、山东省、该地级市等关于项目投资管理的相关规定；区经发局作出的不予备案决定属于羁束行政行为，应重点考察不予备案决定是否符合法律规定。

关于诉讼请求，有意见认为，应当提两项诉讼请求：其一，请求法院撤销区经发局作出的不予备案决定；其二，请求法院判令区经发局对甲公司的商业地产项目予以备案。代理律师认为，从权利救济的角度，此种诉讼请求更能实现诉讼目的，但是，第二项请求并不符合法律规定。理由在于：其一，根据《行政诉讼法》第70条的规定，人民法院判决撤销或者部分撤销，并可以判决被告重新作出行政行为，所谓“重新作出行政行为”基于尊重司法权与行政权界限的立场，不随意僭越，如何“重新作出行政行为”由行政机关去判断，因此，撤销不予备案决定的同时，法院也只能判令区经发局对于甲公司的项目备案申请重新作出处理；其二，即使参照履行判决的逻辑，司法实践倾向于作出程序性裁判，不介入实质性争议；其三，行政给付有严格的适用条件，且指涉的对象为金钱、财产而非行为，本案不具有提起行政给付请求的客观条件。

关于规范性文件（指《德州市工程建设项目审批制度改革行动方案》）的附带审查，本案中，从法律适用的角度，代理律师认为，该规范性文件不应适用于本案，换言之，区经发局作出的不予备案决定适用法律不当，但是，考虑到该规范性文件与被诉行政行为的相关性，且文件的内容具有一定的歧义，为了引导法院重视本案的法律适用问题，代理律师建议在提起诉讼时申请对《德州市工程建设项目审批制度改革行动方案》进行附带审查。

关于实体法依据。本案主要争议简单归纳如下：

争议方	甲公司观点	区经发局观点
项目性质	一般商业地产项目	国家或省发改委核准项目
法律适用	《企业投资项目核准和备案管理条例》第 13 条："实行备案管理的项目，企业应当在开工建设前通过在线平台将下列信息告知备案机关：（一）企业基本情况；……企业告知的信息不齐全的，备案机关应当指导企业补正。企业需要备案证明的，可以要求备案机关出具或者通过在线平台自行打印。"	《国家发展改革委重大固定资产投资项目社会稳定风险评估暂行办法》第 3 条："项目单位在组织开展重大项目前期工作时，应当对社会稳定风险进行调查分析，征询相关群众意见，查找并列出风险点、风险发生的可能性及影响程度，提出防范和化解风险的方案措施，提出采取相关措施后的社会稳定风险等级建议。"
管理方式	备案（信息报送）	核准（实质审查）
信访事项与项目关联性	无关联，并非群体性事件	有关联，属于群体性事件
社会稳定风险评估对象	项目	企业

由此可见，本案的关键在于认定项目的性质，如果项目属于一般商业地产项目，则根据国务院制定的《企业投资项目核准和备案管理条例》，区经发

局只是进行备案，没有权力要求甲公司提交社会稳定风险评估报告；如果项目属于国家发展改革委审批、核准或者核报国务院审批、核准的在中华人民共和国境内建设实施的固定资产投资项目，则实行核准管理，需要进行社会稳定风险评估。进一步分析，根据项目的资金来源、土地性质、用地及工程规划、房屋用途等因素，不难判断拟建设的项目属于一般商业地产项目。

本案二审被法院改判之后，经过审慎分析，律师作为甲公司的代理人，向山东省高级人民法院申请再审，从甲公司申请立项的项目名称、建设内容及资金来源等多角度论证该项目应当为房地产开发项目，使用了图表分析法，分别列举了区经发局陈述的相关理由对案件争议焦点的影响，法院直观呈现本案核心事实，法官亦关注到本案的争议焦点，最终山东省高级人民法院裁定提审本案并依法改判，当事人实现了权利救济目的。

案例十八

行政诉讼中利害关系人的判断

☞【案例名称】

行政诉讼中利害关系人的判断

——某仓储公司诉中华人民共和国交通运输部行政批复案

☞【基本案情】

2019年5月28日，交通运输部作出《关于某港区液体化工品泊位工程变更港口岸线使用人的批复》（以下简称《348号批复》）指出：“一、同意某港区液体化工品泊位工程的港口岸线使用人由‘唐山某投资公司’变更为‘唐山某码头公司’。二、其余事项仍按交通运输部作出的《关于某港区液体化工品泊位工程使用港口岸线的批复》（以下简称《111号批复》）的要求执行。”在《111号批复》中，交通运输部同意唐山某投资公司建设某港区液体化工品泊位项目。2009年，唐山某投资公司更名为唐山某实业公司，为便于项目独立运行，唐山某实业公司与唐山某股份公司合资组建了唐山某码头公司。

某仓储公司认为《348号批复》无事实和法律依据、程序严重违法、应予撤销，据此向法院提起诉讼，交通运输部委托代理律师应诉。

☞【代理思路与意见】

一、《348号批复》与某仓储公司不具有法律上的利害关系，某仓储公司无权提起本案诉讼

《行政诉讼法》第25条规定：“行政行为的相对人以及其他与行政行为

有利害关系的公民、法人或者其他组织，有权提起诉讼。”由此可知，行政行为的相对人以外的公民、法人或者其他组织，必须与行政行为具有利害关系，方可提起行政诉讼，这种利害关系包括不利的关系和有利的关系，但必须是一种已经或者必将形成的关系，它不能仅是事实上、不确定的，而必须是法律上、已经确定或者必将形成的权利义务关系。

本案中，《348 号批复》仅涉及对港口岸线使用人变更的批复，某仓储公司既非港口岸线的原使用人，亦非现使用人或其他权利人，其与《348 号批复》不具有法律上的利害关系，无权提起本案诉讼。

二、2018 年，某仓储公司曾对《111 号批复》申请行政复议后提起行政诉讼，法院裁定驳回其起诉，在本案中以起诉《348 号批复》为名，实为要求法院再次审查《111 号批复》，规避《行政诉讼法》关于起诉期限的规定

《348 号批复》涉及一项批复，即同意变更港口岸线使用人。同时，《348 号批复》对于《111 号批复》的内容予以了解释和说明，即“其余事项仍按《111 号批复》的要求执行”。该解释和说明未对《111 号批复》的内容作出变更，而是再次强调应遵循《111 号批复》的要求，当然不属于新的行政行为。由于某仓储公司并非《111 号批复》的相对人，即使根据《行政诉讼法》的规定适用 5 年的最长起诉期限，某仓储公司提起行政诉讼也超过上述最长期限，因此，某仓储公司才试图绕过《111 号批复》，通过起诉《348 号批复》的方式规避行政诉讼法关于起诉期限的规定。

对于《111 号批复》，某仓储公司早已申请行政复议并提起行政诉讼，也向最高人民法院申请过再审。2019 年 6 月 25 日，最高人民法院作出（2018）最高法行申 8570 号再审行政裁定书，认定：“某仓储公司并非《111 号批复》的相对人，亦无证据证明交通运输部另行告知了某仓储公司复议申请权及相应期限，故某仓储公司申请行政复议的期限可适用 5 年的最长期限。但《111 号批复》于 2008 年作出，某仓储公司迟至 2017 年才提出行政复议申请，显已超过上述最长期限。《111 号批复》涉及的是港口岸线的使用问题，不属于因行政行为导致不动产物权变动的情形。因此，某仓储公司提出的行政复议申请不符合行政复议受理条件，交通运输部作出的被诉复议决定认定其提出的行政复议申请超过法定期限，结论正确。”

三、交通运输部作出的《348 号批复》具有法律依据和事实依据

（一）交通运输部具有作出《348 号批复》的法定职权

《港口岸线使用审批管理办法》第 17 条规定："批准使用港口岸线后，如因企业更名或者控股权转移导致岸线实际使用人发生改变，或者改变批准的岸线用途，应当按照本办法规定的程序报原批准机关审批。"在唐山某码头公司依法报送至交通运输部后，交通运输部作出同意变更的该批复，并无任何不妥。

（二）交通运输部作出《348 号批复》具有充分的事实依据

就该项目岸线使用人发生变更的问题，某仓储公司曾于 2018 年 9 月 17 日向交通运输部提交了《履行法定职责申请书》，请求对唐山某实业公司在实施《111 号批复》过程中存在的违法行为进行查处，包括但不限于对擅自改变涉案港口岸线使用人和改变岸线用途等行为作出撤销涉案岸线批复决定等。

交通运输部认为：其一，河北省交通运输厅已责成唐山市海洋口岸和港航管理局督促有关单位，按规定履行法定变更手续，交通运输部据此作出《348 号批复》，已对唐山某实业公司的行为进行了纠正；其二，鉴于法律明确规定，对于本案的情形，可以通过报批原批准机关审批的方式对程序进行补正，而非必须撤销《111 号批复》。实际上，如果仅基于某仓储公司主张的情形就撤销港口岸线批复，既无必要，也会导致社会资源的浪费，违背合理行政的要求。

（三）交通运输部作出《348 号批复》未违反听证等程序

《348 号批复》并非新的行政许可，而是对《111 号批复》涉及项目使用人变更事项的批准，该变更事项与某仓储公司无关，更谈不上"直接关系某仓储公司的重大利益"，交通运输部及相应的行政机关没有义务听取某仓储公司的陈述和申辩，也无需组织听证程序，交通运输部作出《348 号批复》并未侵犯某仓储公司任何权益。

☞【案件结果】

2020 年 8 月 28 日，北京市第二中级人民法院作出（2020）京 02 行初 95

号行政裁定书，认定“本案中，《348 号批复》仅涉及对港口岸线使用人的变更，其余事项仍按《111 号批复》的要求执行，某仓储公司并非《348 号批复》的相对人，与《348 号批复》亦无其他利害关系，且《348 号批复》对其合法权益明显不产生实际影响。某仓储公司的起诉不符合法定起诉条件，依法应予驳回。综上，裁定驳回原告某仓储公司的起诉”。

某仓储公司不服一审裁定，向北京市高级人民法院提起上诉，2021 年 1 月 13 日，北京市高级人民法院作出（2020）京行终 6345 号二审裁定书，裁定“驳回上诉，维持一审裁定”。

☞【裁判文书】

（2020）京 02 行初 95 号行政裁定书

（2020）京行终 6345 号行政裁定书

☞【办案心得】

行政案件中关注原告是否具备起诉主体资格，不仅是法院首先需要审查的内容，同样也是被告首先应当关注的问题。为了避免随意启动诉讼程序造成司法对于行政行为的过多干预，行政诉讼法设定了原告起诉条件，当原告不具备起诉条件时，法院会直接裁定驳回原告起诉，而不进入实体审查。因此代理律师接受交通运输部委托后，立即着手研究原告主体资格问题，通过阐述原告不具备起诉主体资格，最终取得了胜诉结果。

一、利害关系人的认定标准

根据《行政诉讼法》第 25 条之规定，行政行为的相对人以及其他与行政行为有利害关系的公民、法人或者其他组织，有权提起行政诉讼。但与容易认定的行政相对人不同的是，对于利害关系人的判断并无统一标准，代理律师根据《最高人民法院关于适用〈中华人民共和国行政诉讼法〉的解释》第 12 条列举的六类“与行政行为有利害关系”的情形，总结归纳出以下三条判断标准：

1. 权益要件。是否存在法律所保护的权益，是判断是否存在利害关系的重要方面，假如“权益”不存在，则根本不可能和行政争议发生任何联系。

一方面，权益必须为受法律保护的权益，比如说张某认为王某的房屋影响了其相邻权，向行政机关予以投诉、要求查处，但张某自己的房屋就是违法加建的，张某的相邻权权益本身就不受法律保护，则行政机关是否查处以及如何查处相邻房屋违建的行为之间不具有利害关系。另一方面，权益应当归属于行政法上的权利义务范畴。行政主体具有相应的法律义务，该义务以某个客观存在的法律规范为依据。因此只有行政规范为行政主体设定了义务，才有可能从该义务推导出相对人的权益。比如债权人认为国土登记机关颁发给债务人公司的土地使用证行为导致其债权受损，要求撤销土地使用证。债权人对前述行政行为不具有行政法上的权利义务，其民事权益应当通过民事救济途径予以维护。

2. 主观诉讼要件。设定行政诉讼制度的目的，在于通过提起诉讼维护当事人自身的合法权益，而非为维护集体利益、公共利益提起诉讼。比如小区单个业主对住宅小区规划变更行为且只涉及业主公共利益不服的，不能以自己的名义提起诉讼，只能由业主委员会名义起诉，业主委员会不起诉的，由专有部分占建筑物总面积过半数或者占总户数过半数的业主作为原告起诉。本案中，某仓储公司主张唐山某码头公司在使用过程中存在污染环境，对于环境保护属于公共利益，某仓储公司无权以自己名义提起诉讼，只能由人民检察院或相应环保组织提起公益诉讼。

3. 权益现在或将来受侵害要件。当被诉行政行为对当事人合法权益已经造成或必然造成直接的影响时，当事人方可提起诉讼，现在以及将来都不可能对当事人权益造成影响的行为，则无权提起行政诉讼。本案，《348 号批复》对某仓储公司合法权益现在、将来都不产生实际影响，某仓储公司不属于利害关系人，因此无权提起行政诉讼，一、二审法院均采纳了代理律师意见，裁定驳回某仓储公司起诉。

二、不同起诉期限的适用

行政案件的“起诉期限”与民事案件的“诉讼时效”截然不同：原告超过起诉期限起诉的，人民法院将裁定不予受理，受理后发现超过起诉期限的，裁定驳回起诉，即原告丧失了起诉权，因此关注起诉期限是律师办理行政案件的重中之重。《行政诉讼法》以及司法解释规定了以下几种计算起诉期限的方式：

1. 行政机关告知了行政行为内容以及起诉期限：自知道或者应当知道作出行政行为之日起6个月内提出。

2. 行政机关未告知起诉期限：起诉期限从公民、法人或者其他组织知道或者应当知道起诉期限之日起计算，但从知道或者应当知道行政行为内容之日起最长不得超过1年。

3. 不知道行政机关作出行政行为：起诉期限从知道或者应当知道该行政行为内容之日起计算，因不动产提起诉讼的案件自行政行为作出之日最长不得超过20年，其他案件自行政行为作出之日起最长不得超过5年。结合本案来说，某仓储公司在提起《348号批复》之前，曾对《111号批复》提起过行政诉讼，但是《111号批复》涉及的是港口岸线的使用问题，不属于因行政行为导致不动产物权变动的情形，不适用最长20年期限，因此自行政行为作出之日起超过5年，某仓储公司也就无权提起诉讼。

4. 行政不作为的起诉期限：应当在行政机关履行法定职责期限届满之日起6个月内提出。

5. 无效行政行为没有起诉期限的限制：根据《最高人民法院关于适用〈中华人民共和国行政诉讼法〉的解释》第94条第2款的规定："公民、法人或者其他组织起诉请求确认行政行为无效，人民法院审查认为行政行为不属于无效情形，经释明，原告请求撤销行政行为的，应当继续审理并依法作出相应判决；原告请求撤销行政行为但超过法定起诉期限的，裁定驳回起诉；原告拒绝变更诉讼请求的，判决驳回其诉讼请求。"因此，确认无效之诉不适用起诉期限的规定。

案例十九

集体土地征收以及地上物补偿程序

☞【案例名称】

集体土地征收以及地上物补偿程序

——张某某诉保山市隆阳区人民政府行政批复案

☞【基本案情】

张某某的房屋位于保山市隆阳区青华街道办事处打渔社区三家村1组，该房屋位于保山中心城区棚户区改造项目房屋征收范围内。因包括张某某在内的部分被征收人不同意签订《集体土地上房屋征收补偿协议》，2016年12月，三家村1组向打渔社区提交《关于打渔社区三家村1组收回集体土地使用权的申请》，打渔社区召开“两委”会议一致同意收回集体土地使用权，随后该申请事项经隆阳区青华街道办事处、保山市国土资源局隆阳分局审查同意后报请隆阳区政府决定，隆阳区政府于2017年4月20日作出《保山市隆阳区人民政府关于农村经济组织申请收回土地使用权的行政审批决定》（以下简称《行政审批决定》），决定“根据2003年《行政许可法》第二条、第三十八条之规定，同意收回土地使用权的行政许可申请，即同意打渔社区收回打渔社区三家村1组居民张某某集体土地使用权”。张某某不服，向法院提起诉讼，代理律师接受隆阳区政府委托，代为应诉。

☞【代理思路与意见】

一、从主体及职权看，根据《中华人民共和国土地管理法》《中华人民共和国地方各级人民代表大会和地方各级人民政府组织法》等法律法规的规定，隆阳区政府是审批农村集体经济组织依法收回土地使用权的合法主体

2004年《中华人民共和国土地管理法》（以下简称《土地管理法》）第62条规定："农村村民住宅用地，经乡（镇）人民政府审核，由县级人民政府批准；其中，涉及占用农用地的，依照本法第四十四条的规定办理审批手续。"以及第65条规定："有下列情形之一的，农村集体经济组织报经原批准用地的人民政府批准，可以收回土地使用权：（一）为乡（镇）村公共设施和公益事业建设，需要使用土地的；（二）不按照批准的用途使用土地的；（三）因撤销、迁移等原因而停止使用土地的。依照前款第（一）项规定收回农民集体所有的土地的，对土地使用权人应当给予适当补偿。"可见，我国集体土地使用权的收回程序由农村集体经济组织向原批准用地的人民政府报批。本案中，隆阳区政府是审批农村集体经济组织依法收回土地使用权的适格主体。

二、从实体及事实看，隆阳区政府作出的《行政审批决定》事实依据充分，不应当被撤销

一方面，隆阳区政府同意集体经济组织收回张某某的集体土地使用权的申请，符合2004年《土地管理法》第65条第1款关于"因公共利益需要"的规定。本案中，2014年4月，云南省发改委作出［2014］499号批复，同意保山市建设2013~2017年城市棚户区改造项目（一期），为推动棚户区改造项目的实施，2014年12月，云南省国土资源厅作出［2014］419号批复，同意将打渔社区村委会第一村民小组的集体用地转为建设用地。由上述事实可以看出，收回张某某的集体土地使用权主要是为了改善居民居住环境、提高其生活水平及生活质量，符合"乡村公共设施和公益事业建设需要"的规定。

另一方面，收回集体土地使用权的补偿安置方案符合法律规定，切实保

障了张某某的合法权益。《土地管理法》规定，对于收回集体土地使用权，给予使用权人适当补偿。根据《云南省土地管理条例》《云南省人民政府关于进一步加强土地征用管理工作的通知》《云南省十五个州（市）征地补偿标准（修订）目录》等法律法规的规定，隆阳区政府先是草拟了《保山中心城市棚户区改造青华湖片区房屋征收与补偿实施方案（征求意见稿）》征求意见，又根据群众的反馈制定了合法、可行的《房屋征收决定的公告》。结合实际情况，安排工作人员及评估机构对张某某的土地面积、房屋结构等进行了测绘，并制定了《房屋征收补偿协议》。虽然最终就补偿问题未能与张某某达成一致，但是作出被诉行政审批决定时，隆阳区政府已按法律、法规要求履行了职责。

三、从程序看，隆阳区政府作出的《行政审批决定》程序合法

首先，为推动棚户区改造项目的实施，打渔社区于2017年1月24日召开“两委”扩大会议，讨论并决定报请青华街道办事处收回集体土地使用权。青华街道办事处初步审查后，向隆阳区政府请示依法收回张某某等村民集体土地使用权。

其次，隆阳区政府在作出《行政审批决定》之前，告知了张某某的听证权利并依法组织了听证，后因张某某中途离场导致听证终止。2017年4月19日，隆阳区政府召开第九次常务会议，研究同意永昌、青华、河图三个街道办内集体经济组织收回张某某等61户集体土地使用权的申请。

最后，隆阳区政府告知了张某某救济方式，且送达程序符合法律规定。隆阳区政府作出的《行政审批决定》明确告知张某某享有申请行政复议或提起行政诉讼的权利，并依法送达给张某某，程序合法。

四、隆阳区政府在作出审批决定的过程中，即使存在程序瑕疵，也不影响实体内容的公正性，法院可以采取“指正”的方式督促隆阳区政府改正瑕疵，而非撤销行政审批决定

首先，隆阳区政府作出的《行政审批决定》仅存在程序轻微瑕疵，隆阳区政府作出的《行政审批决定》过程可分为三步：①由云南省发改委立项、云南省人民政府作出征地批复；②隆阳区政府具体落实项目建设，听取群众

意见，制作补偿方案并予以公示；③通过“民主拆迁”的形式，由村民小组到区政府层层报批，最终同意村民小组收回集体土地使用权的申请。由此可见，仅是在第三“民主拆迁”环节，存在程序瑕疵。

其次，程序瑕疵并未使张某某的实体权利受到侵害，无论本案结果如何，隆阳区政府对于张某某的补偿义务并不会免除，换言之，采取“指正”方式不会影响张某某的实体权利，也不会导致其他利害关系人的合法权益受到影响。

最后，《行政审批决定》已经得到执行，撤销《行政审批决定》没有任何实际意义，而且隆阳区政府作出行政审批决定也不存在任何实体上的违法情形，因此法院应当作出指正判决督促隆阳区政府改正瑕疵，而非撤销行政审批决定。

☞【案件结果】

2017年11月27日，云南省保山市中级人民法院作出（2017）云05行初22号一审判决，认定“隆阳区政府作出的《行政审批决定》以《行政许可法》为依据，但所作出的行政许可事项并非由审批决定所列申请人实施，该审批决定适用法律错误。故隆阳区政府作出的《行政审批决定》证据不足、适用法律法规错误，张某某的诉讼请求成立，该行政审批决定应当予以撤销。综上，判决：撤销隆阳区政府作出的《行政审批决定》”。

☞【裁判文书】

（2017）云05行初22号行政判决书

☞【办案心得】

2013年，云南省保山市启动棚户区改造项目，由于系2004年《土地管理法》修订后首次开展的大规模集体土地征收工作，加之缺少明确的法律规定，保山市隆阳区政府对于集体土地征收以及地上物补偿程序理解错误：对于不同意签订《集体土地上房屋征收补偿协议》的被征收人，政府工作人员误以为可以适用《行政许可法》规定收回集体土地所有权，而事实上应当由隆阳区政府依法作出《房屋征收补偿决定》，对于未按照补偿决定履行的被征收人，再由隆阳区政府向法院申请强制执行以此收回集体土地所有权。

一、当征收人与被征收人达不成补偿协议时，应当由县级政府依法作出房屋征收补偿决定，并申请法院强制执行收回集体土地所有权

《行政许可法》第12条明确列举了六类可以设定行政许可的事项，即在法律一般禁止的情况下，根据行政相对人的申请，通过颁发许可证或执照等形式，依法赋予特定的行政相对人从事六类中某种活动或实施六类中某种行为的权利或资格，那么显然集体土地所有权并非属于设定行政许可的六类事项范围内，相应地集体土地所有权的收回也就不可能适用《行政许可法》，一审法院同样基于此认定隆阳区政府作出的《行政审批决定》适用法律错误。

当被征收人不同意与征收人签订《集体土地上房屋征收补偿协议》时，征收人应当采取何种合法程序收回集体土地所有权？2004年修订的《土地管理法》建立起了集体土地征收制度，对于集体土地上房屋则一并包含在了"集体土地上的附着物"概念内，因此并未明确规定集体土地上房屋征收的具体程序，对此可以根据《关于加强监督检查进一步规范征地拆迁行为的通知》(中纪办发［2011］8号）第3条"在《土地管理法》等法律法规作出修订之前，集体土地上房屋拆迁，要参照新颁布的《国有土地上房屋征收与补偿条例》的精神执行"之规定，参照国有土地上房屋征收程序执行。《国有土地上房屋征收补偿条例》第26条第1款规定："房屋征收部门与被征收人在征收补偿方案确定的签约期限内达不成补偿协议，或者被征收房屋所有权人不明确的，由房屋征收部门报请作出房屋征收决定的市、县级人民政府依照本条例的规定，按照征收补偿方案作出补偿决定，并在房屋征收范围内予以公告。"因此，当被征收人与征收人未能就集体土地上房屋征收补偿协议达成一致时，应当由县级政府依法作出《房屋征收补偿决定书》，并详细载明补偿的方式、补偿金额、支付期限、搬迁期限以及告知行政复议权、行政诉讼权等内容。

如果被征收人未按照《房屋征收补偿决定书》规定的期限搬离房屋，也未申请行政复议以及提起行政诉讼，此时县级政府可以依据《中华人民共和国行政强制法》（以下简称《行政强制法》）向人民法院申请强制执行，并参照《最高人民法院关于办理申请人民法院强制执行国有土地上房屋征收补偿

决定案件若干问题的规定》第 2 条规定提交强制执行申请书等材料。需要特别注意的是：申请强制执行之前应当先履行催告程序，催告书送达 10 日后被征收人仍未履行义务的，县级政府方可向房屋所在地有管辖权的法院申请强制执行，收回集体土地所有权。

二、若行政机关作出的行政行为实体合法，仅存在程序瑕疵，则法院可以采取“指正”的方式督促行政机关改正瑕疵，而非撤销行政行为

虽然《行政诉讼法》并未规定“指正判决”，但司法实践中，“指正判决”被许多法院认可并采用，原因就在于若因程序瑕疵而对行政行为一律撤销在有些情况下就会牺牲了行政程序效率，尤其是程序违法的程度较为轻微且对原告权利义务也无实质影响时，此时撤销行政行为就违背了实质法治的精神，因此，采用“指正判决”使得对行政行为的否定性评价更弱，同时纠正了行政机关程序瑕疵的问题。一般认为，适用“指正判决”应当满足以下条件：首先，仅存在程序轻微瑕疵；其次，程序轻微瑕疵并未影响行政行为实体内容合法、利害关系人合法权益也未受影响；最后，不足以采用撤销判决、确认违法判决。综观本案案情，恰好满足适用“指正判决”的条件，因此代理律师指出法院可以采取“指正”的方式督促隆阳区政府改正瑕疵，而非撤销《行政审批决定》。

行政强制执行

案例二十

民事主体无权实施行政强制执行行为

☞【案例名称】

民事主体无权实施行政强制执行行为

——北京某广告公司与河北省高速公路管理局若干行政行为纠纷案

☞【基本案情】

2009年9月至10月间，北京某广告公司（以下简称“甲公司”）经固安县工商行政管理局审批并办理了相应的用地手续，在大广高速公路固安县区域内设置广告塔。至2012年3月，甲公司已设置31座。大广高速建成之后，针对甲公司“设置广告塔已成事实，且其设置广告塔已经地方相关部门审批及征用占地的实际情况”，2012年3月20日，河北省高速公路管理局委托其服务管理中心（以下简称“中心”）与甲公司达成协议（以下简称《320协议》）如下：①同意甲公司的广告塔纳入中心合同管理；②已设置广告塔不再迁移，固安县开发区界内广告塔共计35座、固安县开发区以南广告塔共计35座均由甲公司出资建设，其产权归甲公司所有。依据《320协议》的约定，甲公司总共在大广高速沿线设置了70座广告塔。

2014年，河北某投资管理有限公司广告信息分公司（以下简称“乙公司”）成立后，负责制作、发布广告事宜，并承继了中心的权利义务，甲公司多次向乙公司去函要求办理审批手续，但未能达成一致。2015年3月26日，乙公司向甲公司发出解除《高速公路广告媒体租赁合同》的通知，并要求甲公司自行拆除已设立的70座广告塔。

2015年8月21日，河北省高速公路管理局向甲公司送达《责令改正通知书》，认为甲公司设立的70座广告塔中的16座位于大广高速30米的建筑控制区内，属于违法构筑物，责令自行拆除。9月8日，甲公司向河北省交通运输厅申请行政复议，请求撤销《责令改正通知书》。

2015年9月5日，河北省高速公路管理局向甲公司送达《交通具体行政行为决定书》，责令甲公司7日内自行拆除前述16座广告塔。

2015年9月6日，若干社会车辆、身穿工作服的人员以落实上级单位及领导指示的名义，对甲公司的广告塔进行强拆，截至9月10日晚，共拆除69座广告塔，造成甲公司巨大的经济损失。甲公司委托代理律师，启动法律救济程序。

☞【代理思路与意见】

本案中涉及河北省高速公路管理局作出的若干行政行为，即《责令改正通知书》《交通具体行政行为决定书》，据甲公司陈述，还涉及行政事实行为，即河北省高速公路管理局组织社会人员、车辆对甲公司的广告塔实施的强制拆除行为。但是，甲公司并没有充分证据证实强制拆除行为的实施主体一定是河北省高速公路管理局。

结合本案实际情况，代理律师建议，先启动行政复议程序，通过行政复议实现权利救济或搜集证据，并确定了三个复议请求：其一，请求撤销《责令改正通知书》；其二，请求撤销《交通具体行政行为决定书》；其三，请求确认河北省高速公路管理局实施的拆除行为违法并赔偿甲公司的损失。由于上述行政行为的内容具有近似性，为行文方便，一并整理代理思路如下：

一、河北省高速公路管理局作出《责令改正通知书》《交通具体行政行为决定书》均认定事实不清、证据不足

甲公司与中心签订的《320协议》证明，甲公司在大广高速沿线设置的广告塔已经获得了河北省高速公路管理局的认可并纳入管理。退一步讲，假如甲公司之前设置广告塔的行为存在程序瑕疵，但经过《320协议》的确认，甲公司已经合法取得了有关机关的行政许可，甲公司已设置的广告塔不应拆除，而是直接迁移到红线内。《责令改正通知书》《交通具体行政行为决定书》完全回避了《320协议》的内容，属于明显的事实认定不清。

二、河北省高速公路管理局作出《责令改正通知书》《交通具体行政行为决定书》适用法律错误

《责令改正通知书》《交通具体行政行为决定书》载明，法律依据为"《公路安全保护条例》第十三条第一款和第五十六条，《河北省公路条例》第二十九条第一款和第三款、第五十四条"。

首先，1995 年《河北省公路条例》第 29 条第 1 款规定："在公路两侧控制线范围内，禁止建设公路附属设施外的其他永久性建筑物、构筑物和设施。"第 3 款规定："公路两侧建筑控制线范围为公路边沟或者坡脚护坡道、坡顶截水沟外缘向外延伸，国道、省道中的高速公路不少于 30 米，其他国道包括复线和直线不少于 20 米，其他省道包括复线和支线不少于 15 米，县道不少于 10 米，乡道不少于 5 米。"该规定与涉案广告塔等内容无关，显然，河北省高速公路管理局援引法律错误，应认定其作出行政行为没有法律依据。

其次，《公路安全保护条例》第 13 条第 1 款规定："在公路建筑控制区内，除公路保护需要外，禁止修建建筑物和地面构筑物；公路建筑控制区划定前已经合法修建的不得扩建，因公路建设或者保障公路运行安全等原因需要拆除的应当依法给予补偿。"甲公司于 2009 年经固安县工商行政管理局许可设置的部分广告塔，当时大广高速尚未建好，河北省高速公路管理局没有证明拆除广告塔出于保障公路运行安全的需要且未依法给予甲公司补偿，该条款不能作为争议行政行为的法律依据。

三、即使甲公司设立过广告塔存在法律程序瑕疵，河北省高速公路管理局作出《责令改正通知书》《交通具体行政行为决定书》及实施的强拆行为也违反了比例原则

行政机关行使自由裁量权一定要遵循比例原则，行政主体实施行政行为应兼顾行政目标的实现和保护相对人的权益，如果行政目标的实现可能对相对人的权益造成不利影响，则这种不利影响应被限制在尽可能小的范围和限度之内，二者有适当的比例。

首先，涉案的广告塔于 2012 年就已设立，且甲公司已支付了部分租赁费

用，也收到过中心同意将广告塔由高速公路控制区外迁移至高速公路护网内的决定，事实上已纳入河北省高速公路管理局的管理。

其次，甲公司为设置、维护广告塔付出了巨大的人力、财力成本，广告塔的位置、间距、选材等均按照有关技术性标准的要求不断整改。广告塔本身并不存在质量缺陷或建设标注不合格等安全隐患，即不符合所谓河北省高速公路管理局的管理规定，若仅仅以此为由，就责令将16座广告塔拆除，后又毫无依据地强制拆除69座广告塔，无疑违反了作出行政行为应当遵循的比例原则。

最后，作为《320协议》的权利义务继受人，乙公司要求甲公司办理许可手续，但是一直不告知甲公司如何办理，不能证明许可行为的合法性。况且，中心是河北省高速公路管理局的直属单位，乙公司是由中心成立的全资子公司的分公司。中心、乙公司与河北省高速公路管理局均有密切的人事、业务上的往来，河北省高速公路管理局有滥用自由裁量权，为民事主体谋取经济利益之嫌。

四、河北省高速公路管理局作出《责令改正通知书》《交通具体行政行为决定书》的程序违法

除剥夺了甲公司的陈述申辩权及申请听证权之外，本案中，2015年9月5日晚，甲公司才收到《交通具体行政行为决定书》，而2015年9月6日一早，有关单位就开始实施强拆，根本没有给甲公司申请行政复议或提起行政诉讼的救济期限，甚至都没有给甲公司预留自行履行义务的合理期限，严重违反《行政强制法》第44条[1]的规定。

五、河北省高速公路管理局对广告塔实施的拆除行为严重违法

第一，没有证据证明广告塔位于公路建筑控制区内。2009年《中华人民共和国公路法》第81条规定："违反本法第五十六条规定，在公路建筑控制区内修建建筑物、地面构筑物或者擅自埋设管线、电缆等设施的，由交通主

〔1〕《行政强制法》第44条规定："对违法的建筑物、构筑物、设施等需要强制拆除的，应当由行政机关予以公告，限期当事人自行拆除。当事人在法定期限内不申请行政复议或者提起行政诉讼，又不拆除的，行政机关可以依法强制拆除。"

管部门责令限期拆除，并可以处五万元以下的罚款。逾期不拆除的，由交通主管部门拆除，有关费用由建筑者、构筑者承担。”根据该规定，若广告塔位于公路建筑控制区内且修建于公路建成之后，则交通主管部门才有权拆除。但是本案中，河北省高速公路管理局并没有举证证明广告塔位于公路建筑控制区内。

第二，河北省高速公路管理局并未查清广告塔的建设情况就一并按照违法建筑予以拆除，事实依据不足。如果要拆除甲公司建设的广告塔，应根据建设时间分别作出处理：建设于大广高速修建之前的，应在拆除之前予以补偿；建设于大广高速修建之后的，应查明是否位于公路建筑控制区内，需要拆除的，经过法定程序方可拆除。

第三，河北省高速公路管理局实施的强制拆除行为违反《行政强制法》关于强制拆除之前应催告、公告的相关规定，且没有等待甲公司提起行政诉讼或申请行政复议的法定期间届满就强制拆除，程序严重违法。

☞【案件结果】

本案所涉纠纷，甲公司共提出三个复议请求，河北省交通运输厅分两次作出审理。对于《责令改正通知书》，河北省交通运输厅认为：“1. 被申请人认定申请人违法事实及作出具体行政行为的时间均在《河北省公路条例》废止后，故适用《河北省公路条例》错误。2.《责令改正通知书》属于强制执行行为，被申请人未按法定程序作出。故决定撤销《责令改正通知书》。”

对于《交通具体行政行为决定书》及拆除行为，河北省交通运输厅认为：“经审理查明：1.《交通具体行政行为决定书》载明的申请人违法事实发生的时间为‘2012 年 8 月至今’，但被申请人提供的作出该具体行政行为的证据不足以证明上述时间，后经复议机关调查，有关广告塔设置时间有多种说法，对此被申请人在作出具体行政行为之前未将有关事实调查清楚，证据收集不足；2. 对《交通具体行政行为决定书》涉及的 16 座广告塔以及申请人在大广高速公路相关位置设置的 53 座广告塔，本机关经调查，调查结果是乙公司组织拆除，拆除的原因是与甲公司之间的经济纠纷。故决定撤销《交通具体行政行为决定书》，驳回甲公司要求确认被申请人拆除行为违法的复议请求。”

☞【办案心得】

面对纷繁杂芜的现实世界和千头万绪的案件材料，律师要善于从法律关系出发，寻找最妥当的权利救济路径。本案涉及若干不同性质的法律关系，例如，甲公司与乙公司的民事法律关系，河北省高速公路管理局与中心的行政机关内部关系，甲公司与河北省高速公路管理局的行政法律关系。结合分析上述法律关系，代理律师认为需要厘清以下事实问题和法律问题：

第一，广告塔的建造时间与建造次序。根据甲公司陈述，部分广告塔的建设时间早于大广高速的修建时间，且建设广告塔取得了当地工商管理部门的行政许可，部分广告塔与大广高速几乎同时建设，后又根据中心的要求迁移到高速公路的护网内，该行为的合法性如何评价？

第二，河北省高速公路管理局、中心、乙公司一直要求甲公司办理设立广告塔的合法手续，“手续”指行政许可、行政备案还是行政确认？这种手续是否具有明确的法律依据？

第三，对于拆除行为，甲公司提供了全部的录音录像，可以看到身着统一服装的工作人员组织吊车、货车、警示牌等进行拆除，在甲公司与其交涉时，其声称根据河北省高速公路管理局的命令组织拆除，但是拒不出具任何手续，此时，如何认定拆除主体？

通过进一步的法律检索、阅读材料，代理律师认为：其一，在广告内容取得当时的工商局行政许可的情况下，假如广告塔存在违法占地等行为，也应当由当地土地管理部门处理，河北省高速公路管理局直接处理，超越法定职权；其二，对于行政机关而言，法无授权不得为，高速公路两侧能否设立建筑物、构筑物，应以法律规定为准——要么直接作出规定要么授权行政机关决定，在没有明确法律授权的情况下，河北省高速公路管理局及中心无权自设行政许可；其三，现有证据虽不能直接证明拆除行为的实施主体是河北省高速公路管理局，但是拆除地点位于大广高速固安段沿线，拆除人员系身穿制服的工作人员，且有工作人员维持现场秩序，可以初步推定拆除人员与河北省高速公路管理局、中心、乙公司有关。

结合上述思路，代理律师认为，本案可以先启动行政复议或行政诉讼程序，待复议机关查明事实之后，再决定向行政机关申请行政赔偿还是向民事主体另外提起民事侵权诉讼，本案的进展也表明，这种权利救济思路是正确的。

当然，通过行政复议程序查明实施侵权行为的主体，仅实现了权利救济的第一个阶段，第二个阶段是启动民事诉讼程序，即以乙公司为被告，提起财产损害赔偿纠纷。在民事诉讼过程中，乙公司以甲公司设立的广告塔系违法建筑为由提出抗辩，律师作为甲公司的代理人时指出：其一，就甲公司设立广告塔的情况，河北省高速公路管理局曾作出《责令改正通知书》《交通具体行政行为决定书》，均被复议机关撤销。这也证明，无论是否考量奔腾公司设立广告塔的合法性问题，对于拆除行为本身，就已经没有任何事实及法律依据。况且，2015 年案发至今，也没有任何有权的行政机关认定甲公司设立的 69 座广告塔为违法建筑，乙公司的主张，只是其为逃避法律责任寻找的借口。其二，乙公司作为企业法人的分支机构，并非行政机关，并不具有强制执行权，无论广告塔的设立是否合法，乙公司均无权拆除，对于由此给甲公司造成的损失，乙公司应予赔偿。

民事诉讼中，经过法院委托工程造价鉴定，法院判决乙公司向甲公司赔偿直接损失 1600 余万元及加倍支付迟延履行利息，在执行程序中，由于乙公司的财产不足以清偿债务，根据《最高人民法院关于民事执行中变更、追加当事人若干问题的规定》第 15 条第 1 款“作为被执行人的法人分支机构，不能清偿生效法律文书确定的债务，申请执行人申请变更、追加该法人为被执行人的，人民法院应予支持。法人直接管理的责任财产仍不能清偿债务的，人民法院可以直接执行该法人其他分支机构的财产”之规定，甲公司又申请追加乙公司的总公司作为被执行人，历经六年，终于案结事了，甲公司如愿取得了所有的赔偿款。

案例二十一

城市管理执法部门有权查处违法建筑

☞【案例名称】

城市管理执法部门有权查处违法建筑

——李某某诉隆阳区青华街道办事处、隆阳区城市管理综合行政执法局强制拆除房屋案

☞【基本案情】

李某某的房屋位于云南省保山市隆阳区青华街道办事处打渔社区（原属打渔村委会），房屋结构为：主房 A 一栋，坐东朝西；主房 B 一栋，坐西朝东，南厢房三间两格，北厢房一间两层。隆阳区城市管理综合行政执法局（下称“区执法局”）于 2016 年 8 月 1 日向李某某作出《限期拆除违法建筑公告》《强制拆除违法建筑催告书》并于同日送达李某某，李某某拒绝签收。区执法局于 2016 年 11 月 15 日向隆阳区人民政府申请对李某某的违法建筑强制拆除，区政府于 2016 年 11 月 16 日作出“同意”的批复，区执法局于 2016 年 11 月 18 日作出《行政强制执行决定书》但未送达给李某某。2016 年 11 月 22 日，区执法局以主房 B、南厢房、北厢房属于违法建筑物为由实施了强制拆除。李某某认为，区执法局拆除其房屋的行为严重违法，同时，青华街道办事处在拆除现场维持秩序，并与区执法局共同实施了拆除其房屋的行为，故向法院提起行政诉讼，请求确认青华街道办事处、区执法局拆除其房屋的行政行为违法。

☞【代理思路与意见】

2017 年至 2020 年间，律师担任隆阳区人民政府的法律顾问，为隆阳区人民

政府棚户区改造项目提供法律服务，本案是律师在隆阳区作为行政机关的代理人代理的首个案件。通过分析案件材料，代理律师发现，李某某的房屋分两次建设：主房A于隆阳区政府发布征收公告之前建设，取得了规划报建手续，但李某某与区政府就征收补偿事项未能达成一致，后由隆阳区青华街道办事处实施了拆除；主房B、南厢房、北厢房均系隆阳区政府发布征收公告之后建设，没有取得任何规划手续，区执法局认定违法建筑之后实施了拆除。据此，律师作为青华街道办事处、区执法局的代理人，分别发表了以下代理意见：

作为青华街道办事处的代理人，代理律师的代理意见如下：

一、李某某起诉的主体错误，区执法局依法拆除李某某的违法建筑，青华街道办事处并未实施拆除行为，应当驳回李某某请求确认青华街道办事处拆除其房屋违法的诉讼请求

首先，我国2015年《地方各级人民代表大会和地方各级人民政府组织法》第68条第3款规定："市辖区、不设区的市的人民政府，经上一级人民政府批准，可以设立若干街道办事处，作为它的派出机关。"由此可知，青华街道办事处是隆阳区政府的派出机关，行使隆阳区政府在本辖区内赋予的职权。作为政府的派出机关，维护社会公共秩序是青华街道办事处当然的职权。青华街道办事处在本案的涉诉行政行为中从未参与强拆活动，相关证据也足以证明，青华街道办事处仅仅在现场维护社会秩序，避免双方矛盾激化。

其次，2015年《地方各级人民代表大会和地方各级人民政府组织法》第67条规定："省、自治区、直辖市、自治州、县、自治县、市、市辖区的人民政府应当协助设立在本行政区域内不属于自己管理的国家机关、企业、事业单位进行工作，并且监督它们遵守和执行法律和政策。"即行政机关互相之间的"协助职责"，本案中，区执法局在青华街道办事处的辖区范围内组织人员拆除违法建筑，青华街道办事处提供必要的协助，并监督区执法局依法拆除，完全属于依法履职行为。

二、从举证责任看，李某某未提出任何初步证据证明拆除行为系青华街道办事处实施，其要求确认青华街道办事处的拆除行为违法，并无事实依据

首先，根据我国《行政诉讼法》及相关司法解释的规定，行政行为的相对人或利害关系人向法院提起诉讼时，应当提交初步的证据，证明行政主体作出了涉诉的行政行为。本案中，李某某未提交任何证据证明青华街道办事处拆除了其房屋，恰恰相反，由区执法局提交的拆除现场的照片等证据可以证明，拆除行为由区执法局依法实施，与青华街道办事处无关。

其次，李某某提交的照片只是其违法建筑被拆除以后的现场情况，并不能证明拆除过程。庭审时，合议庭要求李某某提交其对房屋拥有合法权属的证据，李某某以“害怕法官没收”为由拒绝提供，怠于履行举证责任，应承担不利的法律后果。

作为区执法局的代理人，代理律师的代理意见如下：

一、根据《行政诉讼法》的规定，本案的审查焦点应当是区执法局实施的拆除行为本身是否合法，而非区执法局作出的责令限期拆除决定是否合法

首先，根据行政法的一般法理，行政事实行为不同于（具体）行政行为。本案中，行政事实行为即拆除行为，是对责令限期拆除决定的执行行为。事实上，真正影响当事人权利义务的是区执法局作出的责令限期拆除决定，拆除行为本身不影响李某某的权利义务。

其次，在行政诉讼程序中，对于拆除行为这一行政事实行为，主要审查行政机关拆除过程中是否滥用职权，是否违反了《行政强制法》的规定，是否严重侵害被执行人的合法权益，而不审查作为拆除行为依据的先前行政行为。本案中，区执法局实施的拆除行为完全合法，若李某某对区执法局将其房屋认定为违法建筑不服，应当另案起诉先前的行政行为（责令限期拆除决定）寻求救济。

最后，对拆除行为进行审查，仅需审查拆除行为本身即可，李某某未提供任何初步证据证明区执法局滥用职权，至于故意损坏其财物更是无稽之谈，其主张的诉请没有任何事实依据。据此，应当直接判决驳回其诉讼请求。

二、退一步讲，即使审查区执法局实施拆除行为的依据，由主体、职权、事实、程序等方面亦可认定，区执法局将李某某的房屋认定为违法建筑并予以拆除的行政行为完全合法

（一）区执法局是适格的认定违法建筑的主体，其有权对隆阳区内的违法建筑依法查处

首先，2009 年《行政处罚法》第 16 条规定：“国务院或者经国务院授权的省、自治区、直辖市人民政府可以决定一个行政机关行使有关行政机关的行政处罚权，但限制人身自由的行政处罚权只能由公安机关行使。”《国务院关于进一步推进相对集中行政处罚权工作的决定》（国发［2002］17 号）也对相对集中行政处罚权作出了详细的规定。2015 年《地方各级人民代表大会和地方各级人民政府组织法》第 64 条规定：“地方各级人民政府根据工作需要和精干的原则，设立必要的工作部门。……自治州、县、自治县、市、市辖区的人民政府的局、科等工作部门的设立、增加、减少或者合并，由本级人民政府报请上一级人民政府批准，并报本级人民代表大会常务委员会备案。”本案中，隆阳区人民政府根据工作需要和精干原则，经保山市人民政府批准并报隆阳区人大常委会备案，即有权设立城市管理综合行政执法局（区执法局）行使查处并拆除违法建筑的职权。云南省人民政府于 2010 年 9 月 26 日印发的云政复［2010］44 号《云南省人民政府关于保山市隆阳区开展城市管理综合行政执法工作的批复》同意在保山市城市规划中心城区（隆阳区）范围内开展城市管理综合行政执法工作，并且，区执法局集中行使市容环境卫生管理、城市规划管理、城市绿化管理、市政公用设施管理、环境保护等法律、法规、规则规定的全部或部分行政执法权。由此可知，区执法局完全有职权查处并依法拆除李某某的违法建筑。

其次，2015 年 4 月，中央编办印发《关于开展综合行政执法体制改革试点工作的意见》（中央编办发〔2015〕15 号），确定在全国 22 个省、自治区、直辖市的 138 个试点城市开展综合行政执法体制改革试点，试点目的是按照十八届三中、四中全会关于推进综合执法、建立权责统一权威高效的行政执法体制的要求，探索整合政府部门间相同相近的执法职能，归并执法机构，统一执法力量，减少执法部门，探索建立适应我国国情和经济社会发展要求的行政执法体制。根据该文件的精神，隆阳区人民政府将查处违法建筑的职权交由区执法局行使。中共隆阳区委办公室、隆阳区人民政府办公室印发的《保山市隆阳区城市管理综合行政执法局主要职责内设机构和人员编制规定》载明，区执法局有权“行使市容环境卫生管理方面法律法规、规章规定的行政处罚权，拆除不符合城市容貌标准、环境卫生标准的建筑物或设施，负责对市容环境卫生责任区管理工作的监督”。李某某擅自建造的房屋，明显违反了隆阳区的整体规划，因此，区执法局在法定权限内行使职权，并不违法。

最后，从实践中看，随着相对集中处罚权的推行，在全国很多地区，城市管理综合行政执法机关均有权查处违法建筑。以北京市为例，原则上以建设工程是否取得建设工程规划许可证作为划分本市城市管理综合执法部门还是规划行政主管部门查处违法建设职责分工的标准：规划部门负责查处已取得建设工程规划许可证，但违反许可证内容进行建设的案件；而对建设单位、个人未取得建设工程规划许可证的规划违法行为，则由城市管理综合行政执法部门直接查处。

（二）现有证据表明，李某某被拆除的房屋为违法建筑

根据《云南省城乡规划条例》《云南省农村住房建设管理办法》的规定，李某某未经批准建设的房屋显属违法建筑。《云南省城乡规划条例》第30条规定："在城市、县人民政府所在地镇规划区内进行农村住房建设的，由申请人向乡、镇人民政府提出办理乡村建设规划许可证的书面申请。……在乡、其他镇和村庄规划区内进行农村住房建设，申请人办理乡村建设规划许可证应当向乡、镇人民政府提出书面申请。申请书应当附具村民委员会签署的意见和申请人居民身份证、户口簿复印件……"由此可知，无论房屋是否在自家宅基地上建设，都需要在建设之前取得乡村建设规划许可证，否则即为违法建筑。

《云南省农村住房建设管理办法》第19条规定："农村住房建设实行开工许可制度。凡在集体土地上进行住房建设的单位或者个人，开工前应当办理准建证。准建证应当由建房单位或者村民个人提出书面申请，报乡（镇）人民政府或者街道办事处审查合格后发放。未取得准建证的，一律不得施工。准建证核定的内容为：规划、用地等审批手续是否齐全；图纸（设计单位、抗震措施、层数、层高、建筑风格）是否符合要求；施工承包单位或者建筑工匠是否具有相应的资质或资格证书；竣工期限；查验现场是否符合施工条件；明确宅基地划定范围。"本案中，李某某连规划审批手续都没有办理，遑论准建证了。根据上述规定，李某某被拆除的房屋属于明显的违法建筑。

（三）区执法局实施拆除行为的程序合法，即使存在部分瑕疵，也不应当被确认违法

区执法局的调查程序合法，听取了当事人的陈述及申辩。区执法局提交的《案件受理登记表》《违法案件立案登记表》记载了对违法建筑的调查启动程序，《现场检查笔录》记载了违法建筑的基本情况，包括座向、位置、结构、建筑面积、占地面积、现状等，在《现场检查笔录》上，亦有李某某的家庭成员李某星的签字认可。

退一步讲，本案中，由于客观因素所限，区执法局在整个执法程序中可能出现程序上的瑕疵，但是，部分程序上的瑕疵并未影响李某某的实体权利，更不影响李某某被拆除的房屋是违法建筑这一关键事实，区执法局实施的拆除行为不应被确认违法。

☞【案件结果】

一审判决认为："本案被告区执法局以李某某的房屋属于违法建筑物为由进行强制拆除，根据《城乡规划法》第68条的规定，强制拆除违法建筑应当先由城乡规划主管部门认定为违法建筑并作出责令限期拆除决定后，当事人不履行拆除义务，行政机关才能实施强制拆除行为，本案被告执法局并未提交证据证明原告所涉案房屋已由规划部门作出违建认定。根据《行政强制法》第35条、第36条、第37条、第38条的程序规定，即行政机关在强制执行前应当履行作出事先催告书并依法送达、充分听取当事人陈述申辩、作出强制执行决定书并依法送达、告知当事人申请行政复议或提起行政诉讼的权利和期限等义务。本案被告区执法局在实施强制拆除行为前，虽作出限期拆除公告、催告书和强制执行决定书，但强制执行决定书未依法送达，未给予李某某申请行政复议或提起行政诉讼的期限。在实施强制拆除行为过程中，亦未给予李某某陈述、申辩的权利。综上所述，被告区执法局强制拆除李某某房屋的行为主要证据不足，违反法定程序，应当撤销该行为，因无撤销的内容，故确认该行为违法。因无证据证实被告青华街道办事处实施了拆除李某某本案涉案房屋的行为，故对李某某要求确认被告青华街道办事处强制拆除其房屋的行为违法的诉讼请求，本院不予支持。综上所述，判决如下：一、确认被告区执法局于2016年11月22日强制拆除原告李某某位于保山市隆阳区青华街道办事处打渔社区主房B、南厢房、北厢房房屋的行为违法。二、驳回原告李某某的其他诉讼请求。"

李某某、区执法局不服，均提起上诉，二审驳回上诉，维持原判决，但是，关于区执法局是否有权查处违法建筑，二审判决指出："根据《行政处罚法》第16条、《行政强制法》第17条的规定，及《国务院关于进一步推进相对集中行政处罚权工作的决定》‘二、相对集中行政处罚权的范围’作出的细化规定，区执法局根据《云南省人民政府关于保山市隆阳区开展城市管理综合行政执法工作的批复》和《保山市隆阳区开展城市管理综合行政执法工作实施方案》确定的内容，可以对辖区内的未取得规划许可的违法建设行为行使相应规划管理职责，进行行政处罚。李某某未能提交其在建设房屋时已按《城乡规划法》第40条第1款的规定获得了行政许可，在区执法局行使规划管理行政处罚职权时，对该建设行为的认定当然属于其法定职权。”

☞【裁判文书】

（2017）云0502行初21号行政判决书

（2018）云05行终23号行政判决书

☞【办案心得】

本案案情并不复杂，但是在棚户区改造工作中却极其典型，几乎所有的棚户区改造实施主体都面临过认定及拆除违法建筑的问题，准确划分各个职能部门的职责及适用法律是代理本案的关键，代理律师梳理了其中的关键问题并总结办案心得如下：

一、强制拆除房屋的实施主体不能做扩大推定，不应将在现场依法提供协助的主体也作为实施主体

实践中，政府拟强制拆除房屋之前，由于涉及对当事人权利义务的重大处置，为免发生群体性事件，一般会制定工作预案，在现场实施拆除时，乡镇人民政府（街道办事处）、村委会或居委会、公安局、执法局、司法局、应急管理局都可能到场协助，维持秩序、驱散围观人员、保全证据等。上述提供协助的行政主体，系根据上级命令或法律规定履行职责，并未直接实施拆除行为，不应认定为拆除房屋的实施主体。

司法实践也普遍持该观点，在“彭某雄、李某珍诉岳阳市政府府及、白石岭公安分局行政强制及行政赔偿案”中，[1]最高人民法院指出：“《行政诉

[1] 见（2019）最高法行再29、30号行政判决书。

讼法》第26条第1款规定，公民、法人或者其他组织直接向人民法院提起诉讼的，作出行政行为的行政机关是被告。职权法定原则是行政法的基本原则，行政机关依照法律规定独立行使职权并承担相应的法律责任。对于有多个行政主体实施或参加的行政行为，在确定适格被告时，要根据作出行政行为的行政主体是否具有法定职权、在行政行为中的参与程度和具体分工、有无接受委托或指令等情形，结合相关实体法律规范进行综合判定……虽然已有生效判决确认岳阳市政府于2015年9月30日实施的强制拆除行为违法，但一、二审没有结合本案被诉带离行为的职权依据、事实根据和程序要件等进行合法性全面审查，而是简单依据另案的违法事实认定白石岭公安分局实施了强行带离行为且该行为亦属违法，缺乏事实根据和法律依据，本院一并予以指正。”

需要指出的是，无论违法行为的实施主体是一个还是若干个，并不影响当事人最终取得行政赔偿的赔偿数额。根据《国家赔偿法》的规定，行政赔偿遵循“填平原则”，主要赔偿当事人的直接损失，赔偿费用列入各级财政预算，由于当事人的损失是一次性的、固定的，并不会因为违法行为由两个以上的行政主体实施就导致赔偿两次。

二、在查处违法建筑时，应区分情形，准确适用《土地管理法》或《城乡规划法》

《土地管理法》规定的违法行为，主要指未经批准或者采取欺骗手段骗取批准，非法占用土地的行为，包括将农用地改为建设用地、非法占用土地建设房屋等违法行为，此时，由县级以上人民政府自然资源主管部门或农业农村主管部门负责查处。《城乡规划法》规定的违法行为，主要指取得了用地手续但是未取得规划许可的建设行为。例如，某集体经济组织的村民因居住条件不能满足日常生活需要，在自家宅院旁边的空地上另行建设房屋，若没有履行用地报批手续，则构成非法占用土地的行为，应适用《土地管理法》的规定作出处理；假如该村民自家已取得的宅基地尚有空地，其直接在宅院内加建房屋，此时无须履行用地报批手续，但是须取得乡村建设规划许可，若没有取得，则构成非法建设行为，应适用《城乡规划法》的规定作出处理。显然，本案的情形属于后者。

三、城市管理综合行政执法部门在取得授权的情况下，可以查处违法建筑

2015年《城乡规划法》第64条明确规定，“未取得建设工程规划许可证或者未按照建设工程规划许可证的规定进行建设的，由县级以上地方人民政府城乡规划主管部门责令停止建设”，但是，这并不意味着对于违法建设行为，只能由城乡规划主管部门查处。本案的区执法局是否具有相应的法定职责，应考量当地实施相对集中行政处罚权的情况。

《国务院关于进一步推进相对集中行政处罚权工作的决定》（国发〔2002〕17号）对相对集中行政处罚权作出了详细的规定。云南省人民政府于2010年9月26日印发的云政复〔2010〕44号《云南省人民政府关于保山市隆阳区开展城市管理综合行政执法工作的批复》，同意在保山市城市规划中心城区（隆阳区）范围内开展城市管理综合行政执法工作，并且，区执法局集中行使市容环境卫生管理、城市规划管理、城市绿化管理、市政公用设施管理、环境保护等法律、法规、规则规定的全部或部分行政执法权。由此可知，区执法局有权查处违法建筑。

一审判决认为违法建筑只能由规划部门认定，区执法局不服，提起上诉，在二审程序中，法院纠正了一审判决的错误观点，准确认定了区执法局根据《云南省人民政府关于保山市隆阳区开展城市管理综合行政执法工作的批复》和《保山市隆阳区开展城市管理综合行政执法工作实施方案》确定的内容，可以对辖区内的未取得规划许可的违法建设行为行使相应规划管理职责，并进行行政处罚，避免了区执法局在执法过程中对法律依据的无所适从。

案例二十二

强制拆除行为的责任主体认定

☞【案例名称】

强制拆除行为的责任主体认定

——白某某诉云南省保山市隆阳区政府强制拆除房屋案

☞【基本案情】

白某某房屋位于保山市隆阳区永昌街道办事处下村社区下北2组，该房屋被列入保山中心城区棚户区改造项目房屋征收范围内。由于白某某在规定的时间内未能与隆阳区政府签订《房屋征收补偿协议》，2018年4月28日，隆阳区政府依法作出《房屋征收补偿决定》。后由于白某某未按照决定履行腾空房屋义务，2018年5月12日，隆阳区政府依法作出《强制执行决定书》，并于次日责成永昌街道办事处对白某某房屋实施强制拆除，同年5月14日，永昌街道办事处对该房屋实施了强制拆除。白某某不服该强制拆除行为，认为强拆行为造成屋内财产不同程度毁损，以隆阳区政府为被告向法院提起诉讼，代理律师接受隆阳区政府委托，代为应诉。

☞【代理思路与意见】

一、白某某起诉的主体错误，本案为隆阳区永昌街道办事处依法拆除白某某的房屋，隆阳区政府并未实施拆除行为，应当依法裁定驳回白某某的起诉

首先，针对下村片区棚户区改造项目，2016年11月1日，隆阳区政府作出《关于房屋征收决定的公告及保山中心城市棚户区改造下村片区房屋征收与补偿实施方案》并予以公告，在白某某未能与隆阳区政府达成合意的情况下，隆阳区政府依法作出《房屋征收补偿决定》《强制执行决定》，2018 年 5 月 13 日，隆阳区政府责成隆阳区永昌街道办事处依法拆除白某某房屋。2018 年 5 月 14 日，隆阳区永昌街道办事处组织实施了对房屋的拆除行为。必须指出的是，白某某主张的作出强制执行决定的主体即为强制执行行为承担责任主体的观点并无法律依据：隆阳区政府作出的强制执行决定属于行政行为，而街道办事处根据强制执行决定及责成通知实施的拆除行为属于事实行为。本案中，白某某起诉的是拆除行为本身，而非房屋征收补偿决定或强制执行决定，对于前述行政行为，白某某已经另案起诉，可见其也清楚本案审查的是拆除行为，即在具体实施过程中，拆除人有无损坏白某某的财物，有无违反《行政强制法》规定的情形等。因此，鉴于本案的拆除人为永昌街道办事处，白某某的起诉主体明显错误。

其次，白某某虽一直主张永昌街道办事处执法属于行政委托，但在行政委托关系中，不发生行政职权和职责的转移，受委托的组织并不因此而取得行政职权，也不因此而取得行政主体资格，受委托组织必须以委托的行政主体的名义，而不是以受委托组织自己的名义进行，其行为对外的法律责任也不是由其承担，而是由委托的行政主体承担，因此，本案的事实并不符合委托执法的基本特征。相反本案系隆阳区政府发出责成通知，责成永昌街道办事处强制拆除违法建筑，“责成行为”本身只具有内部性，是上下级行政机关之间的指令活动，并不能以此认定隆阳区政府是拆除行为的责任承担主体。

最后，白某某也未提出任何初步证据，证明拆除行为系隆阳区政府组织人员实施。我国《行政诉讼法》虽规定举证责任倒置原则，但是在行政行为的相对人或利害关系人向法院提起诉讼时，应当提交初步的证据，证明行政主体作出了涉诉的行政行为。任何人均无法证明自己没有实施的行为，隆阳区政府也不可能举证证明。本案中，白某某未提交任何证据证明隆阳区政府拆除了其房屋，因此该拆除白某某房屋的行为与隆阳区政府无关，应当裁定驳回其起诉。

二、即使对本案的拆除行为进行实体审查，隆阳区政府经过调查核实，永昌街道办事处对于白某某房屋的拆除行为，程序及实体均合法，不应当被确认违法

2016 年 7 月 20 日，云南省国土资源厅作出《关于隆阳区 2016 年度第七批城镇建设农用地转用及土地征收的批复》，同意将白某某所在的永昌街道办事处下村社区的集体农用地转为建设用地并办理征地手续。2016 年 11 月 1 日，隆阳区政府依法作出《关于房屋征收决定的公告及保山中心城市棚户区改造下村片区房屋征收与补偿实施方案》并进行了公示。在白某某拒绝签约的情况下，2018 年 4 月 28 日，隆阳区政府作出《房屋征收补偿决定书》并送达给白某某。白某某拒不履行腾空房屋的义务，2018 年 5 月 2 日，隆阳区政府作出《履行隆阳区政府房屋征收补偿决定催告书》并送达给白某某。白某某拒绝履行相关义务，2018 年 5 月 12 日，隆阳区政府作出《强制执行决定书》并送达给白某某，2018 年 5 月 14 日，隆阳区政府责成永昌街道办事处组织人员拆除了白某某的房屋。

由上述过程可见，在永昌街道办事处拆除之前，隆阳区政府履行了必要的公告、催告程序，相关的法律文书均已送达给白某某，给予其履行法律义务的期限，该程序完全合法。

三、永昌街道办事处拆除房屋过程中，并无白某某在起诉状中所称的“造成屋内财产不同程度毁损”等情节，恰恰相反，隆阳区政府提供的证据可以证明拆除行为本身符合《行政强制法》的规定，并未侵害白某某的人身权及财产权

我国《行政强制法》第 43 条规定：“行政机关不得在夜间或者法定节假日实施行政强制执行。但是，情况紧急的除外。行政机关不得对居民生活采取停止供水、供电、供热、供燃气等方式迫使当事人履行相关行政决定。”对于本案，永昌街道办事处在拆除过程中，坚持柔性执法的理念，遵守《行政强制法》的规定，对执法过程进行了记录，并制作了物品清单，请无利害关系的见证人到场，白某某所称“造成屋内财产不同程度毁损”等情节并无任何事实依据。

☞【案件结果】

2018年12月18日，云南省保山市中级人民法院作出（2018）云05行初124号一审裁定书，认定“本案被诉行政行为是对涉案房屋实施强制拆除的事实行为，而根据审理查明的事实，被诉行政强制拆除行为系隆阳区政府在作出强制执行决定后通过内部‘责成’，由永昌街道办事处以自己名义实际组织实施。永昌街道办事处作为隆阳区政府的派出机关，具有行政主体资格，能够以自己的名义作出行政行为并独立承担法律责任。故永昌街道办事处应是本案被诉强制拆除行为的适格被告，白某某以隆阳区政府为被告提起本案行政诉讼属错列被告。白某某提出的隆阳区政府作出了强制执行决定即应为强制执行行为承担责任主体的观点与行政诉讼法相悖；提出被诉强制拆除行为系行政委托的观点也与查明的事实不符，庭审中本院针对错列被告问题向白某某进行了法律释明，但白某某明确拒绝变更，并坚持诉讼请求。综上，裁定：驳回原告白某某的起诉”。

白某某不服，提起上诉，2019年8月13日，云南省高级人民法院作出（2019）云行终294号二审裁定书，裁定“驳回上诉，维持原裁定”。

☞【裁判文书】

（2018）云05行初124号行政裁定书

（2019）云行终294号行政裁定书

☞【办案心得】

根据委托人隆阳区政府介绍的案情以及提供的相关材料，代理律师发现白某某清楚知悉本案的强制拆除行为系永昌街道办事处实施，但因白某某担心街道办事处无财政能力承担其要求的行政赔偿款以及在区级法院审理易受隆阳区政府的影响，因此白某某有意通过错列被告规避《行政诉讼法》关于级别管辖的规定。鉴于此，代理律师在庭审中引导合议庭关注被告主体适格问题，提出隆阳区政府通过责成方式将强制拆除行为交办给街道办事处实施的观点，并逐一反驳白某某提出的行政强制执行决定的作出主体即为强制执行行为的承担主体、街道办事处系接受隆阳区政府委托实施强拆行为等观点，最终实现了驳回白某某起诉的诉讼目的。

一、行政强制执行决定的作出主体并非行政强制执行的责任主体，行政强制执行的实施主体方为责任承担主体

一方面，对于行政强制执行行为属于行政事实行为已是理论界的普遍共识，即该种行为系以影响或改变事实状态为目的而实施，不具有设立、变更或终止行政法律关系的法律效果，比如强制拆除行为改变的是房屋存在的事实状态；而行政强制执行决定则属于具体行政行为，显然行政事实行为与具体行政行为属于不同类型的行政行为，自然应当以分别作出、实施的主体认定为承担责任的主体，这也符合我国《行政诉讼法》第26条第1款“公民、法人或者其他组织直接向人民法院提起诉讼的，作出行政行为的行政机关是被告”之规定。

另一方面，根据《国有土地上房屋征收与补偿条例》第28条第1款“被征收人在法定期限内不申请行政复议或者不提起行政诉讼，在补偿决定规定的期限内又不搬迁的，由作出房屋征收决定的市、县级人民政府依法申请人民法院强制执行”以及《最高人民法院关于办理申请人民法院强制执行国有土地上房屋征收补偿决定案件若干问题的规定》第9条“人民法院裁定准予执行的，一般由作出征收补偿决定的市、县级人民政府组织实施，也可以由人民法院执行”的规定可以看出，对于合法建筑的强制拆除，县级政府必须向法院申请强制执行，并由法院作出准予执行裁定，虽然经法院审理后作出准予强制执行，但不能据此认定法院为强制拆除行为的责任主体，对于执行过程中的违法行为或扩大强制执行范围的，仍应当由具体实施主体承担责任。

二、当上级政府责成派出机关实施强制拆除时，不能据此认定上级政府是强制拆除行为的责任主体

第一，根据《中华人民共和国宪法》第108条之规定，县级以上地方政府领导所属各工作部门和下级政府的工作，其领导的方式显然包括以“责成”的方式要求所属各工作部门、下级政府履行交办的任务，以及根据《城乡规划法》第68条的规定，“城乡规划主管部门作出责令停止建设或者限期拆除的决定后，当事人不停止建设或者逾期不拆除的，建设工程所在地县级以上

地方人民政府可以责成有关部门采取查封施工现场、强制拆除等措施”，可以看出：“责成行为”是上级行政机关对下级行政机关、所属的工作部门的内部指令活动，属于行政权力系统内部运行的范畴。

第二，既然“责成行为”只具有内部性，“责成行为”的行使直接作用于下级行政机关，不对当事人的权利义务产生直接影响或产生法律上的羁束力，因此，“责成行为”本身不具有可诉性，除非是县级政府以自己名义作出的“责成行为”并直接产生外化效果，如县级政府作出《责成决定书》直接送达当事人，则当事人可将作出“责成行为”的政府作为被告。

第三，当上级政府责成派出机关实施强制拆除时，不能据此认定上级政府是强制拆除行为的责任主体，前述观点已经有最高人民法院相关的判例予以确认，在最高院作出的（2019）最高法行申 1502 号再审裁定书中，明确指出“虽然《城乡规划法》规定强制拆除违法建筑应当依法经县级以上人民政府责成作出，但即便是政府责成其所属有关部门强制拆除违法建筑，责成行为也只是依法对行政强制权的内部职权分配行为，对当事人的权利义务不产生实际影响，更不能认为政府就是行政强制措施行为的实施者，亦不属于被诉强制拆除行为的适格被告”。

第四，根据《地方各级人民代表大会和地方各级人民政府组织法》第 85 条第 3 款“市辖区、不设区的市的人民政府，经上一级人民政府批准，可以设立若干街道办事处，作为它的派出机关”之规定，派出机关具有行政法上的主体资格，可以独立承担行使职权，履行法定职责并承担法律后果。行政相对人如果对派出机关实施的行政行为不服，应当以派出机关作为行政诉讼的被告。对于本案亦是如此，隆阳区政府作出责成通知，永昌街道办事处接受隆阳区政府的指示，以自己的名义对白某某房屋实施强制拆除，如果白某某不服该强制拆除行为，其不能以隆阳区政府为被告提起诉讼，而应当以实施主体永昌街道办事处为被告提起诉讼，最终一、二审法院采纳了代理律师观点，裁定驳回了白某某起诉。

案例二十三

证明行政法律文书有效送达是行政机关的义务

☞【案例名称】

证明行政法律文书有效送达是行政机关的义务

——丁某某与保山市隆阳区人民政府撤销强制执行决定案

☞【基本案情】

2017年1月4日，云南省保山市规划局作出《撤销行政许可决定书》，撤销了丁某某持有的原保山市建设局核发的编号工2009-123号《建设工程规划许可证》，并于2017年1月16日作出《拆除违法建筑决定书》，认定丁某某在保山市隆阳区廖官社区建设的建筑物，原《建设工程规划许可证》已被撤销，该建筑物属于未取得建设工程规划许可证进行建设的违法建筑。当日，保山市规划局向保山市隆阳区人民政府作出《保山市规划局关于保山中心城区单位（个人）违法建设查处的函》，请隆阳区政府责成有关部门采取有效措施，对该违法建筑依法规查处。2017年2月7日，隆阳区政府作出《催告书》，告知丁某某自收到本催告书之日起10日内自行拆除《拆除违法建筑决定书》确定的违法建筑物、构筑物等，逾期仍未履行义务的，隆阳区政府将依法强制执行，并告知丁某某享有陈述和申辩权利。当日，隆阳区政府作出《公告》，公告丁某某涉案建筑物违法，责令在2017年2月10日前自行拆除违法建筑物，逾期不拆除，隆阳区政府将依法强制拆除。丁某某于当日获知《催告书》和《公告》内容，并未向隆阳区政府申请陈述和申辩。经催告、公告，丁某某仍未按照隆阳区政府要求自行拆除，故隆阳区政府于2017年2月17日作出《强制执行决定书》，对丁某某作出以下决定：①本决定书送达后5日内（法定节假日除外），由本机关依法采取强制拆除措施，对保山市规划局《拆除违法建筑决定书》予以强制执行；②强制执行的费用及造成的经济损失，由丁某某承担，并告知了丁某某申请行政复议及提起行政诉讼的权利和期限。同日，隆阳区政府向隆阳区城市管理综合行政执法局作出《责成拆除违法建筑通知书》，责成隆阳区城市管理综合行政执法局在将《强制执行决定书》向丁某某送达之日起5日内，强制拆除该违法建筑。2017年2月20日，丁某某该违法建筑被隆阳区城市管理综合行政执法局强制拆除。2018年1月29日，丁某某向保山市中级人民法院提起行政诉讼，请求撤销上述《强制执行决定书》。代理律师接受隆阳区政府的委托，代为应诉。

☞【代理思路与意见】

一、根据《行政诉讼法》的规定，丁某某的起诉已经超过法定的起诉期限，应当裁定驳回其起诉

《行政诉讼法》第46条规定："公民、法人或者其他组织直接向人民法院提起诉讼的，应当自知道或者应当知道作出行政行为之日起六个月内提出。法律另有规定的除外。"本案中，丁某某于2017年2月17日即收到隆阳区政府作出的强制执行决定，但是，其于2018年1月才提起本案之诉，已明显超过《行政诉讼法》规定的起诉期限。

首先，2017年2月17日，隆阳区政府作出涉诉强制执行决定并送达给丁某某，送达方式为留置送达，丁某某本人拒签，送达人、见证人均在送达回证上签名，并加盖了送达单位的公章。

其次，在另一案件（丁某某诉隆阳区政府、保山市规划局确认强制执行行为违法案）的庭审笔录中有明确记载，丁某某当庭承认隆阳区政府将涉诉强制执行决定书贴在了其大门的墙上，其母亲回去的时候见到，其本人2月19号返回家中在家中茶几上看到。

最后，庭审结束后，丁某某为了避免超过起诉期限的问题，将上述事实修改为"我没有收到该份《强制执行决定书》，我收到的是《责成拆除违法建筑通知书》"，并称其当时"被问糊涂了，根本分不清，其实没有收到决定书，仅收到了通知书。"但是，丁某某的说法并无事实依据。其一，合议庭询问的一直是《强制执行决定书》的情况，包括文号、内容、送达方式等，隆阳区政府的代理人也就《强制执行决定书》的情况回答了合议庭的问题，并指出将《强制执行决定书》留在违法建筑物现场进行张贴。此时，合议庭询问丁某某对此有无异议，丁某某称贴在了她家大门的墙上。而在《强制执行决定书》的情况核实清楚之后，合议庭才进一步询问《责成拆除违法建筑通知书》的情况，由此可见，合议庭一直在针对《强制执行决定书》的情况进行法庭调查，根本不存在丁某某所说的“被问糊涂”的情况。其二，丁某某称“根本分不清”，但修改笔录时，又确定其收到的是《责成拆除违法建筑通知书》，显然是为了避免超过起诉期限而捏造事实。其三，提起行政诉讼应当在法定期限内，如果丁某某承认收到了《强制执行决定书》，则本案会面临被裁定驳回起诉的风险，因此，丁某某只能罔顾事实，坚决否认《强制执行决定书》已经依法送达的事实。

二、若对本案进行实体审查，隆阳区政府作出的强制执行决定事实依据充分，作出主体、职权、程序均合法，不应当被撤销

（一）根据法律、法规及相关司法解释的规定，隆阳区政府有权作出强制执行决定

2015 年《城乡规划法》第 68 条规定：“城乡规划主管部门作出责令停止建设或者限期拆除的决定后，当事人不停止建设或者逾期不拆除的，建设工程所在地县级以上地方人民政府可以责成有关部门采取查封施工现场、强制拆除等措施。”同时，《最高人民法院关于违法的建筑物、构筑物、设施等强制拆除问题的批复》规定，“根据行政强制法和城乡规划法有关规定精神，对涉及违反城乡规划法的违法建筑物、构筑物、设施等的强制拆除，法律已经授予行政机关强制执行权，人民法院不受理行政机关提出的非诉行政执行申请”。由此可见，无论是根据法律还是司法解释的规定，在拆除违法建筑过程中，隆阳区政府均有权依法作出涉诉强制执行决定。

（二）隆阳区政府作出涉诉强制执行决定事实依据充分

保山市规划局于 2017 年 1 月 4 日对丁某某原持有的《建设工程规划许可证》依法撤销，并认定丁某某在隆阳区廖官社区建设的建筑物属于违法建筑，要求隆阳区政府责成有关部门采取有效措施，对违法建筑依法依规查处。隆

阳区政府于2017年2月7日向丁某某作出《催告书》，告知丁某某陈述及申辩的权利，并催告其于10日内自行拆除该违法建筑。《催告书》及《公告》均依法送达给丁某某。在丁某某拒不履行法律义务的情况下，2017年2月17日，隆阳区政府作出《强制执行决定书》，并责成隆阳区城市管理综合行政执法局于5日内拆除该违法建筑。2017年2月20日，隆阳区城市管理综合行政执法局强制拆除了该违法建筑。本案中，隆阳区政府作出强制执行决定的事实依据在于丁某某建设的房屋已经被保山市规划局认定为违法建筑，违反了城乡规划，应当依法予以拆除。

丁某某称其建筑物是否合法需要社会大众的认可，不能将是否符合规划作为认定的唯一标准。隆阳区政府认为，一方面，经过保山市规划局的调查，丁某某的建筑物为违法建筑，对于违法建筑应当依法拆除还是采取补正措施，属于规划部门的法定职权，而不是由社会大众投票决定；另一方面，根据行政法的基本法理，行政行为具有公定力，即推定合法的效力，其他任何机关、组织、个人都应当予以尊重，隆阳区政府依据法定程序作出强制执行决定并未违法。

（三）隆阳区政府作出行政强制执行决定程序合法

隆阳区政府履行了催告程序，告知了丁某某陈述及申辩的权利，相关法律文书均依法送达给丁某某，隆阳区政府作出涉诉强制执行决定的程序合法。《行政强制法》第35条规定："行政机关作出强制执行决定前，应当事先催告当事人履行义务。催告应当以书面形式作出，并载明下列事项：（一）履行义务的期限；（二）履行义务的方式；（三）涉及金钱给付的，应当有明确的金额和给付方式；（四）当事人依法享有的陈述权和申辩权。"本案中，隆阳区政府依法履行了催告程序，催告当事人履行义务，并告知其陈述及申辩权，该催告书也已经依法送达给丁某某。最关键的是，在丁某某诉隆阳区政府、保山市规划局确认强制执行行为违法一案中，保山市中级人民法院开庭审理时，丁某某当庭认可收到相关法律文书的事实：关于《催告书》及《公告》，丁某某在庭审中承认隆阳区政府的工作人员给其发了短信，短信中有《催告书》和《公告》，没有《强制执行决定书》，丁某某于2017年2月7日早上9点58分收到短信，其并未提出陈述、申辩；关于《强制执行决定书》，隆阳区人民政府也已经送达给丁某某。必须指出的是，所谓送达，关键的意义在于“达”，即使《送达回证》的格式存在部分瑕疵，但是并未影响丁某某收到相关法律文书的事实，并未影响丁某某的救济权利。不能因形式上的瑕疵就认为隆阳区政府的送达程序违法。

（四）丁某某提出所谓以“拆违代拆迁”也无事实依据

2008 年，丁某某以虚假的身份骗取了集体土地及建设用地批文，在政府相关职能部门依法查清事实后，分别撤销了其建设用地批文，撤销了其规划许可证，注销了房屋所有权证，进而认定为违法建筑并责令其限期拆除。至于所谓“拆违代拆迁”的说法，《国有土地上房屋征收与补偿条例》第 24 条明确规定：“市、县级人民政府及其有关部门应当依法加强对建设活动的监督管理，对违反城乡规划进行建设的，依法予以处理。市、县级人民政府作出房屋征收决定前，应当组织有关部门依法对征收范围内未经登记的建筑进行调查、认定和处理。对认定为合法建筑和未超过批准期限的临时建筑的，应当给予补偿；对认定为违法建筑和超过批准期限的临时建筑的，不予补偿。”由此可见，在进行房屋征收前，先对违法建筑予以认定并作出处理，本身就是立法的本意。在土地、房屋征收过程中，对认定为合法建筑和未超过批准期限的临时建筑的，应当给予补偿；对认定为违法建筑和超过批准期限的临时建筑的，不予补偿，也是贯彻公平原则、依法行政的体现。

三、退一步讲，假如本案存在违法之处，鉴于涉诉强制执行决定已经依法得到执行，根据《行政诉讼法》的规定，该强制执行决定也不应被撤销

即使隆阳区政府作出的涉诉强制执行决定违法，鉴于其已被实际执行，已经不具有可撤销的内容，根据《行政诉讼法》第 74 条第 2 款第 1 项“行政行为违法，但不具有可撤销内容的，不需要撤销或者判决履行的，人民法院判决确认违法”之规定，也不需要撤销涉诉强制执行决定，丁某某的诉讼请求没有事实及法律依据。

☞【案件结果】

保山市中级人民法院审理后认为，《强制执行决定书》的《送达回证》虽然载明受送达人、送达地点、送达文书、收到日期，但收件人签名盖章为“本人拒签”，没有注明拒签原因，收到日期“2017 年 2 月 17 日”也不是丁

某某书写，且送达人身份情况不明，见证人见证情况不明，故该送达不有真实和合法性，尽管丁某某的辩解不具有合理性，但因《强制执行决定书》送达程序不合法，隆阳区政府提交的证据不能证明该《强制执行决定书》已合法送达给丁某某，应承担不利法律后果。故隆阳区政府提出的丁某某的起诉超过法定起诉期限缺乏事实依据，不予支持。而隆阳区政府作为建设工程所在地县级以上地方人民政府对丁某某作出《强制执行决定书》，系依法履行职责，主体适格，隆阳区政府作出该《强制执行决定书》有《拆除违法建筑决定书》《催告书》和《公告》等证据证实，证据确凿，适用法律法规正确，符合法定程序。因丁某某房屋所涉及的建房用地批复、建设工程规划许可证、集体土地使用证已被依法撤销或更正（注销），且《拆除违法建筑决定书》已确认涉案房屋为违法建筑并限期拆除，故丁某某诉称涉案房屋系合法建筑，被诉行政行为违法，严重侵犯其合法权益无事实依据，请求撤销《强制执行决定书》的理由不能成立，其诉讼请求不予支持。综上，保山市中级人民法院判决驳回丁某某的诉讼请求。

丁某某不服保山市中级人民法院的判决，向云南省高级人民法院提起上诉，云南省高院认为一审判决认定事实清楚，适用法律并无不当，依法应予维持，故判决驳回上诉，维持原判。

☞【裁判文书】

（2018）云05行初15号行政判决书

（2018）云行终288号行政判决书

☞【办案心得】

在行政案件的审判实践中，人民法院对程序的审查更为严格，若程序违法也应当承担一定的不利后果，而行政法律文书的送达程序则是行政程序中较为基本、关键性的环节。作为行政行为作出与行政行为生效的连接点，送达程序是否顺利完成关系到行政程序能否继续，送达程序若存在问题可能会影响后续出现的行政复议、行政诉讼的顺利进行，因此依法及时完成行政法律文书的送达程序极其重要。本案中，行政机关的代理律师提出原告丁某某的起诉超过起诉期限，想以此得到裁定驳回原告起诉的结果，但原告方指出行政机关在《强制执行决定书》的送达程序中存在的问题，以此说明本案的起诉并没有超过起诉期限，最终行政机关提交的证据没能有效证明《强制执行决定书》的合法送达，法院判决行政机关承担未能合法送达的不利法律后果。

一、证明行政法律文书的有效送达是行政机关的义务

根据《行政诉讼法》第34条的规定："被告对作出的行政行为负有举证责任，应当提供作出该行政行为的证据和所依据的规范性文件。被告不提供或者无正当理由逾期提供证据，视为没有相应证据。但是，被诉行政行为涉及第三人合法权益，第三人提供证据的除外。"故行政机关作出的行政行为的举证责任由行政机关自身承担。而行政机关是否有效送达行政法律文书的事实，实质上是行政机关的送达程序是否合法的关键问题，当然也应由行政机关承担举证责任。本案被告行政机关提交的证据未能证明《强制执行决定书》已合法送达给丁某某，应承担举证不能的不利后果，其送达程序不应被认定为合法。

二、行政法律文书的送达方式

对于行政法律文书的送达，目前没有统一的规定，存在一定的法律空缺。一些行政法律对于行政送达都只进行笼统的规定，对于行政送达的要求大部分都是依据民事送达，如《行政处罚法》第61条、《行政强制法》第38条和《行政复议法》第40条都有依照民事诉讼法送达的规定。结合《民事诉讼法》及其司法解释对于送达方式的相关规定，具体到行政送达，可以归纳为以下几种送达方式：

（1）直接送达。行政法律文书大多确立了直接送达优先的原则，如《行政强制法》第38条"催告书、行政强制执行决定书应当直接送达当事人"和《行政处罚法》第61条"行政处罚决定书应当在宣告后当场交付当事人"的规定。当事人拒绝接收或者当事人不在场的，才可以采取其他方式送达，行政机关应该承担证明存在不能直接送达的障碍的举证责任，对于直接送达，受送达人是公民的，本人不在，应当交他的同住成年家属签收；受送达人是法人或者其他组织的，应当由法人的法定代表人、其他组织的主要负责人或

者该法人、组织负责收件的人签收；受送达人有代理人的，可以送交其代理人签收；受送达人已向行政机关指定代收人的，送交代收人签收。

（2）留置送达。留置送达是指受送达人或者他的同住成年家属拒绝接收诉讼文书的，送达人可以邀请有关基层组织或者所在单位的代表到场，说明情况，在送达回证上记明拒收事由和日期，由送达人、见证人签名或者盖章，把文书留在受送达人的住所；也可以把文书留在受送达人的住所，并采用拍照、录像等方式记录送达过程，即视为送达。

（3）委托送达。委托送达是指行政机关直接送达文书有困难时，可以委托其他行政机关代为送达的方式。委托送达一般是在当事人不在行政机关的辖区内，直接送达有困难时适用。接受委托的只能是其他行政机关。行政机关需要委托送达时，应当出具委托函，并附需要送达的诉讼文书和送达回证。

（4）邮寄送达。邮寄送达是指行政机关直接送达有困难时，将送达文书交邮局用挂号信寄给当事人的送达方法。自邮寄之日起满 3 个月，如果未收到送达的证明文件，且根据各种情况不足以认定已经送达的，视为不能用邮寄方式送达。

（5）转交送达。转交送达是指在特定情况下，不宜或者不便直接送达时，行政机关将送达文书通过相关单位转交的送达方式。

（6）公告送达。公告送达，是指行政机关以公告的方式，将需要送达的文书的有关内容告知当事人的送达方式。无论当事人是否知悉公告内容，经过法定的公告期限，即视为已经送达。

（7）电子送达。受送达人同意用电子方式进行送达的，可以采用传真、电子邮件、移动通信等媒介进行电子送达。

在本案中，行政机关主张其送达方式为留置送达，但《强制执行决定书》收件人签名盖章为“本人拒签”，没有注明拒签原因，收到日期也不是丁某某书写，送达人身份情况不明，见证人见证情况不明，并不满足留置送达的要求。

行政登记

案例二十四

对权属存在争议的土地应当先确权再颁证

☞【案例名称】

对权属存在争议的土地应当先确权再颁证

——海南某实业有限公司诉文昌市自然资源和规划局、第三人海南某房地产开发有限公司撤销土地行政登记案

☞【基本案情】

海南某房地产开发有限公司（以下简称“乙公司”）于1992年9月8日成立。1993年，原文昌县人民政府将文昌县潭牛镇282.705亩（约188 470平方米）土地出让给乙公司作为项目用地。

1999年12月28日，乙公司将上述282.705亩土地中的12 000平方米土地转让给丙公司。2000年1月12日，文昌市政府（当时的颁证机关，如今颁证机关为文昌市自然资源和规划局）就该12 000平方米土地向丙公司颁发了《国有土地使用证》。

2000年3月至2002年5月，经过流转，上述282.705亩土地中的约13 800平方米土地转让至戊公司名下，文昌市政府为戊公司颁发了《国有土地使用证》。

2006年12月9日，乙公司与自然人邢某某签订了《土地转让合同》，乙公司将上述282.705亩土地中的约143 300平方米土地（以下简称“涉案土地”）转让给邢某某，邢某某后来被证明是根据丁公司的委托与乙公司签订的合同。2006年12月18日，在丁公司法定代表人吴某撮合下，乙公司与海南某实业有限公司（以下简称“甲公司”）签订了《土地使用权转让合同书》，

约定乙公司将涉案土地转让给甲公司，但未实际履行。

2006 年 12 月，丁公司（法定代表人为吴某）与甲公司签订《国有土地使用权转让合同书》，约定丁公司将其整合邢某某、丙公司、戊公司及相邻其他人土地转让给甲公司，甲公司向丁公司支付土地转让款人民币 1 600 余万元。

2007 年 1 月 22 日，文昌市政府就约 143 300 平方米土地向乙公司颁发了（2007）字第 W1000869 号《国有土地使用证》，当日又予以注销，并于当日根据丙公司、戊公司转让土地给甲公司以及乙公司与甲公司签订《土地使用权转让合同书》的事实，为甲公司颁发了（2007）字第 W1000869 号《国有土地使用证》（该证登记土地面积为 169 136.78 平方米，包含原丙公司的土地 12 000 平方米、原戊公司的土地约 13 800 平方米、原乙公司的土地约 143 300 平方米）。

乙公司获知行政机关给甲公司颁发《国有土地使用证》的事实后，以有人私刻其公章、冒充其法定代表人的签名、提供虚假土地转让合同为由，于 2010 年 4 月 27 日向海南一中院提起行政诉讼，请求撤销甲公司的《国有土地使用证》。海南一中院一审判决驳回乙公司的诉讼请求。乙公司不服，向海南高院提出上诉，海南高院以文昌市政府和甲公司未能提供作为颁证主要依据的《土地使用权转让合同书》及《税收核定登记书》的原件且举证亦无法印证土地转让行为的存在为由，于 2010 年 12 月 20 日作出（2010）琼行终字第 162 号行政判决，撤销一审判决，并撤销文昌市政府向甲公司颁发的（2007）字第 W1000869 号《国有土地使用证》。

2011 年 2 月 22 日，乙公司依据（2010）琼行终字第 162 号行政判决，向文昌市政府递交申请，要求恢复其（2007）字第 W1000869 号《国有土地使用权证》的效力。同年 8 月 5 日，文昌市政府根据乙公司的申请和生效的行政判决，在《海南日报》公告注销了甲公司的（2007）字第 W1000869 号《国有土地使用权证》，并于同年 9 月就涉案土地给乙公司颁发了（2011）第 W1000979 号《国有土地使用权证》。

2011 年 12 月，甲公司就上述颁证行为向海南一中院提起行政诉讼，要求撤销给乙公司颁发的（2011）第 W1000979 号《国有土地使用权证》。海南一中院一审判决驳回甲公司诉讼请求，甲公司提起上诉，海南高院判决驳回上诉，维持原判。甲公司就该案向最高人民法院申请再审，最高人民法院于

2014年11月26日作出（2014）行提字第19号行政判决，撤销了文昌市政府向甲公司颁发的（2007）字第W1000869号《国有土地使用证》，又于2014年12月26日作出（2014）行提字第20号行政判决，撤销了文昌市政府向乙公司颁发的（2011）第W1000979号《国有土地使用证》。在两案中，最高人民法院认定涉案土地转让过程中发生的争议，当事人应当通过民事诉讼等途径另行解决。

2015年3月2日，乙公司以甲公司为被告向海南一中院提起民事诉讼，要求确认乙公司与甲公司之间没有土地转让的合同关系。甲公司提起反诉，要求确认乙公司与甲公司于2006年12月18日所签订的《土地使用权转让合同书》合法有效并诉请协助办理涉案土地的过户登记手续。海南一中院于2016年2月26日作出（2015）海南一中民一初字第11号民事判决，确认乙公司与甲公司于2006年12月18日签订的《土地使用权转让合同书》合法有效。乙公司不服上诉，海南高院于2016年12月29日作出（2016）琼民终140号民事判决（以下简称“140号判决书”），撤销一审判决，并确认乙公司和甲公司不存在土地转让合同关系，同时驳回甲公司的反诉请求。甲公司不服，向最高人民法院申请再审，最高人民法院于2017年12月20日作出（2017）最高法民申1856号民事裁定（以下简称“1856号裁定书”），驳回甲公司的再审申请。

2018年6月11日，乙公司向文昌市自然资源和规划局（以下简称“文昌市自规局”）所属不动产登记中心提起不动产更正登记申请，就涉案土地，文昌市自规局于2018年7月17日向乙公司颁发了琼（2018）文昌市不动产权第008391号《不动产权证书》。甲公司得知后，提起行政诉讼，请求撤销文昌市自规局向乙公司颁发的琼（2018）文昌市不动产权第008391号《不动产权证书》（以下简称《不动产权证书》）。法院受理后，依法追加乙公司为本案第三人。

一审中，文昌市自规局在答辩中提出，其作出的登记行为认定事实清楚，程序合法。第三人乙公司提出：其一，甲公司绕过复议环节，程序违法。其二，本案属于重大案件，县区级人民法院无权受理甲公司的起诉。其三，甲公司的起诉违反“一事不再理原则”，（行政诉讼、民事诉讼）经终审海南高院、最高院提审已结案，尘埃落定，甲公司无权再纠缠。

文昌市人民法院一审判决驳回甲公司的诉讼请求，甲公司不服，向海南一中院提起上诉。

☞【代理思路与意见】

本案涉及主体众多、时间跨度大，又属于行政、民事交叉问题，理顺案情尤为重要，关于涉案地块的流转情况，列表如下：

地块	转让主体	最终转让依据	交易期间
282.705 亩土地	文昌县人民政府→乙公司	国有土地使用权出让	1992 年
12 000 平方米土地	乙公司→丙公司→丁公司→甲公司	丁公司与甲公司签订《国有土地使用权转让合同书》	1999 年至 2006 年
约 13 800 平方米土地	乙公司→中间人（略去）→戊公司→丁公司→甲公司	丁公司与甲公司签订《国有土地使用权转让合同书》	2000 年至 2006 年
约 143 300 平方米（涉案土地）	乙公司→邢某某（代表丁公司）→甲公司	丁公司与甲公司签订《国有土地使用权转让合同书》；乙公司与甲公司签订《土地使用权转让合同书》	2006 年至今

本案主要涉及约 143 300 平方米土地的争议，争议双方为甲公司、乙公司，作为行政诉讼，本案的核心问题为文昌市自规局的颁证行为是否具有事实及法律依据，由此延伸出以下子问题：其一，如何理解本案所涉民事判决的羁束力？其二，如何看待颁证行为的事实依据？其三，如何理解颁发新证行为与恢复登记行为？据此，代理律师的代理思路如下：

一、文昌市自规局就涉案土地向乙公司颁发《不动产权证书》无事实依据和法律依据

《不动产登记暂行条例》第 14 条规定，“因买卖、设定抵押权等申请不动产登记的，应当由当事人双方共同申请。属于下列情形之一的，可以由当事人单方申请：……（三）人民法院、仲裁委员会生效的法律文书或者人民

政府生效的决定等设立、变更、转让、消灭不动产权利的”，当事人依据人民法院生效法律文书申请不动产登记的，法律文书中需明确为当事人设立、变更、转让、消灭不动产权利。

乙公司申请不动产登记所提交的以及本案文昌市自规局据以作出颁证行为的人民法院生效法律文书，为海南省高级人民法院作出的140号判决书以及最高人民法院作出的1856号裁定书。根据上述生效裁判文书的内容可以看出，并没有为乙公司设立不动产权利。

140号判决书主要内容为：一审判决认定双方（即甲公司与乙公司）于2006年12月18日签订《土地使用转让合同》并无不当，本院予以确认。乙公司与邢某某于2006年12月9日签订了一份《土地转让合同》，合同约定乙公司将涉案土地以实收价400万元的价格转让给邢某某。涉案土地的转让发生在乙公司与邢某某、丁公司以及甲公司之间，乙公司与甲公司之间并未存在直接的土地转让合同关系。乙公司与甲公司签订合同的真实意思表示是为了配合邢某某、丁公司减少税费的承担……该合同的签订损害了国家利益，甲公司请求确认涉案合同合法有效，于法无据。

1856号裁定书的主要内容为：二审判决确认乙公司与甲公司于2006年12月18日签订了《土地使用权转让合同》并无不当。乙公司与甲公司之间虽然订立了《土地使用权转让合同》，但并未实际履行。乙公司确有将涉案土地转让给他人的事实，本案甲公司也确有受让涉案土地的事实，但是依据现有证据无法证实土地使用权转让是直接发生在乙公司与甲公司之间。

综上所述，两份生效裁判文书认定的事实为：乙公司已将涉案土地转让给了邢某某，吴某整合邢某某受让的涉案土地、丙公司名下的土地、戊公司名下的土地及相邻的部分土地，以丁公司的名义转让给了甲公司。涉案土地的转让发生在乙公司与邢某某、丁公司及甲公司之间，乙公司已将涉案土地转让他人，甲公司已受让涉案土地，只是乙公司与甲公司之间并未成立直接的土地转让合同关系。另外，法院在生效判决中多次认定了乙公司与甲公司之间签订了《土地使用权转让合同书》，只是认为该合同与上述转让过程存在冲突，且该合同并未实际履行，是为了配合邢某某、丁公司减少税费的承担而签订，损害了国家利益，所以乙公司和甲公司之间的合同关系因损害国家利益而无效。

二、对文昌市自规局答辩及庭审中所述理由的回应

第一，文昌市自规局在颁发证件、答辩、庭审中对于更正登记、换发登记、初始登记、恢复登记等概念存在混淆矛盾的情形。生效判决明确认定乙公司已将涉案土地转让他人，对涉案土地已不享有任何权利，文昌市自规局仍然给乙公司颁发不动产证，毫无事实依据。

第二，当时的颁证机关文昌市政府为乙公司颁发（2007）字第 W1000869 号《国有土地使用证》是基于乙公司、丙公司、丁公司、戊公司与甲公司签订了相应的转让合同，文昌市政府给乙公司颁证当天就办理了注销手续，并于同日立即向甲公司合并颁发了包含涉案土地的（2007）字第 W1000869 号《国有土地使用证》，文昌市政府为乙公司短暂颁证仅为完善手续之用。

在另案行政诉讼中，文昌市人民政府曾明确认可为乙公司短暂颁证仅为完善手续之用。2010 年，乙公司起诉文昌市政府（当时的颁证机关，如今颁证机关为文昌市自规局）的（2010）海南一中行初字第 68 号案审理过程中，文昌市政府称在乙公司将土地使用权转让给甲公司之前一直都没有办理土地证，后来乙公司将土地使用权转让给甲公司时，为了完善程序，才给乙公司颁发了土地证随即作废，同时为甲公司颁发了（2007）字第 W1000869 号《国有土地使用证》。在该案二审开庭审理过程中，文昌市政府也称："办证程序，93 年上诉人取得批文后，上诉人没有进行实际开发利用，登记手续都是在达成转让手续后才补办的，所以才出现同一天登记又注销的情况……"

实际上，在乙公司将涉案土地转让给甲公司之前，土地一直处于闲置状态，文昌市政府同一天内给乙公司颁发《国有土地使用证》又注销，完全是为了向甲公司颁发《国有土地使用证》。

三、对乙公司所述意见的回应

第一，最高院（2014）行提字第 19 号行政判决书虽撤销了向甲公司颁发的《国有土地使用证》，但同时，最高院作出（2014）行提字第 19 号行政判决，亦撤销了乙公司据此主张权利的（2012）琼行终字第 69 号行政判决，同时撤销了文昌市政府给乙公司颁发的（2011）第 W1000979 号《国有土地使

用证》。乙公司无权在本案中根据被撤销的判决主张权利。

第二，本案不属于行政复议前置的情形。《最高人民法院关于适用〈行政复议法〉第三十条第一款有关问题的批复》规定："根据《行政复议法》第三十条第一款的规定，公民、法人或者其他组织认为行政机关确认土地、矿藏、水流、森林、山岭、草原、荒地、滩涂、海域等自然资源的所有权或者使用权的具体行政行为，侵犯其已经依法取得的自然资源所有权或者使用权的，经行政复议后，才可以向人民法院提起行政诉讼，但法律另有规定的除外；……"根据该规定，只有确认土地等自然资源权属的行政行为才适用行政复议前置，其他涉及土地等自然资源权属的行政行为不适用复议前置程序。《最高人民法院行政审判庭关于行政机关颁发自然资源所有权或者使用权证的行为是否属于确认行政行为问题的答复》规定："……有关土地等自然资源所有权或者使用权的初始登记，属于行政许可性质，不应包括在行政确认范畴之内。据此，行政机关颁发自然资源所有权或者使用权证书的行为不属于复议前置的情形。"文昌市自规局向乙公司颁发《不动产权证书》并非确权行为，而是所谓"依据"法院生效判决作出的行政许可行为，依照前述规定，不属于行政复议前置的情形。

综上，两份生效裁判文书认定了乙公司已将涉案土地转让给他人，甲公司已受让涉案土地的根本事实。无论何种理由，文昌市自规局都不应就涉案土地向已不享有任何权利的乙公司颁发证书，文昌市自规局向乙公司颁发的《不动产权证书》应予撤销。

☞【案件结果】

二审法院海南一中院认为："虽然140号民事判决、1856号民事裁定确认乙公司与甲公司之间不存在土地转让合同关系，但是该民事判决、民事裁定均未确认乙公司是否享有涉案约143 300平方米土地使用权。显然涉案土地权属仍然处于不确定状态，需要确定其权属。依照《不动产登记暂行条例》第二十二条有关'登记申请有下列情形之一的，不动产登记机构应当不予登记，并书面告知申请人：（一）违反法律、行政法规规定的；（二）存在尚未解决的权属争议的；……'的规定，被上诉人文昌市自规局对于存在尚未解决的涉案土地权属争议，应当作出确权决定，未经确权而作出涉案土地权属不动产行政登记，主要证据不足，适用法律错误，违反法定程序。原审判决认定事实清楚，但适用法律错误，处理结果不当，应予纠正。上诉人甲公司的上诉理由成立，对其请求应予支持……判决撤销一审判决及文昌市自规局向乙公司颁发的《不动产权证书》。”

☞【裁判文书】

（2019）琼96行终147号行政判决书

☞【办案心得】

结合代理思路及案件结果可以看出，本案虽案情复杂，但是只要抽丝剥茧、蔓引株求，就可以准确找到争议焦点，实现“复杂问题简单化”。实际上，本案审查的，主要是140号判决书以及1856号裁定书能否作为文昌市自规局为乙公司颁证的依据，通过分析两份裁判文书的内容，即可找到本案的钥匙。进而分析，既然涉案土地存在争议，那么行政机关是否可以不经确权直接颁发不动产权证？显然，答案是否定的。

我国《土地管理法》第14条规定：“土地所有权和使用权争议，由当事人协商解决；协商不成的，由人民政府处理。单位之间的争议，由县级以上人民政府处理；个人之间、个人与单位之间的争议，由乡级人民政府或者县级以上人民政府处理。当事人对有关人民政府的处理决定不服的，可以自接到处理决定通知之日起三十日内，向人民法院起诉。在土地所有权和使用权争议解决前，任何一方不得改变土地利用现状。”本案中，甲公司与乙公司对涉案土地存在争议，任何一方均可向文昌市政府请求处理，文昌市政府作出确权决定之后，任何一方不服该确权决定的，可以在法定期限内提起行政诉讼，待行政诉讼终结后，根据法院的裁判结果，权利人才有权向不动产登记机构申请颁发不动产权证。二审法院查明了本案事实，认定权属存在争议的土地应当先确权再颁证，具有充分的法律依据。

本案判决生效之后，文昌市自规局根据判决内容，注销了为乙公司颁发的《不动产权证书》，乙公司不服该注销行为，以文昌市自规局为被申请人，向文昌市人民政府申请行政复议，请求撤销文昌市自规局注销《不动产权证书》的具体行政行为，恢复该证书。据此延伸出一个问题，行政机关根据法院生效判决作出的行政行为具有可诉性或者可复议性吗?

关于可诉性,《最高人民法院关于适用〈中华人民共和国行政诉讼法〉的解释》第 1 条第 2 款明确规定:“下列行为不属于人民法院行政诉讼的受案范围:……(七)行政机关根据人民法院的生效裁判、协助执行通知书作出的执行行为,但行政机关扩大执行范围或者采取违法方式实施的除外。”本案中,生效判决撤销了文昌市自规局颁发的《不动产权证书》,文昌市自规局据此注销了《不动产权证书》,没有扩大执行范围或者采取违法方式实施,该行为不具有可诉性。

关于可复议性,我国《行政复议法》《行政复议法实施条例》并未作出明确、具体的规定,但是,基于以下几点共识,该行为亦不具有可复议性:其一,申请人申请行政复议,必须与行政行为具有利害关系,而文昌市自规局作出的注销决定,依据是法院的生效判决,影响乙公司权利义务的是法院的生效判决,并非注销决定,从生效判决作出并送达之日起即产生法律羁束力,文昌市自规局实施注销行为时已经不对乙公司的权利义务产生任何影响。其二,行政复议与行政诉讼是法律为当事人设置的两种权利救济途径,两种救济途径涵摄的范围基本相同,根据司法救济是终局性救济的理论,若行政诉讼都没有纳入受案范围,那么行政复议当然也不应纳入受案范围。其三,从制度衔接的角度而言,除了法律明确规定为复议终局的情形外,当事人对复议决定不服的,还可以提起行政诉讼,但是对于行政机关依法执行生效判决的行为,司法解释已经明确排除出行政诉讼的受案范围,此时,法院无法审查作为原行政行为,也就不可能脱离原行政行为直接审查复议决定,若赋予该行为可复议性,可能导致复议决定成为不受司法审查的“终局性判断”,而这种“终局性判断”没有任何法律依据,也架空了行政诉讼制度。

最终,复议机关也采纳了上述观点,复议决定书载明:“本案中,乙公司名下的《不动产权证书》已为(2019)琼 96 行终 147 号行政判决书所撤销,且上述判决已发生法律效力。根据《民法典》第二百二十九条‘因人民法院、仲裁机构的法律文书或者人民政府的征收决定等,导致物权设立、变更、转让或者消灭的,自法律文书或者征收决定等生效时发生效力’之规定,(2019)琼 96 行终 147 号行政判决书生效时,《不动产权证书》下乙公司的土地使用权随即消灭。文昌市自规局注销《不动产权证书》属于执行人民法院生效判决的行为，对乙公司的权利义务未产生实际影响。据此，乙公司的申请不符合《行政复议法》《行政复议法实施条例》规定的受理条件，故决定驳回申请人乙公司的复议申请。”

行政协议

案例二十五

《特许经营协议》中“城市规划区”的理解与判断

☞【案例名称】

《特许经营协议》中“城市规划区”的理解与判断

——商丘市某燃气公司诉商丘市人民政府、商丘市城管局未按约履行特许经营协议纠纷一案

☞【基本案情】

2002年，商丘市人民政府通过招商引资，引入中国某燃气公司参与商丘市城市燃气开发经营，并于2002年9月20日作出《商丘市人民政府关于开发建设我市“西气东输”天然气工程项目的批复》，同意中国某燃气公司在商丘市（含各县、市区）享有城市燃气开发经营权，在商丘城市规划区范围内具有独家城市燃气开发建设经营权。随后，中国某燃气公司在商丘设立商丘市某燃气公司作为项目公司（以下简称“甲公司”），甲公司陆续投入资金在商丘市城区内开始进行城市燃气开发经营。

2007年12月27日，甲公司与商丘市人民政府授权的原商丘市市政公用事业管理局（2010年经机构改革，并入商丘市城市管理局）签订《城市管道燃气经营协议》（以下简称《特许经营协议》），该协议第32条“特许经营权期限”约定：本协议之特许经营权有效期限为30年，自2004年8月28日起至2034年8月28日止；第33条“特许经营权地域范围”约定：本协议之特许经营权行使地域范围为商丘市城市规划区域内。该协议第十五章显示协议共有十个附件，其中附件三为“特许经营区域范围图示”。

2012年，商丘市人民政府通过招商引资引入同样从事管道燃气经营的

乙公司。2012 年 10 月 12 日，乙公司与商丘市睢阳区人民政府签订《投资建设天然气加气母站项目合同书》，约定乙公司在睢阳区境内投资建设城市基础设施（含燃气管道）；项目地址为商丘市睢阳区部分区域。之后，乙公司又与豫东综合物流产业集聚区管委会、商丘市城乡一体化示范区管委会等多家单位签订了燃气经营或供应协议书，在商丘市睢阳区、商丘市城乡一体化示范区等商丘市城市规划区内进行燃气的开发经营活动。在经营过程中，乙公司与甲公司因经营区域产生纠纷，相互举报、上访甚至出现械斗。

甲公司于 2014 年 4 月向商丘市中级人民法院提起民事诉讼，认为乙公司侵犯其管道燃气特许经营权。商丘中院经审理认为，商丘市人民政府作为特许经营的批准机关，有权对其区域范围进行明确，法院作为国家审判机关，无权对特许经营的区域范围进行确认，对甲公司的特许经营区域范围问题不予审理，裁定驳回甲公司的起诉。甲公司不服提起上诉，河南高院驳回上诉。甲公司向最高人民法院申请再审，最高人民法院于 2015 年 10 月 16 日作出（2015）民申字第 256 号民事裁定书，该裁定认为：一、二审以甲公司未能提供图示，不能证明其特许经营区域范围为由驳回其起诉不当，关于界定城市规划区域范围属政府行政职权的意见正确，在该范围未经行政机关依法确定前驳回甲公司基于此提起的侵权诉讼并无不当，遂驳回了甲公司的再审申请。在上述民事案件中，证人张某（原商丘市城市管理局党组成员、总工程师）、轩某某（原商丘市城市管理局党组成员、副局长）证实他们参与了上述协议的签订过程，在签订上述协议时协议中的所有附件都存在；证人庞某某（系甲公司与商丘市市政管理局签订协议的授权代表）证实协议签订时存在附件三，且甲公司对此事实在民事案件庭审中当庭予以认可。2015 年 10 月，因上述《特许经营协议》的附件丢失，商丘市纪委给予商丘市城管局原局长焦某某党内严重警告处分，给予轩某某和张某等人党内警告处分。

由于特许经营范围的争议迟迟不能解决，2019 年 12 月 5 日，商丘市城管局作出《关于两家燃气企业纠纷协调处理意见的通知》（商城管〔2019〕294 号，下称《294 号通知》），载明："本着尊重历史、面对现实、有利经营管理，切实解决问题的原则，以 6∶4 股权共识为基础，在环城高速内商丘市规划区以城市道路中心线为界，划分南北区域，甲公司经营北区域，面积约为19 791公顷；乙公司经营南区域，面积约为13 339公顷；甲公司56平方公里以内维持原特许经营年限至2034年，56平方公里以外部分特许经营年限拟定为2019至2039年。乙公司经营年限为2019至2039年。”

甲公司不服《294号通知》，向河南省住房和城乡建设厅申请复议，该厅于2020年2月4日作出行政复议决定书，该决定书以纠纷系行政协议争议不属于行政复议受案范围和《294号通知》对甲公司不产生法律拘束力，甲公司复议申请不符合受理条件为由驳回了行政复议申请。

2020年4月，甲公司以商丘市城管局、商丘市政府为被告向商丘中院提起行政诉讼，请求判令商丘市城管局、商丘市政府在商丘市城市规划区全面履行《特许经营协议》并立即改正对《特许经营协议》的违法变更行为。

根据《行政诉讼法》的规定，本案的一审管辖法院为商丘中院，但基于案情重大、复杂，涉及商丘全市的燃气特许经营事项，政府的部门利益与商业利益、群众利益交织，社会影响面广，商丘中院立案后，甲公司根据《行政诉讼法》第23条、第24条[1]的规定，请求商丘中院报请河南高院审理或指定其他法院管辖。商丘中院予以准许，并由河南高院指定河南省周口市中级人民法院审理。周口中院受理后，追加了乙公司作为第三人参加诉讼。

☞【代理思路与意见】

代理律师认为，本案的核心问题为如何理解《特许经营协议》约定的“城市规划区内”，由此延伸出以下问题：其一，“城市规划区”的含义；其二，法律规定的商丘市的“城市规划区”范围；其三，如何解释《特许经营协议》的合同条款？其四，如何看待民事案件中各方证人证言及生效判决羁束力问题？据此，代理律师的代理思路如下：

---

〔1〕《行政诉讼法》第23条规定：“有管辖权的人民法院由于特殊原因不能行使管辖权的，由上级人民法院指定管辖。人民法院对管辖权发生争议，由争议双方协商解决。协商不成的，报它们的共同上级人民法院指定管辖。”第24条规定：“上级人民法院有权审理下级人民法院管辖的第一审行政案件。下级人民法院对其管辖的第一审行政案件，认为需要由上级人民法院审理或者指定管辖的，可以报请上级人民法院决定。”

一、根据法律规定及河南省人民政府的批复，签订《特许经营协议》时，商丘市城市规划区为496.51平方公里，其他任何关于城市规划区的主张均不具有事实和法律依据

根据《城乡规划法》第14条[1]的规定，对于商丘市的总体规划，应当由商丘市政府报请河南省人民政府审批，并由河南省人民政府批准。本案中，主要涉及河南省人民政府作出的以下批复：

（1）《商丘城市总体规划（1993－2010）》《河南省人民政府关于商丘城市总体规划的批复》（豫政文〔1995〕190号）及河南省商丘地区行政公署文件商署〔1995〕23号《关于印发商丘城市规划建设管理暂行规定的通知》明确商丘市（1994－2010年）城市规划区土地总面积约496.51平方公里。

（2）《商丘市2005－2020年城市总体规划》对城市规划区确定的范围为：睢阳、梁园两区行政区划范围及虞城县贾寨镇、古王集乡、城关镇、小候乡、古熟镇、芒种桥乡和宁陵县孔集乡、赵村乡、乔楼乡，总面积2165平方公里。《河南省人民政府关于商丘市城市总体规划（2005－2020）的批复》（豫政文〔2008〕4号）指出："在《总体规划》确定的2165平方公里的城市规划区范围内实行城乡统一规划管理，对城市规划区范围内的乡镇和村庄规划布局、基础设施和公共设施要进行统一规划安排。"

（3）《商丘市城乡总体规划（2015－2030）》商丘市城市规划区包括梁园区、睢阳区、城乡一体化示范区、虞城县和宁陵县的行政区划范围，总面积约3930平方公里。

由此可以看出，商丘市城市规划区范围虽不断调整，但每次调整的面积都是清晰明确的，在签订《特许经营协议》时的城市规划区为496.51平方公里，从未有过56平方公里的城市规划区。

需要特别指出的是，以上事实，在商丘市政府的官方网站上均早已进行过公示和说明，甲公司也已经作为证据提交，关于商丘市城市规划区的范围，

[1]《城乡规划法》第14条规定："城市人民政府组织编制城市总体规划。直辖市的城市总体规划由直辖市人民政府报国务院审批。省、自治区人民政府所在地的城市以及国务院确定的城市的总体规划，由省、自治区人民政府审查同意后，报国务院审批。其他城市的总体规划，由城市人民政府报省、自治区人民政府审批。"

根据《最高人民法院关于行政诉讼证据若干问题的规定》，应视为已经依法证明的事实或被告自认的事实，可以直接作为本案裁判的依据。

二、《特许经营协议》约定的特许经营范围即商丘市城市规划区 496.51 平方公里，商丘市政府、商丘市城管局、乙公司主张甲公司的特许经营范围为 56 平方公里，与事实不符

首先，2010 年、2012 年，商丘市城管局曾出具文件认定甲公司在商丘城市规划区范围内具有独家城市燃气开发建设经营权，对当时的管道燃气特许经营地域范围进行了确认：①2010 年，商丘市城管局出具商城管函（2010）38 号《关于睢阳产业集聚区管道燃气经营权及河南省五洲能源发展有限公司投资建设加气母站问题的函》，该函认可甲公司在商丘城市规划区范围内具有独家城市燃气开发建设经营权，当地不再审批新的城市管道燃气项目，且甲公司的管道燃气特许经营地域范围 2165 平方公里，涵盖睢阳产业集聚区。②2012 年 2 月，商丘市城管局出具《关于维护城市管道燃气特许经营权问题的调查报告》，再次确认甲公司的管道燃气特许经营地域范围是 2165 平方公里，且涵盖睢阳产业集聚区，并指出睢阳区政府在产业集聚区建设管道燃气违反了《特许经营协议》。

其次，将城市规划区等同于城市规划建设用地，与事实不符。根据 2005 版《商丘市城市总体规划说明（2005－2020）》（甲公司证据目录（二）第二项第 26、27 页），可以看出城市规划是“根据规划内容和规划控制深度的不同，将规划范围界定为三个层次”，从大到小为“市域范围”“城市规划区范围”和“中心城区规划用地范围”。商丘市规划局引用的 56 平方公里，其实是到 2010 年规划的中心城区建设用地目标，从空间上包含在城市规划区范围之内，却远远小于城市规划区。而《特许经营协议》已经明确约定经营范围为商丘市城市规划区内，若认为合同约定不明，也仅在定量上未明确面积大小，绝非是对“城市规划区”还是“中心城区建设用地”约定不明。被告以“城市规划建设用地范围”的概念代替了“城市规划区”，属于偷换概念，无任何事实依据。

最后，将“城市规划区域内”理解为“城市规划区内的部分区域”，不符合法律用语中对“内”的一般理解。一方面，我国绝大部分部门法都作出

规定，所谓“上”“下”“内”包括本数，2017 年《中华人民共和国民法总则》第 205 条也规定，民法所称的“以上”“以下”“以内”“届满”，包括本数；所称的“不满”“超过”“以外”，不包括本数，《特许经营协议》属于行政协议，可以参照适用民事法律规范的规定；另一方面，这种对“内”的解读与我国的立法体例完全相背离，例如，《中华人民共和国刑法》第 6 条规定：“凡在中华人民共和国领域内犯罪的，除法律有特别规定的以外，都适用本法。”如果“内”只能指其中的一部分，那刑法的属地管辖原则就无从谈起。

三、签订《特许经营协议》之后，甲公司在商丘市建设用地范围 56 平方公里之外进行了施工、建设、经营等，商丘市政府及相关部门均知晓并同意，也为甲公司颁发了部分施工许可（乙公司未取得任何行政许可），根据证据规则，可以据此认定甲公司的特许经营范围远远超出 56 平方公里

在案证据表明，甲公司在商丘市的燃气管道覆盖面积已经达到 442.5 平方公里，覆盖了商丘市城市规划区的范围，包括睢阳产业园区。甲公司的建设行为具有显著特点：建设周期长，历时多年；建设范围广，覆盖了商丘市城市规划区；建设工序复杂，施工过程中需要对城市道路进行挖掘作业。由此可知，道路挖掘、管道建设、客户接驳等事项，绝无可能绕开商丘市政府及相关监管部门悄然实施，换言之，若没有商丘市政府及相关监管部门的明确认可，甲公司根本不可能在 56 平方公里之外进行相应的施工、建设、经营。

四、《特许经营协议》并不存在附件三，对特许经营范围的认定不依赖于附件三

双方签订《特许经营协议》时参照的是住建部 2004 年出台的管道燃气特许经营协议模板，虽然模板的文字上显示有附件三，但实际并没有附件三。在乙公司进入商丘之前，各方均从未提及过附件三，甲公司在“城市规划区”范围内申请建设手续得到商丘市城管局和商丘市规划局等部门的多次审批，商丘市城管局更是在 2010 年和 2012 年，没有依靠所谓“附件三”的情况下，多次直接认定甲公司的特许经营范围，常理可推，根本不存在附件三。

直到乙公司与甲公司发生争议后，商丘市政府、商丘市城管局才以存在附件三为由，主张甲公司无法证明特许经营范围。之所以甲公司的证人曾在民事诉讼中承认过有附件三，是因在当时法院对案件的审查过程中，商丘市城管局与该证人沟通，希望其表述存在附件三，以避免商丘市城管局的相关领导受到遗漏签署附件三的惩罚。

即使存在附件三，按照双方争议情况，附件三也只可能表现为两种形式：一种是附件三即 1993 年版规划的“城市规划区”，另一种是附件三即 1993 年版规划的“城市建设用地”。不论是哪种主张均可对应 1993 年版规划中的某一级清晰的规划范围，并有确切的地理位置和面积。因此，没有附件三并不影响本案审理，本案完全可以认定甲公司的特许经营范围为城市规划区。

五、乙公司未取得特许经营许可，也未签订《特许经营协议》，所谓市长批示的真实性无法核实，即使真实，也不能以领导批示代替行政机关作出的行政许可行为

首先，乙公司并未取得在商丘市的燃气特许经营许可，并且从 2015 年就开始申请，至今仍未取得，这是乙公司在诉讼过程中自认的事实，没有取得行政许可，当然更无权，而且事实上也没有签订任何的特许经营协议，因此，乙公司在商丘市范围内从事燃气经营，理应认定为非法经营行为，甚至涉嫌刑事犯罪。

其次，乙公司提交的所谓市领导批示、招商引资协议等，与本案的审查没有任何关联性。行政行为由行政机关作出，而不是由行政机关的负责人通过批示的方式作出，即使存在批示，那也是表达领导个人意见，况且，在内容方面，领导批示也并未要求将甲公司的特许经营范围划分给乙公司。所谓招商引资协议，更与本案无关，招商引资只能证明乙公司享受当地的招商引资政策，并不意味着可以逾越行政许可法的规定，更不意味着在市场竞争中享受特权，可以随意侵占甲公司的特许经营范围。

六、《294 号通知》应视为商丘市政府、商丘市城管局以实际行动明确表示不再按照约定履行行政协议

首先，甲公司曾就《294 号通知》申请行政复议，复议机关认为，该《294 号通知》需要双方都同意才能得以履行，换言之，该《294 号通知》表

明被告以实际行动不按照约定履行行政协议，但是不视为被告对原《特许经营协议》的单方变更决定，不影响甲公司或乙公司的权利义务。

其次，根据行政法的基本法理，该《294 号通知》不具有强制执行力，原因在于，本案被告及商丘市相关职能部门，行使燃气管理的行政职责，但是管理并非“支配”，不能突破法律授权而介入对私权利的直接处分，其无权干涉企业的内部经营事务，更无权划分企业的股权，要求企业进行资产分割。《294 号通知》拟定的法律后果超越了法定职权，不具有可执行性，也无须浪费司法资源另案进行审查。

最后，若法院认为根据行政行为的拘束力原理，该《294 号通知》与本案的审理结果具有直接的利害关系，即《294 号通知》的审理结果作为本案裁判的依据，也请法院向甲公司予以释明，甲公司将另案对《294 号通知》提起行政诉讼，并申请本案中止审理，待《294 号通知》涉及的行政诉讼审结之后，本案继续审理。

综上所述，甲公司与被告签订了合法有效的《特许经营协议》，被告怠于履行法定职责及《特许经营协议》的约定，严重损害了甲公司的合法权益，请求贵院根据法律及司法解释的规定，支持甲公司的诉讼请求，纠正被告的错误行为。

☞【案件结果】

一审法院认为：“首先，《特许经营协议》是特许经营区域范围图示，既然存在图示的范围，那么特许经营范围就不应是随着城市规划区域变动而变动的动态的区域范围。现甲公司没有提供充分有效的证据证明《特许经营协议》中约定的特许经营范围就是商丘市整个城市规划区，根据谁主张、谁举证的原则，甲公司应当承担举证不能的法律后果，故对甲公司主张其特许经营范围应是商丘市城市规划区即最少应为 496 平方公里的说法，本院不予认可。其次，《294 号通知》已经河南省住建厅复议认定对甲公司不产生法律拘束力，且甲公司所主张的特许经营范围不能成立，故不能认定被告对《特许经营协议》进行了违法变更。最后，结合本案客观情况，被告应当本着不影响商丘市经济发展大局，不影响商丘市广大人民群众用气的原则，妥善、依法对与甲公司的特许经营协议争议进行处理。综上，判决驳回甲公司的全部诉讼请求。”甲公司不服提起上诉，二审法院基本以同样的事实与理由驳回上诉，维持原判决。

☞【裁判文书】

（2020）豫16行初263号行政判决书

（2021）豫行终511号行政判决书

☞【办案心得】

由于多重因素交织，本案未能取得胜诉结果，但是其中折射出的问题，值得深思。

第一，法院以“城市规划区”的划分问题属于行政机关裁量事项驳回甲公司的诉讼请求，是否具有说服力。民事诉讼审理之时，法院审查乙公司是否存在侵权事实，必须先界定甲公司享有特许经营权的范围，即如何理解《特许经营协议》约定的“城市规划区内”，无论如何解读，均不涉及城市规划区本身的界定问题，也不属于城市规划区的行政区划争议由政府裁决的情形，根本无需行政机关先行界定。当时民事诉讼的审理法院，就有意回避矛盾，导致问题久拖不决。本案依然涉及如何理解《特许经营协议》约定的“城市规划区内”，这完全属于合同条款的解释问题，法院不应再拒绝裁判。理由为：一方面，本案是甲公司与商丘市政府、商丘市城管局作为《特许经营协议》的当事人，因为协议约定的条件如何解释而发生的争议，不仅商丘市政府、商丘市城管局有权作出解释和证明，甲公司作为经历谈判签署过程的当事人一方，也有权利对双方的真实合意进行解释和证明。双方应通过在行政诉讼中的举证责任来实现自己的主张，最终由法院判断哪方的主张更能体现真实合意。另一方面，商丘市政府、商丘市城管局限定甲公司的经营范围为56平方公里是否合法有据，应由法院居中裁判，法院依法审查案件，并非替代行政机关作出认定。本案行政诉讼不应再采用和民事案件一样的处理方式，而应对争议问题进行实质处理。

第二，驳回甲公司的诉讼请求之后，该历史遗留问题依然存在，下一步如何处理？法院虽驳回甲公司的诉讼请求，但是二审判决指出：“（三）关于后续争议解决。尽管本案甲公司的诉讼请求依法不能支持，但甲公司所反映的特许经营权区域范围问题依然存在。该问题未得到实质性解决，以至于目前甲公司和乙公司关于特许经营范围的争议久拖不决，造成当地管道燃气经营秩序混乱、恶性竞争和基础设施重复建设的局面。管道燃气特许经营涉及市政公用产品供应和服务的连续性、稳定性，关系使用市政公用产品的广大人民群众的服务需求和安全保障，事关民生，理应在保护当事人合法权益同时，兼顾社会公共利益和公共安全的特殊性……建议商丘市人民政府及早组织各方力量，妥善解决特许经营范围争议。”二审判决生效后，2021 年 8 月，河南省高级人民法院向商丘市政府发出司法建议书，建议其 3 个月内妥善、实质解决争议。无论在行政判决中采取“指正”的方式提出争议解决路径还是发出司法建议，体现了司法机关积极促进行政争议实质性化解的努力。对于商丘市政府而言，其依然要与甲公司、乙公司协商，若能达成一致，可以对特许经营范围重新划分；若不能达成一致，商丘市政府作出单方行政处理决定的，甲公司或乙公司依然有权另案申请行政复议或提起行政诉讼。

抛开实体问题，就律师提供法律服务时的法律风险防控，本案也引人深思：

第一，律师在起草合同时务必严谨、审慎，结合行业领域、客户需求、法律规定，科学合理地设置合同条款。古人云“差之毫厘谬以千里”，本案争议的缘起，就在于《特许经营协议》将特许经营范围约定为“城市规划区内”，若直接约定为“城市规划区”，列明“城市规划区”以河南省人民政府批准的商丘市城市总体规划、城乡总体规划为准，并在套用模板时删除关于“附件三”的内容，则关于特许经营范围的约定必然更加准确、清晰。

第二，在诉讼过程中，务必珍惜诉讼权利，如实发表证人证言，并承担相应的法律后果。“我们永远只能无限接近真相，却绝对不可能还原它”，关于是否存在“附件三”的问题，双方各执一词，时过境迁，恐怕已永远无法还原真相。但是由于之前的民事诉讼中，甲公司的法定代表人曾自认存在附件三，二审法院认为通过附件三与协议其他条款可以认定特许经营范围，由于甲公司不能提供附件三，应承担举证不充分的法律后果，可以说，当时甲公司作出的“存在附件三”的供述，某种意义上导致了本案的结果，至少法院有了驳回甲公司诉讼请求的合理理由。

案例二十六

行政机关“自我纠错”机制的适用

☞【案例名称】

行政机关“自我纠错”机制的适用

——杨某某诉保山市隆阳区青华街道办事处行政协议纠纷案

☞【基本案情】

杨某某的房屋位于保山市隆阳区青华街道办事处下官五组，该房屋列入保山中心城区棚户区改造项目房屋征收范围内。2016年12月，杨某某与青华街道办事处签订《保山中心城区棚户区改造项目房屋征收货币补偿协议》（以下简称《房屋征收货币补偿协议》），2017年3月，双方签订《保山中心城区棚户区改造项目房屋征收购房补助协议》（以下简称《房屋征收购房补助协议》）。依据《房屋征收货币补偿协议》和《房屋征收购房补助协议》约定，杨某某共获得补偿、补助款954 425.90元。2017年6月5日，隆阳区政府办公室作出《关于规范保山中心城市房屋征收厨卫政策有关事项的通知》（以下简称《通知》），指出“关于厨房和卫生间的认定在实际执行过程中出现偏差，现重申：被征收户主体建筑合法且无厨房、卫生间，除主体建筑之外航拍时未建、房屋征收征求意见公告发布之前已建成的厨房、卫生间按实测面积予以认定。厨房面积最大不超过20平方米、卫生间面积最大不超过10平方米。认定后，不予补偿，按照现行建安成本评估价给予补助”，因对杨某某的厨房、卫生间认定面积发生变化，7月23日，青华街道办事处向杨某某作出《变更决定书》，将补偿、补助金额变更为867 425.90元。杨某某对青华街道办事处作出的《变更决定书》不服，于2018年8月28日向法院提起诉讼，并要求对《通知》进行附带审查。代理律师接受青华街道办事处委托，代为应诉。

☞【代理思路与意见】

一、杨某某于2018年8月28日对《变更决定书》提起行政诉讼，已经超过《行政诉讼法》第46条第1款规定的起诉期限，应当裁定驳回起诉

《行政诉讼法》第46条第1款规定："公民、法人或者其他组织直接向人民法院提起诉讼的，应当自知道或者应当知道作出行政行为之日起六个月内提出。法律另有规定的除外。"本案中，青华街道办事处于2017年7月23日作出《变更决定书》，8月21日，青华街道办事处的工作人员依法将《变更决定书》送达给杨某某，由于杨某某拒绝在送达回执单上签字，青华街道办事处邀请基层群众自治组织的工作人员就整个送达程序做了见证，并制作了现场照片等，上述证据足以证明《变更决定书》已经于2017年8月21日送达给杨某某，因此杨某某于2018年8月28日对青华街道办事处作出《变更决定书》的行为提起行政诉讼，超过行政诉讼法规定的起诉期限，依法应当裁定驳回起诉。

二、退一步讲，即使对本案进行实体审查，由于青华街道办事处与杨某某签订的《房屋征收货币补偿协议》和《房屋征收购房补助协议》认定的补偿、补助金额不符合隆阳区的补偿政策，青华街道办事处依法作出《变更决定书》对其进行变更，事实依据充分，法律适用正确，送达程序合法，不应当被撤销

（一）青华街道办事处作出《变更决定书》事实依据充分，内容合法

本案的基本事实如下：为落实云南省棚户区改造工作，根据云南省人民政府、云南省发改委的有关批复，2016年4月17日，隆阳区人民政府制定了《房屋征收与补偿政策有关问题解答》。2016年10月17日，隆阳区人民政府制定了切实可行的《房屋征收与补偿实施方案（征求意见稿）》，并依法在房屋征收范围内公示。根据2013年4月拍摄的杨某某房屋的航拍图及入户调查的结果，云南云地科技有限公司保山分公司制作了《土地面积测量表》《房屋

面积测量表》，昆明正信房地产评估有限公司制作了《厨房、卫生间补助表》。2016 年 12 月 19 日，青华街道办事处与杨某某签订《房屋征收货币补偿协议》，总补偿金额为 783 081.9 元，但因工作人员对政策理解不够准确，误将杨某某的厨房、卫生间所占的 30 平米当作永久性建筑面积按每平米 2 600 元给予补偿，共多补偿 78 000 元。后因隆阳区房价上涨，为切实维护群众的合法权益，保证被征收人得到妥善安置，2017 年 3 月 29 日，青华街道办事处与杨某某签订《房屋征收购房补助协议》，约定按每平米 800 元给予杨某某一次性补助，总补助金额为 40 056 元，但是因工作人员对政策理解不够准确，再次误将杨某某的厨房、卫生间所占的 30 平米当作永久性建筑面积按每平米 800 元给予补助，共多补助 24 000 元。《房屋征收货币补偿协议》《房屋征收购房补助协议》合计共多补给杨某某 102 000 元。

针对在厨卫政策执行过程中出现的偏差，2017 年 6 月 5 日，经隆阳区人民政府开会研究，制定了《关于规范保山中心城市房屋征收厨卫政策有关事项的通知》，该《通知》明确要求：“被征收户主体建筑合法且无厨房、卫生间，除主体建筑之外航拍时未建、房屋征收征求意见公告发布之前已建成的厨房、卫生间按实测面积予以认定。厨房面积最大不超过 20 平方米、卫生间面积最大不超过 10 平方米。认定后，不予补偿，按照现行建安成本评估价给予补助。”鉴于杨某某的厨房、卫生间均在航拍图拍摄之后、《房屋征收与补偿实施方案征求意见公告》之前建设，2017 年 7 月 23 日，青华街道办事处对杨某某作出《变更决定书》，根据隆阳区的有关政策决定对于杨某某的厨房、卫生间所占的 30 平米按照建安成本每平米 500 元给予一次性补助，即将厨房、卫生间的补偿、补助金额由原 102 000 元变更为 15 000 元。由此可知，青华街道办事处作出《变更决定书》事实依据充分，内容合法，不应当被撤销。

（二）青华街道办事处作出《变更决定书》适用法律正确，符合行政法的基本理念

有错必纠是现代法治的基本要求，也是依法行政的应有之义。当行政机关发现其作出的行政行为违法或者不当时，可以自我纠错。本案中，青华街道办事处发现其与杨某某签订的《房屋征收货币补偿协议》和《房屋征收购房补助协议》中总补偿、补助金额错误时，青华街道办事处当然可以对错误金额进行纠正，即采用作出《变更决定书》的方式对总补偿、补助金额进行变更，以最便捷、最高效的方式修正之前行政行为的瑕疵，使得行政行为回归到合法合理的状态，符合行政法的基本理念。

（三）青华街道办事处作出《变更决定书》程序合法，依法送达给杨某某，不应当被撤销

关于《变更决定书》的送达情况，在第一部分已经阐述。事实上，为了充分保障杨某某的合法权益，在作出《变更决定书》时，青华街道办事处即已经告知其申请行政复议或提起行政诉讼的救济权，作出《变更决定书》之后，青华街道办事处也曾多次联系杨某某，告知其及时领取款项并办理《房屋征收补偿协议》的变更手续或在《涉及厨卫政策扣款清单》签字认可。但是，杨某某既不履行相关的补偿协议，又未在法定期限内就《变更决定书》申请行政复议或提起行政诉讼，该不利后果应当由杨某某自行承担。

三、《通知》完全合法，应当作为认定涉诉行政行为合法的依据

必须指出的是，作为征收主体的隆阳区人民政府，对于厨房、卫生间的补助政策是一以贯之的，即按照建安成本，总计不超过 30m^2 予以补助。无论是《通知》，还是《房屋征收与补偿政策有关问题解答》，亦或隆阳区人民政府于 2016 年 4 月 17 日发布的《保山中心城市棚户区改造北城区房屋征收与补偿政策有关问题解答》，均要求“对于航拍图没有拍照的厨房、卫生间根据 2015 年 8 月 21 日廖沈片区政策补充解答，厨房、卫生间属唯一的，按厨房在 20m^2 以内、卫生间在 10m^2 以内给予认定”。2017 年 6 月 5 日，隆阳区人民政府办公室发出《通知》，只是为了再次强调对于厨房、卫生间的补助政策，而非对隆阳区人民政府相应补偿、补助政策的变更。

☞【案件结果】

2019 年 2 月 20 日，云南省保山市隆阳区人民法院作出（2018）云 0502 行初 51 号一审判决，认定“按照依法行政的基本原则，行政机关一旦发现已经作出的行政行为赖以存在的基础事实发生重大变化，且该行为会损害或者可能损害公民、法人或者其他组织的合法权益时，有权依法及时改正。本案青华街道办事处签订的《房屋征收补偿协议》中被征收房屋认定的面积发生

了变化，即厨卫面积属于按实测面积认定，认定后不补偿，而是按现行建安成本评估价给予补助的情形。继续履行《房屋征收补偿协议》已失去了事实基础，且还会影响行政机关实现棚户区改造项目的行政管理目标，故应当依职权进行更正；青华街道办事处作出的《变更决定书》事实清楚，证据确凿，程序合法。杨某某要求撤销青华街道办事处出的《变更决定书》的诉讼请求，本院不予支持；杨某某请求对《通知》进行合法性审查，经审查，该范性文件并未违反上位法及相关规定。综上，判决：驳回原告杨某某的诉讼请求”。

杨某某不服，提起上诉，2019 年 6 月 18 日，云南省保山市中级人民法院作出（2019）云 05 行终 34 号二审判决书，判决“驳回上诉，维持一审判决”。

☞【裁判文书】

（2018）云 0502 行初 51 号行政判决书

（2019）云 05 行终 34 号行政判决书

☞【办案心得】

由于行政事务的专业性、复杂性，行政机关在实现行政管理目标的过程中，有可能会作出存在瑕疵甚至违法的行政行为，此时行政机关能否主动纠正或撤销违法的行政行为呢？这同样是困扰委托人青华街道办事处的问题，对此，代理律师认为：虽然行政行为一经作出即具有确定力，但这种确定力并非完全不可撤销或变更，对于违法状态下的行政行为因其本身就不符合依法行政的要求，原则上应当允许行政机关纠正或者撤销，减少或避免行政争议的发生。因此，代理律师提出青华街道办事处可以通过作出变更决定的方式对补偿补助金额进行纠正，并代为起草了《变更决定书》，最终一、二审法院同样认定青华街道办事处可以依职权对行政行为进行更正，青华街道办事处作出的《变更决定书》合法，驳回了杨某某的诉讼请求。

一、行政机关“自我纠错”机制的适用

第一，虽然法律没有明确规定行政机关发现自己作出行政行为存在违法或不当时，有权主动纠正行政行为，但《行政处罚法》第 75 条第 2 款规定“行政机关实施行政处罚应当接受社会监督。公民、法人或者其他组织对行政

机关实施行政处罚的行为，有权申诉或者检举；行政机关应当认真审查，发现有错误的，应当主动改正”，以及《行政许可法》第69条第1款规定“有下列情形之一的，作出行政许可决定的行政机关或者其上级行政机关，根据利害关系人的请求或者依据职权，可以撤销行政许可……”。可以看出，在行政处罚、行政许可领域，法律已经规定行政机关有权更正、撤销违法行政行为。另外，最高院第一巡回法庭2018年第6次《会议纪要》载明“撤销权是行政职权的组成部分，撤销行政行为也是行政行为的一种形式。同样的道理，变更、补正等其他纠错手段也都是行政职权的应有之义，行政机关具有自我纠错的职责”。因此，对于所有存在瑕疵或违法作出的行政行为，行政机关都有权进行自我纠错。

第二，虽然允许行政机关进行自我纠错，但行使纠错时仍需采取审慎的态度以及经过必要的程序。一方面，考虑到行政行为一经作出，不论是否合法，即具有确定力和拘束力，行政相对人会根据行政行为合理预测自身行为的结果，因此，从维护法律秩序以及保护当事人“信赖利益”出发，行政机关只有在该行政行为的瑕疵或违法性足以影响到实质处理结果时，方可采用变更、撤销的方式进行纠错。另一方面，正当程序作为最低限度的程序正义的要求，是行政机关作出行政行为应当遵循的最低程序标准，行政机关进行自我纠错时也需要遵循一定的程序，具体包括：①作出之前事先告知，告知行政相对人拟作出变更或撤销的事实和依据，同时告知当事人享有陈述、申辩权利，听取当事人的陈述、申辩意见；②作出变更、撤销的书面决定，依法送达给当事人，告知当事人救济途径。

二、原告要求对规范性文件附带审查时，对规范性文件合法的举证责任应当由制定机关承担

2015年5月实施的修订后的《行政诉讼法》，允许当事人在对行政行为提起诉讼时，一并请求对行政行为所依据的规范性文件提起附带审查，但对承担规范性文件合法性举证责任的主体，法律并无明确规定。本案中，杨某某引用《行政诉讼法》第43条之规定，认为应当由青华街道办事处承担举证责任，但是该条规定的举证责任仅限于行政行为的合法性，而非规范性文件的合法性，相反依据《最高人民法院关于适用〈中华人民共和国行政诉讼法〉

的解释》第147条第1、2款规定：“人民法院在对规范性文件审查过程中，发现规范性文件可能不合法的，应当听取规范性文件制定机关的意见。制定机关申请出庭陈述意见的，人民法院应当准许。”可以看出，在对规范性文件进行附带审查的过程中，在法院发现规范性文件可能违法时，是由制定机关陈述意见，由制定机关围绕“制作该规范性文件的必要性，制定程序的合法性，所依据的法律、法规、规章内容等”进行举证证明，因此，应当由制定机关举证证明规范性文件的合法性，而非由青华街道办事处承担合法性证明责任，更何况青华街道办事处也不可能对前述规范性文件合法性进行举证。

案例二十七
“法无授权不得为”

☞【案例名称】

“法无授权不得为”

——海南某房地产开发有限责任公司诉乐东黎族自治县人民政府土地行政决定案

☞【基本案情】

2010年9月，乐东黎族自治县人民政府批准乐东县国土局以招拍挂形式分四次出让乐东县九所新区4宗面积共约262.72亩的土地。2010年9月29日，海南某房地产开发有限责任公司（以下简称“该公司”）与乐东县国土局签订四份《国有建设用地使用权出让合同》，其中乐新储2010－3面积84.61亩，出让价2.7亿元；乐新储2010－4面积82.72亩，出让价1.65亿元；乐新储2010－2面积50.35亩，出让价0.61亿元；乐新储2010－5面积45.04亩，出让价0.55亿元。以上共计262.72亩，出让价5.5亿元。

2010年10月，该公司发现实际取得的可利用土地仅204.4亩且被分割成多块，故提出土地置换或解除合同。2011年8月9日，乐东黎族自治县人民政府作出《关于九所新区行政大楼旁国有建设用地拍卖后因建设道路占用宗地补偿事项的批复》，决定以土地置换方式给予该公司补偿。经评估确认，该公司实际取得的可利用土地为204.4亩，根据等价原则，须另行置换补偿235.27亩，共计439.6亩。

2011年8月，乐东黎族自治县人民政府与该公司重新签订了九份《国有建设用地使用权出让合同》，出让给该公司九块地块（含原地块204.4亩）共计约439.6亩，出让价约5.5亿元。2015年11月7日，评估机构对上述土地的价值进行了评估，认定该公司取得的439.6亩土地价值5.8亿元。

2016年1月7日，乐东黎族自治县人民政府以国有资产存在损失、为挽回国有资产为由作出收回国有建设用地使用权决定书，决定收回已出让给该公司的估值2.2亿元的土地。2016年2月，针对乐东黎族自治县人民政府收回土地的决定书，该公司向法院提起行政诉讼，请求依法撤销乐东黎族自治县人民政府作出的《乐东黎族自治县人民政府收回国有建设用地使用权决定书》，该公司找到代理律师代理此案。

☞【代理思路与意见】

一、乐东黎族自治县人民政府超越法定权限作出《乐东黎族自治县人民政府收回国有建设用地使用权决定书》（以下简称《决定书》），该行为严重违法

一方面，从国有土地管理的角度看，乐东黎族自治县人民政府无权收回该公司已合法取得的国有建设用地。我国2004年《土地管理法》第58条规定：“有下列情形之一的，由有关人民政府土地行政主管部门报经原批准用地的人民政府或者有批准权的人民政府批准，可以收回国有土地使用权：（一）为公共利益需要使用土地的；（二）为实施城市规划进行旧城区改建，需要调整使用土地的；（三）土地出让等有偿使用合同约定的使用期限届满，土地使用者未申请续期或者申请续期未获批准的；（四）因单位撤销、迁移等原因，停止使用原划拨的国有土地的；（五）公路、铁路、机场、矿场等经核准报废的。依照前款第（一）项、第（二）项的规定收回国有土地使用权的，对土地使用权人应当给予适当补偿。”2009年《城市房地产管理法》第26条规定：“以出让方式取得土地使用权进行房地产开发的，必须按照土地使用权出让合同约定的土地用途、动工开发期限开发土地。超过出让合同约定的动工开发日期满一年未动工开发的，可以征收相当于土地使用权出让金百分之二十以下的土地闲置费；满二年未动工开发的，可以无偿收回土地使用权；但是，因不可抗力或者政府、政府有关部门的行为或者动工开发必需的前期工作造成动工开发迟延的除外。”而1990年实施的《城镇国有土地使用权出让和转让暂行条例》第17条规定：“土地使用者应当按照土地使用权出让合同的规定和城市规划的要求，开发、利用、经营土地。未按合同规定的期限和条件开发、利用土地的，市、县人民政府土地管理部门应当予以纠正，并根据情节可以给予警告、罚款直至无偿收回土地使用权的处罚。”可见，在该公司遵守土地管理法规，并无上述违法行为的情况下，乐东黎族自治县人民政府无权随意要求无偿收回该公司的土地。

另一方面，从国有资产管理的角度看，我国负责监督国有资产的部门主要是国务院及地方政府国有资产监督管理委员会，其针对的国有资产主要是国有企业的有形资产及无形资产。我国法律虽然规定土地属于国家所有，但土地作为一种资源，专门由土地主管部门监督及管理，已经不是一般意义上的国有资产，乐东黎族自治县人民政府以挽回国有资产损失的名义收回土地也无任何法律依据。

二、行政机关作出行政行为应遵循正当程序原则

我国《行政处罚法》规定了听证制度，在行政机关作出责令停产停业、吊销许可证件等行政处罚决定之前，应当告知当事人有要求举行听证的权利；当事人要求听证的，行政机关应当组织听证。本案中，该公司并无违法之处，亦不认为乐东黎族自治县人民政府作出的《决定书》属于行政处罚行为，但是根据一般意义上“举轻明重”的原则，乐东黎族自治县人民政府无偿收回价值达 2.2 亿元的国有土地，这种行为后果比行政处罚还要严重得多。乐东黎族自治县人民政府并未听取该公司的陈述和申辩，更未进行听证，剥夺了该公司的参与权、知情权等，程序严重违法。

三、乐东黎族自治县人民政府认为国有资产存在 2.2 亿损失并无事实依据，本案中，国有资产并不存在损失

为更加明晰本案涉及的土地出让、补偿置换状况，代理人制作了以下附表。

从表中可以清晰看出，2010 年 9 月间，该公司以公开拍卖出让方式取得位于乐东县九所新区四宗城镇住宅用地使用权并支付地价款 5.5 亿元，出让方允诺宗地面积约 262.72 亩。土地出让合同签订后，该公司发现上述四宗土地在拍卖前均已被公共道路大面积占有，且分割成八小块，失去了原有的土地

附表：本案涉及土地出让、置换状况汇总

原告：该公司

被告：乐东黎族自治县人民政府

		土地面积（亩）	2011 年委托海南正理评估有限公司对土地进行的估值（亿元）	2015 年委托海南国佳房地产交易评估有限公司对土地进行的估值（亿元）	土地状况	原告支付的价款(亿元)	案情简述
预期	/	262. 723 5	/	3. 614 855	乐新储 2010 – 3 面积 84. 61 亩；乐新储 2010 – 4 面积 82. 72 亩；乐新储 2010 – 2 面积 50. 35 亩；乐新储 2010 – 5 面积 45. 04 亩。共计 262. 72 亩	5. 5	原告基于对 262. 723 5 亩整块土地开发利用价值的认可，参与拍卖
土地缺陷	道路占用土地	53. 69		0. 724 014			
	不可用土地	4. 6	0. 062 246	0. 062 013			

续表

		土地面积（亩）	2011年委托海南正理评估有限公司对土地进行的估值（亿元）	2015年委托海南国佳房地产交易评估有限公司对土地进行的估值（亿元）	土地状况	原告支付的价款（亿元）	案情简述
实际	2010年实际交割的土地	204.4	2.744 607	2.808 806	上述262.723 5亩土地被公众道路占用并分割成八块，而且其中面积4.6亩的地块不可利用。剩余7块土地总面积204.4亩		土地交割时，原告发现已不满足整体开发条件，面积也与挂牌时宣称的不符，因此与被告协商补偿
	2011年被告决定给予补偿的土地	235.267 6	2.765 216	3.020 422	一号地块81.7亩；二号地块101.9亩；三号地块51.6亩。共计235.27亩		被告提出将235.27亩土地置换给原告，补偿原告的损失
	总计	439.6	5.509 823	5.829 228	一号地块81.7亩；二号地块101.9亩；三号地块51.6亩；地块一38.9亩；地块二67.5亩；地块三34.2亩；地块四20.6亩；未编号地块一31.8亩；未编号地块二11.4亩。共计约439.6亩		

续表

总结	被告认为，既然262.723 5亩土地可以拍卖5.5亿元，则其中虽然部分土地被道路占用且另有部分土地不可利用，但减去被道路占用及不可利用的土地的估值（0.786 027亿元），就是原告获得土地的价值，即原告获得土地价值=5.5亿元-被道路占用及不可利用的土地的估值。后来又置换给原告235.267 6亩土地估值3.020 422亿元，则国有资产损失=235.267 6亩土地估值-被道路占用及不可利用的土地的估值。 原告是为了整体开发，以5.5亿元竞得262.723 5亩土地，交割时发现因被告的工作失误，该土地已因道路占用被分割成八块且部分地块不可用，仅剩余204.4亩（价值2.744 607亿元），被告决定以等价置换原则，另行置换给原告235.267 6亩土地（估值2.765 216亿元），原告取得的土地=204.4亩+235.267 6亩，总估值5.509 823亿元。 由上述对比可见。原告、被告之间只是计算方法不同。国有资产并不存在损失。

利用价值（其中道路占用土地53.69亩、不可用土地4.6亩）。经协商，乐东黎族自治县人民政府决定对此作出补偿，经评估后，以价值等量原则补偿该公司，剩余地块及补偿地块共计439.676 7亩（包括2010年实际交割的土地204.4亩、2011年决定补偿的土地235.267 6亩）。地块的价值受限于区位、交通状况、配套设施等各种因素，经过当时的评估公司评估，439.676 7亩与预期取得土地262.72亩虽亩数不同，但价值相等，而该公司亦支付了5.5亿地价款，故国有资产并不存在任何损失。

乐东黎族自治县人民政府之所以认为国有资产存在损失，在于其计算方式存在错误：乐东黎族自治县人民政府认为，既然262.72亩土地可以拍卖5.5亿元，则其中虽然部分土地被道路占用且另有部分土地不可利用，但减去被道路占用及不可利用的土地的估值（0.786 027亿元），就是该公司获得土地的价值，即该公司获得土地价值=5.5亿元-被道路占用及不可利用的土地的估值。后来又置换给该公司235.267 6亩土地估值3.020 422亿元，则国有资产损失=235.267 6亩土地估值-被道路占用及不可利用的土地的估值。这一逻辑是荒谬的。最初262.72亩土地若存在，则价值仅3.6亿元左右，该公司之所以以5.5亿元的价格将其拍下，是基于对其整体开发获得收益的预期，是正常的市场行为，是竞价的结果。而该262.72亩土地事实上根本不存在、自始不存在，因其被道路占用分割成八块且部分地块不可用，价值出现了成倍的贬损，根本不能以5.5亿元减去被道路占用土地、不可用土地再计算其价值。本案中，乐东黎族自治县人民政府以成交价5.5亿元减去被道路占用土地、不可用土地的估值来计算204.4亩土地的价值，明显在偷换概念。

四、《行政许可法》《关于做好挽回国有权益损失有关事项的通知》《中华人民共和国合同法》（以下简称《合同法》）都不能成为作出《决定书》的法律依据

本案中，乐东黎族自治县人民政府在答辩中将《行政许可法》《关于做好挽回国有权益损失有关事项的通知》《合同法》都列为作出《决定书》的法律依据，这是不正确的。首先，行政许可指行政机关根据公民、法人或者其他组织的申请，经依法审查，准予其从事特定活动的行为。本案主要涉及了两个行政行为，第一个是乐东黎族自治县国土环境资源局与该公司签订《国

有建设用地使用权出让合同》，第二个是乐东黎族自治县人民政府作出《决定书》收回该公司的土地，均非行政许可法调整的领域，明显不可适用《行政许可法》。其次，《关于做好挽回国有权益损失有关事项的通知》是行政机关内部、上级行政机关对下级行政机关下达的指示，并非法律法规，也非规范性文件，乐东黎族自治县人民政府有义务执行上级行政机关的指示，但也应当依据法律授权在职权范围内落实上级行政机关的指示。换言之，《关于做好挽回国有权益损失有关事项的通知》只能证明若存在国有权益损失，乐东黎族自治县人民政府有义务挽回这种损失，但并不能证明乐东黎族自治县人民政府应当或有权直接无偿收回该公司的土地。最后，本案属于行政法律关系而非民事，况且《国有建设用地使用权出让合同》的签订主体是乐东黎族自治县国土局而非乐东黎族自治县人民政府，所以更不可适用《合同法》作为作出《决定书》的法律依据。

五、乐东黎族自治县人民政府作出《决定书》违反“先取证，后裁决”的基本原则

“先取证，后裁决”是行政主体在作出具体行政行为时应遵循的一项基本原则。依照该原则，行政主体只能以其在作出具体行政行为时所依据的证据作为证明其行为合法的依据，而不能以事后收集的证据来证明其已作出的行为合法。本案中，乐东黎族自治县人民政府提交的《举证表》包括《关于落实收回国有权益的函》《关于解除〈国有建设用地使用权出让合同〉的通知》，试图证明乐东黎族自治县人民政府收回国有土地的行为程序合法。但事实上，乐东黎族自治县人民政府作出《决定书》收回国有土地的时间是2016年1月7日，而《关于落实收回国有权益的函》《关于解除〈国有建设用地使用权出让合同〉的通知》的作出时间分别为2016年1月18日、2016年2月14日。《关于落实收回国有权益的函》《关于解除〈国有建设用地使用权出让合同〉的通知》作为乐东黎族自治县人民政府作出被诉行政行为的依据，时间上于被诉行政行为作出之后才作出，违背了“先取证，后裁决”的基本原则。

☞【案件结果】

在海南某房地产开发有限责任公司诉乐东黎族自治县人民政府土地行政

决定一案中，乐东黎族自治县人民政府主动撤销了《收回国有建设用地使用权决定书》，改变其所作的行政行为，该公司表示同意，请求撤回起诉。法院裁定准许该公司撤回起诉。

☞【裁判文书】

（2016）琼97行初57号之二行政裁定书

☞【办案心得】

一、代理律师接手案件后，积极与当事人了解基本案情、搜集相关资料，认真翻阅卷宗，精准把握到代理本案应从行政机关行使行政权力的一个最基本原则出发，即“法无授权不得为”

“法无授权不得为，法无禁止即可为”已经成为法治国家通行的法律原则，行政机关的所有行政行为都需要依据法律、程序正当。当权力法授后，公民便可以大胆运用自己的权利，勇敢地对行政机关进行监督；而对行政机关来说，不仅要谨慎运用手中每一种权力，还必须尊重公民每一项权利。“政府的一切权力来自人民、源自法授”，特别是地方政府，更要恪守“法定职责必须为，法无授权不得为”。

行政机关的行政职权来自于法，行政机关的行政行为依据于法，行政机关的行为结果服务于法，因此，行政机关对行政相对人作出具体行政行为时，应当要有法律法规的明确授权，并在法律文书中援引具体的法律条款。之所以需要援引具体的法律条款，一方面有利于行政相对人准确把握行政机关的意思表示，有的放矢地寻求救济，另一方面亦能够增进公众对于相关领域法律规范具体条款的了解，有效规范自身行为，更好地发挥法律指引、教育的功能。对于行政诉讼案件来说，前述基本原则体现在《行政诉讼法》第34条第1款规定：“被告对于作出的行政行为负有举证责任，应当提供作出该行政行为的证据和所依据的规范性文件”以及《行政诉讼法》第70条规定：“行政行为有下列情形之一的，人民法院判决撤销或者部分撤销，并可以判决被告重新作出行政行为：（一）主要证据不足的；（二）适用法律、法规错误的；（三）违反法定程序的；（四）超越职权的；（五）滥用职权的；（六）明显不当的”。根据上述规定，人民政府或土地管理部门若要作出收回国有土地使用权决定，必须载明所依据的具体法律条款，如其无法准确提供作出决定适用的法律法规、规范性文件，则应当视为作出该行政行为时没有法律依据或者适用法律错误。本案代理律师主动引导法官将被诉行政行为适用法律问题作为本案争议焦点之一，而被告乐东黎族自治县人民政府在庭审上仍无法明确指出将“国有资产流失”作为收回国有土地依据的具体法律依据，乐东黎族自治县人民政府认为法院会以此撤销被诉行政行为，据此在庭后主动撤销了《收回国有土地使用权的决定》。

二、因被诉行政行为缺少法律依据，被告乐东黎族自治县人民政府最终撤销了收回国有土地使用权的决定，虽不负期望完成委托人任务，但代理律师的思考不应止步于此，代入行政机关视角，深入思索若存有“国有资产流失”，应当采取何种救济途径?

若认定国有土地使用权出让过程中存在“国有资产流失”，仍然要依据上述行政法基本原则，审查国有土地使用权出让过程中行政机关有无出让权限、土地出让金金额是否合理合法、出让过程是否违反法定程序、相关人员是否存在受贿、玩忽职守、滥用职权等行为，包括但不限于审查国有土地使用权的协议、招标、拍卖出让是否由土地行政主管部门组织实施？对于土地出让是否按照要求采用招标拍卖方式？确定的土地协议出让价格、招标拍卖底价等土地使用权价格是否报市、县人民政府批准？是否存在减免、欠收、漏收、缓收出让金的情形？对于改变合同约定条件的，是否按程序报批并重新核定土地出让金？对于未按出让合同规定交清全部出让金的，是否先办理完毕土地登记，等等。

更关键的是，还要考察上述行为与国有资产流失这一事实是否存在因果关系。

如果存在上述行为，但并非因上述行为导致国有资产流失，即国有资产流失与上述行为不存在关联性，则应对有关责任人员由所在单位或上级机关视情节依法给予行政处分，情节严重的，可追究相关履职不当的工作人员的刑事责任。同时，由于二者之间不具有因果关系，则行政机关只能通过诉讼途径寻求权利救济，涉案协议属于行政协议且签订于2011年，根据《最高人民法院关于审理行政协议案件若干问题的规定》第28条第2款“2015年5月1日前订立的行政协议发生纠纷的，适用当时的法律、行政法规及司法解释”之规定，根据当时的法律、法规及司法解释，行政机关可以以国家利益受损为由向法院或仲裁机构（以合同约定的争议解决条款为准）请求确认合同无效，法院或仲裁机构支持其请求的，合同自始无效，应恢复到订立之前的状态，以此收回土地挽回国有资产损失。假如涉案协议于2015年5月1日后订立，则行政机关可以单方变更、解除或者撤销涉案协议，以此挽回国有资产的损失。

反之，若认定是上述行为导致国有资产流失，即国有资产流失与上述行为存在直接因果关系，除追究上述有关人员的责任外，还应通过刑事追赃的方式（《中华人民共和国刑法》第64条：“犯罪分子违法所得的一切财物，应当予以追缴或者责令退赔；对被害人的合法财产，应当及时返还；违禁品和供犯罪所用的本人财物，应当予以没收。没收的财物和罚金，一律上缴国库，不得挪用和自行处理”）挽回国有资产的损失。

由上可以看出，挽回国有资产损失是行政机关的执法目的，但不可将执法目的与执法手段相混淆，在实现执法目的过程中，应坚持“法无授权不得为”的基本原则，通过合法途径挽回国有资产损失，而不是任意作出收回国有土地使用权的决定，损害行政相对人合法权益。

行政征缴

案例二十八

容积率调整后补交土地出让金标准的确定

☞【案例名称】

容积率调整后补交土地出让金标准的确定

——四川某房地产集团有限公司诉德阳市自然资源和规划局、四川省自然资源厅行政征缴及行政复议案

☞【基本案情】

2002年12月31日，原德阳市国土资源局与德阳市土地收购储备中心签订《国有土地使用权出让合同》，约定出让人（原德阳市国土资源局）出让给受让人（德阳市土地收购储备中心）的宗地总面积约4 000平方米，总金额约10万元。2003年12月，因城市建设规划调整的需要，德阳市土地收购储备中心与四川某房地产集团有限公司（以下简称“甲公司”）签订《国有土地使用权转让合同》，约定甲公司取得该宗地的国有土地使用权，转让价款每平方米166.88元，总金额约70万元。2003年12月，德阳市国土资源局与甲公司签订《国有土地使用权出让合同》，约定甲公司取得德阳市另一块国有建设用地使用权，土地面积约9万平方米，出让金为每平方米166.88元，总出让金额约1 500余万元。

上述《国有土地使用权转让合同》《国有土地使用权出让合同》均约定：“建筑容积率〔1〕按建设行政主管部门规定；……在出让期限内，受让人（指

〔1〕 根据《建设用地容积率管理办法》第3条第1款的规定，容积率是指一定地块内，总建筑面积与建筑用地面积的比值。

甲公司）必须按照本合同规定的土地用途和土地使用条件利用土地，需要改变本合同规定的土地用途和土地使用条件的，必须依法办理有关批准手续，并向出让人申请，取得出让人同意，签订土地使用权出让合同变更协议或者重新签订土地使用权出让合同，相应调整土地使用权出让金，办理土地变更登记。”此后，甲公司就上述土地取得《国有土地使用证》《建设工程规划许可证》等，并用于整体开发建设A项目。

2004年7月，德阳市建设局向甲公司作出《规划设计条件通知书》，载明A项目的容积率不大于1.65。2005年6月，又将A项目的容积率确定为1.1。

2007年6月，德阳市规划局按照当时提倡节约集约用地、鼓励建设高层建筑的政策趋势，向甲公司作出《规划设计条件通知书》，将A项目的容积率修改为不大于3.5，最终批准容积率为3.49。

A项目建设完工后，2017年，甲公司在办理不动产登记证过程中，因容积率改变等问题与德阳市国土局发生分歧，德阳市国土局要求甲公司就容积率变更补交土地出让金。2018年6月，德阳市国土局委托中介机构对A项目进行评估，以现场勘查日2018年6月6日为估价期日，认定因容积率由≤1.65调整为≤3.5，甲公司应补交土地出让金2.6亿元。

2018年2月27日，德阳市国土局会同德阳市住房建设局、德阳市城管执法局、德阳市城乡规划局等，约谈了甲公司，要求甲公司及时到德阳市国土局就容积率变更补办完善用地手续。

2018年7月，德阳市国土局向甲公司作出《关于征收土地出让金的决定》，载明根据中介机构的评估意见，甲公司应补交土地出让金2.6亿元。甲公司不服，申请行政复议，复议机关认为德阳市国土局以评估机构现场查看日为估价期日无相关法律依据，决定撤销《关于征收土地出让金的决定》，并责令德阳市国土局重新作出行政行为。

2019年8月，德阳市自然资源和规划局（原德阳市国土局改制之后的单位）重新组织评估，决定以2018年2月27日（首次约谈日）为估价期日，认定因容积率由≤1.65调整为≤3.5，甲公司应补交土地出让金约1.8亿元，并据此作出新的《关于征收土地出让金的决定》（以下简称《征收决定》）。

甲公司不服，再次向四川省自然资源厅申请行政复议，四川省自然资源厅决定维持《征收决定》。据此，甲公司向四川省成都市青羊区人民法院提起行政诉讼，请求撤销《征收决定》及四川省自然资源厅作出的行政复议决定。

☞【代理思路与意见】

接受甲公司的委托之后，代理律师建议先申请行政复议，并且向四川省自然资源厅申请复议。理由在于，《行政诉讼法》第18条第1款规定："行政案件由最初作出行政行为的行政机关所在地人民法院管辖。经复议的案件，也可以由复议机关所在地人民法院管辖。"若复议机关四川省自然资源厅维持原行政行为，则甲公司可以在四川省自然资源厅所在地的成都市青羊区人民法院提起行政诉讼，能有效排除可能的地方保护主义，促进本案公正审理，该建议也被甲公司采纳。

在行政诉讼过程中，就本案的具体问题，代理律师提出以下代理意见：

一、《征收决定》认定甲公司未按法律规定和合同约定申报完善用地手续及补交土地出让金，属于事实认定错误，依法应予撤销

1. 规划部门系容积率审批的法定主体，规划部门审批通过的容积率，无需再经国土部门审批。

建设项目的容积率指标属于规划部门的行政管理范畴，国土部门仅根据规划部门审批通过的容积率指标，与土地使用人签订土地出让补充或变更协议，而该容积率指标无需再经国土部门审批。本案中，德阳市自然资源和规划局对甲公司征收土地出让金之前，也没有针对容积率指标向甲公司发出单独的审批文件，A项目的容积率于2007年6月4日被原德阳市规划和建设局审批为不大于3.5。至此，A项目容积率的审批已经完成，无需再经原德阳市国土资源局审批。

2. 对于规划部门审批通过的≤3.5的容积率，根据当时的法规规定及项目情况，甲公司无须向国土部门主动申报。

（1）A项目容积率审批完成时间为2007年6月4日，当时的法律、法规、规章均未规定国有建设用地使用权人需就已审批的容积率主动向国土部门进行申报以及申报流程。因此，甲公司就A项目取得规划部门审批的≤3.5的容积率后，并无义务向国土部门申报。

（2）案涉《国有土地使用权出让合同》（以下简称《出让合同》）虽然约定："在出让期限内，受让人必须按照本合同规定的土地用途和土地使用条件利用土地，需要改变本合同规定的土地用途和土地使用条件的，必须依法办理有关批准手续，并向出让人申请，取得出让人同意，签订土地使用权出让合同变更协议或者重新签订土地使用权出让合同，相应调整土地使用权出让金，办理土地变更登记。"但是，根据A项目的具体情况，甲公司并无主动向国土部门申报容积率的约定义务，理由为：

第一，《出让合同》并未明确约定具体的容积率指标，仅在第11条中约定"建筑容积率按建设行政主管部门规定"。无论是2004年7月15日规划部门批准的≤1.65的容积率，还是2007年6月4日规划部门批准的≤3.5的容积率，均属于"建设行政主管部门规定"，符合《出让合同》的约定，并不存在对《出让合同》原约定的土地用途、土地使用条件进行改变的情形。

第二，2006年5月，国务院有关部门发文要求"严格限制低密度项目""停止别墅类项目的用地手续"。这直接导致A项目原规定的≤1.65的容积率无法继续实施。在此政策背景下，规划部门于2007年将A项目的容积率规定为≤3.5，甲公司不得不将A项目由别墅调整为高层。该≤3.5的容积率系"建设行政主管部门规定"，符合《出让合同》的约定，并未改变合同约定的土地使用条件，甲公司没有义务向国土部门申报。

3. 对于A项目容积率早已确定为3.49，德阳市自然资源和规划局早在2007年即已明确知晓，如果认为应该补交土地出让金，德阳市自然资源和规划局应及时通知甲公司补交，及时作出补交决定，但其没有及时履行上述法定职责。故A项目没有及时补交土地出让金的责任系德阳市自然资源和规划局行政不作为导致，不应由甲公司承担。

（1）2007年9月5日，德阳市城乡规划委员会第一次会议原则通过了A项目的建设方案，当时，原德阳市国土资源局（即本案德阳市自然资源和规划局）委托时任副局长杨某某参会，此时，其就已知晓A项目的容积率确定为3.49。A项目在2007年容积率被确定为3.49之后进行了多次抵押，甲公司每次办理抵押登记时均按规定向德阳市自然资源和规划局提交了土地估价报告，德阳市自然资源和规划局也对土地估价报告进行了备案，土地估价报告明确载明了土地的容积率为3.49。另外，德阳市自然资源和规划局在办理

A 项目土地抵押、延续换证等相关登记时，其工作人员胡某某、薛某等均到项目现场进行了实地查看，作为土地管理部门的专业人员，其到现场查看时即应知晓 A 项目已经规划为高层住宅，其容积率不可能≤1.65。

因此，对于 A 项目容积率已为 3.49、不再是≤1.65，德阳市自然资源和规划局早在 2007 年即已明确知晓。

（2）德阳市自然资源和规划局知晓上述情况后，如果认为 A 项目需要补交土地出让金，则负有通知国有建设用地使用权人及时补交土地出让金的义务。然而，从 2007 年到 2018 年长达 11 年内，德阳市自然资源和规划局从未通知甲公司补交土地出让金。

（3）征收应补交的土地出让金，系依职权的行政行为，而非依申请的行政行为。倘若德阳市自然资源和规划局认为 A 项目容积率被规定为≤3.5 之后需要补交土地出让金，而甲公司没有主动补交的，则德阳市自然资源和规划局应及时通知甲公司，在甲公司没有按通知补交的情形下及时作出补交决定。由此可见，没有及时收取土地出让金，系德阳市自然资源和规划局行政不作为导致，其责任不应由甲公司承担。

二、《征收决定》适用《国有建设用地使用权出让地价评估技术规范》（国土资厅发〔2018〕4 号）、《自然资源部办公厅关于建设用地使用权出让合同纠纷有关问题意见的函》，认定以 2018 年 2 月 27 日作为估价期日，属于适用法律错误，依法应予撤销

1. 2007 年 6 月，德阳市自然资源和规划局根据甲公司的申请，将 A 项目的容积率修改为≤3.5，最终批准容积率为 3.49。而《征收决定》所援引的《国有建设用地使用权出让地价评估技术规范》（以下简称《评估规范》），系原国土资源部办公厅 2018 年 3 月 9 日印发的文件。依照“法不溯及既往”的基本原则，该《评估规范》对 A 项目土地出让金的补交不具有溯及力，依法不应适用。

此外，该《评估规范》所规定的“估价期日应以国土资源主管部门依法受理补缴地价申请时点为准”，是按照正常办理流程的一般规定，即土地受让方向土地出让方申请改变容积率并申请补交土地出让金，土地出让方同意的，以土地出让方即国土资源主管部门受理补交土地出让金的日期为

估价期日（按此规定，补交土地出让金的实际履行周期较短，地价的涨幅因素对补交金额的影响不大）。而本案中，甲公司并未提出过补交申请，当然也不存在国土部门受理补交申请的说法。因此，该估价期日的规定对本项目也并不适用。

2. 《征收决定》所援引的《自然资源部办公厅关于建设用地使用权出让合同纠纷有关问题意见的函》，不能作为行政执法的依据。而且，德阳市自然资源和规划局早在2007年即已知晓A项目土地的容积率已为3.49，却在11年后的2018年2月27日才约谈甲公司。如果机械地认定以国土部门通知的时间为估价期日，将存在极大的随意性，对甲公司明显不公平。倘若德阳市自然资源和规划局通知的时间再延后几年或几十年，甲公司岂不是要承担更加巨额的土地出让金?

3. 关于估价期日，《评估规范》第6.4条规定：“估价期日的确定。土地出让后经原出让方批准改变用途或容积率等土地使用条件的，在评估需补缴的土地出让金时，估价期日应以国土资源主管部门依法受理补缴地价申请时点为准。”而自然资源部办公厅于2019年2月14日作出的《关于建设用地使用权出让合同纠纷有关问题意见的函》载明：“在J公司未办理备案手续且接到国土局通知后仍未提出申请的情况下，应当以国土局通知J公司办理相关手续的时间为估价期日。”两个文件的规定明显存在冲突，《征收决定》同时适用内容冲突的上述两个文件，亦属于法律适用错误。

4. 根据《最高人民法院关于审理行政案件适用法律规范问题的座谈会纪要》的规定，行政相对人的行为发生在新法施行以前，具体行政行为作出在新法施行以后，人民法院审查具体行政行为的合法性时，实体问题适用旧法规定，程序问题适用新法规定，即实体从旧、程序从新。若A项目容积率在2007年被规划为≤3.5之后需要补交土地出让金，也应根据2004年时施行的《国土资源部办公厅关于协议出让土地改变用途补交出让金问题的复函》，[1]参照国土资源部、国家工商行政管理局发布的《国有土地使用权出让合同》

---

〔1〕 该复函规定：经批准改变协议出让土地用途的，应按变更时的土地市场价格，分别计算变更后的土地用途的土地使用权出让金数额和原用途的土地使用权出让金数额，以差额部分计算应当补交的土地使用权出让金。

示范文本、[1]《国有土地使用权出让合同补充协议》示范文本[2]等文件，以2007年6月4日容积率审批时点作为估价期日认定补交的土地出让金的数额。

5. A项目容积率取得规划部门审批后，甲公司依法办理了项目《建设工程规划许可证》《建筑工程施工许可证》等相关证照，项目经相关职能部门验收通过，办理了部分房屋的产权登记，项目土地也经国土部门多次延续换证，整个建设合法合规，不存在违法情形，更不存在德阳市自然资源和规划局所称违法状态持续的问题。而且，本案属于行政征缴纠纷，并非行政处罚纠纷，不适用《行政处罚法》有关违法行为持续状态的规定。此外，土地出让行为亦并非行政许可，不适用《行政许可法》的规定，国土部门亦不具有对容积率进行审批的法定职权。因此，德阳市自然资源和规划局提出的行政许可法的相关规定，对本案也并不适用。

三、《征收决定》不具有合理性且违反信赖利益保护原则，德阳市自然资源和规划局以羁束行政行为提出抗辩，于法无据且与客观事实不符

1. 德阳市自然资源和规划局认为，其作出《征收决定》属于羁束行政行为，并非自由裁量行政行为，不存在违反行政行为合理性原则的可能。该理由不能成立，理由如下：德阳市自然资源和规划局以2018年2月27日作为估价期日，不符合正常人、理性人的基本预期，不具有合理性，是对行政行为的目的、对相对人权利义务影响程度所作的评判，并非基于狭义的“行政行为合理性原则”对于行政行为具体内容、裁量幅度的评判。

2. 无论羁束行政行为还是自由裁量行政行为均应遵循信赖利益保护原则，德阳市自然资源和规划局作出的《征收决定》恰恰违反该原则。德阳市自然

---

〔1〕《国有土地使用权出让合同》示范文本第17条约定：“在出让期限内，受让人必须按照本合同规定的土地用途和土地使用条件利用土地，需要改变本合同规定的土地用途和土地使用条件的，必须依法办理有关批准手续，并向出让人申请，取得出让人同意，签订土地使用权出让合同变更协议或者重新签订土地使用权出让合同，相应调整土地使用权出让金，办理土地变更登记。”

〔2〕《国有土地使用权出让合同补充协议》示范文本第15条约定：“在出让期限内，受让人要求改变《出让合同》规定的土地用途等土地使用条件的，双方同意按照本条第_ _款规定办理：（一）由出让人收回土地使用权后，依法重新出让。（二）按照《出让合同》第十七条的约定办理改变土地用途和土地使用条件批准手续后，由受让人按照批准变更时新旧土地使用条件下该宗地的土地市场价格差额补交土地使用权出让金。”

资源和规划局所作《征收决定》以 2018 年 2 月 27 日作为估价期日，要求甲公司补交土地出让金约 1. 8 亿元，存在明显不当。依照《征收决定》所依据的《评估报告书》，经评估的楼面地价为 1 535. 43 元/平方米。而依据 A 项目税收清算资料，该项目二期的工程成本为 2 176. 30 元/平方米，若加上德阳市自然资源和规划局要求补交的土地出让金，则每平方米房屋的成本为3 711. 73 元。然而，A 项目已对外销售，其销售均价分别为：1#、2#楼的销售均价约为 2 780. 95 元/平方米，3#、4#楼的销售均价约为 3 466. 52 元/平方米，5#至 14#楼的销售均价约为 4 551. 90 元/平方米。即，加上德阳市自然资源和规划局要求补交的土地出让金后，A 项目的建设成本已远远超过房屋的实际销售价格，而房屋早已销售完毕，甲公司无法将补交的土地出让金计入此前的成本，也无法转移给购房者。此外，A 项目已完成税收清算，甲公司也无法将补交的土地出让金在纳税前扣除，最终将严重损害甲公司的合法权益及信赖利益。因此，德阳市自然资源和规划局所作《征收决定》存在明显不当，完全脱离了实际情况，依法应予撤销。

四、对于德阳市自然资源和规划局所作出的《征收决定》，四川省自然资源厅在复议程序中未予全面审查，作出维持的行政复议决定，亦属明显错误，应同时予以撤销

四川省自然资源厅对德阳市自然资源和规划局作出的《征收决定》的合法性、合理性负有审查监督职责。但是，对于《征收决定》存在的事实认定、法律适用、明显不当等问题，四川省自然资源厅未予全面审查、未对《征收决定》进行纠正，行政复议决定依法应予一并撤销。

☞【案件结果】

本案一审判决全部支持了甲公司的诉讼请求，德阳市自然资源和规划局、四川省自然资源厅提起上诉，二审判决认定："根据《国有土地使用权出让收支管理办法》的相关规定，德阳市自然资源和规划局作为继续行使原德阳市国土资源局行政职权的国土资源管理部门，具有对案涉土地是否有因容积率调整而作出补交相应土地出让金行政决定的法定职权。本案的争议焦点为德阳市自然资源和规划局作出的《征收决定》是否合法，即甲公司是否应当补交案涉土地出让金、补交金额是否正确。经审查，虽然案涉土地容积率规划设计条件发生变化，其土地使用条件发生变化，甲公司应当补交不同容积率规划设计条件下的土地差价，但是，就甲公司应当需补交土地出让金的金额问题，德阳市自然资源和规划局仅根据原国土资源部办公厅于2018年3月9日印发的《国有建设用地使用权出让地价评估技术规范》（国土资厅发〔2018〕4号）的规定，并参照自然资源部办公厅于2019年2月14日作出的《关于建设用地使用权出让合同纠纷有关问题意见的函》，原国土资源部土地利用管理司于2011年10月26日作出的《关于房地产用地调整容积率后补交地价款有关问题的函》等相关规范，在案涉土地容积率规划条件早在2007年6月即已经调整的前提下，以德阳市自然资源和规划局于2018年2月27日对甲公司进行约谈的时间作为估价期日，属于主要证据不足、认定事实不清、适用法律错误。就本案而言，德阳市自然资源和规划局应当主动履行法定职责，就案涉项目土地容积率调整后补交土地出让金金额进一步进行调查核实并作出决定。综上，德阳市自然资源和规划局作出250号征收决定的主要证据不足、适用法律错误，省自然资源厅作出维持该决定的154号复议决定亦存在认定事实不清、适用法律错误，德阳市自然资源和规划局、省自然资源厅的上诉理由均不能成立，本院不予支持。原审判决结果正确，本院予以维持。”

☞【裁判文书】

（2021）川01行终370号行政判决书

☞【办案心得】

本案虽历时多年、案情复杂，但是争议焦点比较明晰：其一，甲公司是否应当补交土地出让金？其二，若应当补交，土地出让金的标准如何确定？

一、是否应当补交土地出让金的问题

实践中，需要补交土地出让金的，主要包括以下情形：

1. 调整土地用途。根据我国《土地管理法》《城市房地产管理法》《城镇国有土地使用权出让和转让暂行条例》的规定，土地使用者需要改变土地用途的，按照法定程序报批变更，批准后，土地使用权人应与土地出让方签订土地使用权出让合同变更协议或者重新签订土地使用权出让合同，按照法定程序重新计算土地出让金，并办理土地权属证书变更登记手续。

2. 调整容积率。我国法律（指狭义的由全国人大及其常委会制定的法律）上并未对调整容积率的批准程序及补交土地出让金予以明确规定，但根据《国务院关于加强国有土地资产管理的通知》〔1〕（国发〔2001〕15 号）的规定，土地使用者需要改变原批准的容积率，必须依法履行批准程序，经市、县人民政府批准后，按规定补交不同容积率的土地差价。

本案中，A 项目容积率客观上发生了变更，属于调整容积率的情形，但是，结合土地出让的过程、调整的主体等事实，律师认为，认定甲公司有义务补交土地出让金缺少事实依据和法律依据。理由在于：

首先，A 项目所占土地，其中一块宗地系甲公司与原德阳市国土资源局签订《国有土地使用权出让合同》通过协议出让取得，另外一块宗地系甲公司与德阳市土地收购储备中心签订《国有土地使用权转让合同》通过转让取得。上述两块宗地在出让、转让给甲公司时，均是以土地面积乘以每平方米的单价计算出让金，并未按容积率指标计算出让金，整个项目的土地出让金是一次性买断的价格，与容积率无关。

其次，关于 A 项目的容积率，《国有土地使用权出让合同》《国有土地使用权转让合同》中均无明确的指标要求，而是在《国有土地使用权出让合同》第 11 条中约定为："受让人在本合同项下宗地范围内新建建筑物应符合下列要求：……建筑容积率按建设行政主管部门有关规定。"2004 年 7 月 15 日，原德阳市建设局规定该项目容积率为≤1.65。2007 年 6 月 4 日，原德阳市规划和建设局规定容积率为≤3.5。由此可见，A 项目的容积率是由规划部门随着城市的发展而逐步予以规定，甲公司只是被动地接受，从未申请调整项目容积率（2007 年规划条件中提及的企业申请，系申请对项

---

〔1〕《国务院关于加强国有土地资产管理的通知》第 2 条规定："土地使用者需要改变原批准的土地用途、容积率等，必须依法报经市、县人民政府批准。对原划拨用地，因发生土地转让、出租或改变用途后不再符合划拨用地范围的，应依法实行出让等有偿使用方式；对出让土地，凡改变土地用途、容积率的，应按规定补交不同用途和容积率的土地差价。"

目进行开发的申请，并非申请调整项目容积率)。因此，A 项目中不存在 2004 年初始容积率、2007 年调整容积率的问题，只是存在 2004 年规划部门第一次规定容积率、2007 年规划部门第二次规定容积率的问题。甲公司作为土地使用者，没有申请调整容积率，自然也没有义务补交不同容积率的土地出让金差价。

最后，自 2007 年 6 月 4 日，原德阳市规划和建设局规定容积率为≤3.5 之后的十余年内，没有任何一个政府部门对甲公司提出或告知需要补缴土地出让价款，甲公司与原德阳市国土资源局双方亦从未变更《国有土地使用权出让合同》，不存在变更履行的问题。

二、补交土地出让金的标准问题

二审判决明确否定了以约谈日作为估价期日的做法，基于司法权与行政权的分工，法院没有明确认定估价期日，但是，其指出了 2007 年 6 月规划调整之日对本案的关键影响，限缩了行政机关随意确定估价期日的空间，该判决生效后，德阳市自然资源和规划局拟以 2007 年 6 月规划调整之日作为基准日重新进行了评估，初步评估结果为 3 000 万元左右，相比于最初《征收决定》认定的 1.8 亿元的补交金额，甲公司直接避免了 1.5 亿元的经济损失，目前，各方正在积极推动办理后续补交手续。

补交土地出让金是羁束行政行为，因此，根据证据准确认定补交的金额就极其关键，国有建设用地使用权人可从补交事由是否成立、补交金额是否具有事实依据、委托评估的程序是否合法、估价期日的选定是否正确、作出征收决定的程序及内容是否合法等方面提出意见，尽可能推动补交土地出让金事项依法依规解决。

本案办理过程也跌宕起伏，在第一次申请行政复议时，代理律师就提出了补交土地出让金缺乏事实和法律依据的问题，但该观点未被复议机关采纳。矛盾的化解需要智慧与妥协，在多种因素交织的背景之下，尤其涉及土地这一稀缺资源，寄希望于完全不补交也脱离实际，因此，在后续的权利救济中，着重从补交的标准入手，尽可能争取较少损失。本案有两个对甲公司有利的关键因素：其一，A 项目已经销售完毕，1.8 亿元的补交金额远远超过甲公司的销售所得，照此履行已经不符合基本的公平原则；其二，决定补交土地出让金属于依职权作出的行政行为，作出处理并通知甲公司的义务在于行政机关，行政机关长期不履行义务，地价上涨的成本不应由甲公司承担。最终，法院也考量了全案因素，支持了甲公司的诉讼请求。作为律师，与当事人同力协契，历经多年终于实现了权利救济，结果也足以令人慰藉。

行政征收

案例二十九

征收行为跨越新旧条例时的法律适用

【案例名称】

征收行为跨越新旧条例时的法律适用

——余某、余某某户诉云南省保山市隆阳区政府房屋征收案

☞【基本案情】

2008年，保山市某房地产开发经营有限公司（以下简称“某房地产公司”）通过拍卖方式取得原保山市造纸厂土地，2010年，某房地产公司取得了“房屋拆迁许可证”等手续，拟进行某天盛项目建设，但因项目规划范围内的余某、余某某户不同意其房屋拆迁，导致某天盛项目地上人行道未形成整体退让、消防通道未形成完全畅通以及地下人防工程及部分停车场无法建设。2019年1月20日，隆阳区政府作出《保山市隆阳区人民政府关于保山中心城市某天盛建设项目（龙泉路）国有土地上房屋征收决定》（以下简称《房屋征收决定》），征收涉及九隆街道同仁社区同仁街西侧8户17间铺面，其中包括余某、余某某户的铺面。余某、余某某对《房屋征收决定》不服，向保山市政府申请行政复议，保山市政府作出行政复议决定书，决定维持《房屋征收决定》。余某、余某某不服，向法院提起诉讼，代理律师接受隆阳区政府委托，代为应诉。

☞【代理思路与意见】

一、隆阳区政府作出的《房屋征收决定》内容合法，载明的补偿范围及评估机构的选定方式符合法律规定，有效保障了余某、余某某户的合法权利，妥善解决了历史遗留问题

本案的基本事实如下：2008年某房地产公司通过拍卖方式取得了保山市隆阳区兰城街道办事处同仁街94号土地（原保山造纸厂），自2010年5月起，某房地产公司先后取得立项批复、用地规划批复、工程规划批复、房屋拆迁许可、建筑工程施工许可、商品房预售许可等相关政府批复及许可，拟进行某天盛项目建设，但由于项目规划范围内的余某、余某某户所有的商铺未能拆迁，导致同仁街及龙泉路人行道未形成整体退让、龙泉路与同仁街交叉口弧形广场未形成、某天盛项目的消防通道未完全畅通、地下人防工程及部分停车场无法建设等，使得项目无法办理产权登记，影响众多业主权利。某房地产公司多次向隆阳区政府及有关职能部门反映情况，保山市人民政府曾作出会议纪要，要求妥善解决余某、余某某等8户的拆迁问题。

由于原拆迁许可证已经到期，根据2011年生效的《国有土地上房屋征收与补偿条例》的规定，应当由县级以上人民政府组织实施房屋征收工作。因此，结合该案的历史背景，慎重研究某天盛项目的报批手续，隆阳区政府依法作出《房屋征收决定》，其中补偿范围、补偿方式、评估机构选定方式等内容均符合法律规定，保障了余某、余某某户的合法权益。

二、隆阳区政府未依据《国有土地上房屋征收与补偿条例》规定进行社会稳定风险评估确有程序不当之处，但隆阳区政府已充分考量了相关风险

第一，形式上，隆阳区政府的派出机构九隆街道办事处曾自行对征收决定进行了社会稳定风险评估，进行了自评自查，认为不存在社会稳定风险，隆阳区政府才启动征收工作。

第二，本案中，社会稳定风险并不因作出征收决定而产生，而是因不作出征收决定而产生。房屋征收决定涉及征收面积小、被征收人少、补偿利益有保障，大多数被征收人愿意签订补偿协议，作出征收决定客观上并不存在社会稳定风险，恰恰相反，如果不予以征收，由于人身安全和物权利益无法得到保障，某天盛项目的业主多年来一直在上访，也通过“人民网”的专栏给保山市委、市政府有关领导留言，甚至多次聚集前往政府部门讨要说法，极易导致群体性事件，属于严重的“不稳定因素”。因此，为了化解社会稳定风险，隆阳区政府才作出《房屋征收决定》。

第三，社会稳定风险评估的目的在于征收之前对风险进行预测、应对，本案中，隆阳区政府作出《房屋征收决定》之后，仅有一户被征收人即本案余某、余某某户未签订房屋征收补偿协议，且余某、余某某也依法提起行政诉讼，通过法定途径主张权益。事实已经表明征收确实不存在社会稳定风险，没有必要因程序瑕疵或轻微的程序违法推翻整个征收决定，否则也会让已经签订协议的被征收人感觉受到不公平对待。

三、隆阳区政府作出的《房屋征收决定》程序合法

2018 年 12 月 19 日，九隆街道棚户区改造征收指挥部作出《保山中心城市某天盛建设项目（龙泉路）房屋拟征收通告》，并进行公示。2018 年 12 月 20 日，隆阳区政府作出《保山市隆阳区人民政府关于〈保山市中心城市某天盛建设项目（龙泉路）国有土地上房屋征收补偿方案（征求意见稿）〉征求意见的公告》和《保山市中心城市某天盛建设项目（龙泉路）国有土地上房屋征收补偿方案（征求意见稿)》，并进行公示。2019 年 1 月 17 日，隆阳区九隆街道棚户区改造征收指挥部对余某、余某某等 8 人“关于对某天盛建设项目房屋拟征收与土地征收补偿实施（征求意见）的意见反馈”作出《隆阳区九隆街道棚户区改造征收指挥部关于保山中心城市某天盛建设项目房屋征收与补偿方案有关意见的回复》。2019 年 1 月 20 日，隆阳区政府作出《房屋征收决定》，征求意见的期限达 31 天，符合《国有土地上房屋征收与补偿条例》的规定。余某、余某某关于没有听取其意见和建议的说法并无事实依据，事实上，《房屋征收决定》不同于针对每一位被征收人作出的《房屋征收补偿决定》，对于房屋征收决定，主要通过在被征收片区公示公告的方式广泛告知被征收人，符合《国有土地上房屋征收与补偿条例》第 13 条规定，而针对每一户被征收人作出的房屋征收补偿决定，才需要依法送达给被征收人。

四、隆阳区政府作出的《房屋征收决定》虽于2019年作出，但针对的是2010年时依据《城市房屋拆迁管理条例》规定进行拆迁的历史遗留问题，对于《房屋征收决定》作出过程中存在的程序瑕疵，法院可以作出确认违法判决，而非撤销判决

本案的征收决定虽于2019年作出，但是针对的为2010年时产生的历史遗留问题，对于《国有土地上房屋征收与补偿条例》施行之前的拆迁行为，根据《城市房屋拆迁管理条例》的规定，采取政府发放行政许可由企业组织拆迁的方式，政府只是居中裁决，不需要进行社会稳定风险评估。因此，对本案征收决定的程序问题进行评价时应区别于程序严重违法、社会影响广泛（如涉及100户乃至1 000户时未进行社会稳定风险评估）的行政行为，可以认定为程序瑕疵或轻微的程序违法。对于程序瑕疵或轻微的程序违法，实务中有两种处理方式：①驳回原告的诉讼请求；②确认程序违法并在裁判文书中予以指正。因此，退一步讲，如果法院认为未依法进行社会稳定风险评估确属程序不当，也可以确认程序违法，在裁判文书中予以指正，但不撤销隆阳区政府作出的征收决定。

☞【案件结果】

2019年8月28日，云南省保山市中级人民法院作出（2019）云05行初51号一审行政判决书，认定“征收目的符合法律规定、征收程序合法。综上，判决驳回余某、余某某的诉讼请求”。

余某、余某某不服，提起上诉，2020年7月13日，云南省高级人民法院作出（2020）云行终32号二审判决，认定“根据《国有土地上房屋征收与补偿条例》规定，市、县级人民政府作出房屋征收决定主要应当遵循下列程序：一是拟定征收补偿方案；二是进行社会稳定风险评估；三是做到征收补偿费用足额到位、专户存储、专款专用，本案中，隆阳区政府于后两项程序无相应证据证实，故程序存在违法之处。基于本案形成特殊原因的考量即本案的征收决定虽于2019年作出，但针对的是2010年时依据《城市房屋拆迁管理条例》的规定进行拆迁的历史遗留问题，且该地块系用于建设消防通道、人防通道、公共道路和绿化等，符合基于公共利益需要的目的，故应依法确认隆阳区政府作出的《房屋征收决定》征收余某、余某某户房屋的行政行为违法。综上，判决：一、撤销（2019）云05行初51号行政判决；二、撤销保山市政府作出的《行政复议决定书》；三、确认隆阳区政府作出的《房屋征收决定》中对余某、余某某户房屋进行征收的决定违法”。

☞【裁判文书】

（2019）云05行初51号行政判决书

（2020）云行终32号行政判决书

☞【办案心得】

本案有着特殊的历史背景：2009年某房地产公司已依法取得了拆迁许可证，但由于当时拆迁难度大，未能及时完成对部分商业用房包括余某、余某某户铺面的拆除工作，导致某天盛项目地上人行道未形成整体退让、消防通道未形成完全畅通以及地下人防工程及部分停车场无法建设。某房地产公司为此多次向保山市政府反映情况，保山市人民政府曾作出会议纪要，要求隆阳区政府妥善解决此问题。鉴于此，2018年隆阳区政府拟重新组织对余某、余某某等8户铺面的征收工作，但此时《城市房屋拆迁管理条例》已被废止，拆迁许可证也早已过期并无法申请延期。隆阳区政府就征收余某、余某某等8户铺面应当适用的法律咨询代理律师，对此，代理律师认为：由于拆迁许可证的有效期已届满，对于拆迁未完成的剩余阶段应当根据《国有土地上房屋征收与补偿条例》的规定适用征收程序，并指导隆阳区政府作出了《房屋征收决定》，最终生效判决保留了《房屋征收决定》的效力，肯定了隆阳区政府根据《国有土地上房屋征收与补偿条例》规定组织房屋征收工作。

一、征收行为跨越新旧条例时的法律适用

2001年11月，《城市房屋拆迁管理条例》施行，标志着我国初步建立起开发商主导的拆迁制度，但由于拆迁房屋单位暴力强拆问题导致与被拆迁人矛盾频发，甚至酿成群体性事件。2011年1月，国务院制定了《国有土地上房屋征收与补偿条例》，废止了《城市房屋拆迁管理条例》，建立起了政府主导的房屋征收制度。

对于征收行为跨越新旧条例时的法律适用问题，《国有土地上房屋征收与补偿条例》第35条规定，“本条例自公布之日起施行。2001年6月13日国务院公布的《城市房屋拆迁管理条例》同时废止。本条例施行前已依法取得房屋拆迁许可证的项目，继续沿用原有的规定办理，但政府不得责成有关部门强制拆迁。”对于该条款正确理解应为：对于拆迁许可证尚在有效期限内，但尚未处理完毕的拆迁遗留项目，因拆迁许可证的效力依旧存在，因此理应按照旧条例继续办理；而对于拆迁许可证有效期已届满，但尚未处理完毕的拆迁遗留项目，因拆迁许可证已失效，拆迁房屋单位也就不能再依据拆迁许可证组织拆迁工作，因此应当由县级政府适用新条例规定开展征收工作。需要特别说明的是：过去的拆迁程序并非一律不再有效，只是对于拆迁未完成的剩余阶段程序应当适用新条例规定，毕竟申请领取拆迁许可证的前提，即拆迁房屋单位已合法取得了建设项目批准手续、建设用地规划许可证以及国有土地使用权批准手续，因此如果认定过去的程序均没有效力，则等于推翻之前所有行政行为的效力。本案中，虽然某房地产公司取得了拆迁许可证，但对于余某、余某某户的拆迁工作一直到新条例实施后仍未启动，此时因拆迁许可证已失效，对于拆迁未完成的剩余阶段应当根据新条例规定按征收程序进行。

二、基于“公共利益考量”确认违法判决的适用

基于“公共利益考量”的确认违法判决，适用的前提是基于“撤销会给国家利益、社会公共利益造成重大损害”，关于何为社会公共利益，台湾地区学者陈新民曾提出公共利益需同时具备“受益对象”与“利益内容”两方面的不确定性，此观点得到我国学者的普遍赞同。

关于“受益对象”的不确定，既体现在受益人并非指向固定的人，又体现在受益对象的数量众多。本案中，无论是消防通道还是人防通道亦或是公共道路，使用消防救助或是战时用来掩蔽转移亦或是使用道路的人群均为不特定，因此，虽然是某天盛项目所利用土地，但此空间并非封闭，多数人可以享受到此利益；关于“利益内容”的不确定性，法院通常是引入被诉行政争议领域中法律法规对于“公共利益”的规定，比如本案，法院引入《国有土地上房屋征收与补偿条例》第8条的规定来判断是否属于公共利益的内容，

建设消防通道、人防通道、公共道路和绿化均属于第 8 条第 3 项规定“由政府组织实施的市政公用等公共事业的需要”的内容，据此二审法院认定涉案房屋征收符合公共利益的目的，虽程序瑕疵，但因撤销会对社会公共利益造成损害，仅作出确认违法判决。

确认违法判决虽宣告违法，但行政行为的效力依然存在，违法状态尚未消除，因此，需要通过采取补救措施予以弥补原告合法权益的损害。《行政诉讼法》第 76 条规定，“人民法院判决确认违法或者无效的，可以同时判决责令被告采取补救措施；给原告造成损失的，依法判决被告承担赔偿责任”。可以看出，法院在作出确认违法判决时，可以同时作出补救判决，对补救的方式、期限、后果予以明确，其中，补救的具体措施主要包括返还原物、排除妨碍、恢复原状、消除影响、停止侵害、补偿或赔偿等，以此来实现对原告的实质救济。但若确认违法确认的仅是程序违法，一般不存在补救、赔偿等问题。

案例三十

房屋征收过程中的断水断电行为的可诉性判断

☞【案例名称】

房屋征收过程中的断水断电行为的可诉性判断

——崔某某等 12 人与保山市隆阳区人民政府电力行政管理纠纷案

☞【基本案情】

2016 年 3 月 29 日，保山市隆阳区人民政府办公室向某电力公司发出隆阳区人民政府办公室《关于拆除棚改项目涉及供电线路的通知》，通知载明“为贯彻落实国家及省、市关于加快棚户区改造工作的决策部署，保山中心城市实施了棚户区改造项目。在项目实施过程中，涉及的廖官、沈官等社区需要搬迁，供电的架空线路需要拆除。为确保土地房屋征收工作顺利推进，请你公司给予支持配合，及时拆除涉及的相关供电架空线路”。某电力公司依该通知拆除了供电线路。顾某某等 12 人一直居住于隆阳区沈官社区和廖官社区，其认为某电力公司依该通知拆除供电线路，致使自己所居住房屋从 2016 年 3 月 28 日起开始停电，影响了自己的生产生活，故向保山市中级人民法院提起诉讼，要求确认保山市隆阳区人民政府作出的要求断电的行政行为违法，并判令保山市隆阳区人民政府尽快恢复供电。代理律师接受保山市隆阳区人民政府的委托，代为应诉。

☞【代理思路与意见】

一、在程序方面，本案从原告资格、被告资格、“一案一诉”原则的角度来看，均应当裁定驳回起诉

第一，12 名原告未提交《关于拆除棚改项目涉及供电线路的通知》影响其权利义务的证据，不具有行政诉讼的原告资格。为证明与涉诉《关于拆除棚改项目涉及供电线路的通知》（以下简称《通知》）具有利害关系，原告顾某某等12人需证明：其一，其房屋坐落于《通知》载明的停电范围内，即廖官、沈官等社区，顾某某等12人可提交其合法的建造房屋的审批手续，如准建证、宅基地证等；其二，其与某电力公司缔结了合法有效的《供用电合同》，没有书面合同的，可提交间接证据，如购电卡、缴费凭证、维修单等。但是，在本案中，首先，除顾某某个人提供了电费收款清单之外，其余11名原告均未提交任何证据证明其与《通知》具有法律上的利害关系；其次，关于顾某某提交的电费收款清单，无法证明其与该电力公司存在供用电关系，至于提交的照片，顾某某陈述其证明目的在于隆阳区人民政府存在破坏电力设施的情形，但是本案诉请是确认隆阳区人民政府发出的《通知》违法，照片与本案不具有关联性，亦不应当采信；最后，顾某某等12人也未提交关于停电时间的证据。因此，顾某某等12人并无提起本案行政诉讼的原告资格。

第二，隆阳区人民政府并非电力主管部门，不是本案适格被告。2013年之前，由国务院直属的事业单位国家电力监管委员会负责电力管理工作，2013年，根据《国务院机构改革和职能转变方案》和《国务院关于部委管理的国家局设置的通知》（国发〔2013〕15号），设立国家能源局（副部级），隶属于国家发展和改革委员会，负责电力管理工作。具体到保山市，电力管理工作应当由保山市发改委负责，而不是隆阳区人民政府。因此，本案中，隆阳区人民政府并非行政诉讼的适格被告。

第三，原告顾某某等12人的起诉违反《行政诉讼法》关于“一案一诉”的原则，若其拒绝将案件拆分，应当依法裁定驳回起诉。“一案一诉”原则即在一个行政诉讼中，只能针对某一特定的行政行为起诉。我国《行政诉讼法》第49条规定：“提起诉讼应当符合下列条件：（一）原告是符合本法第二十五条规定的公民、法人或者其他组织；（二）有明确的被告；（三）有具体的诉讼请求和事实根据；（四）属于人民法院受案范围和受诉人民法院管辖。”关于“具体的诉讼请求”的规定，涵盖了“一案一诉”原则。本案中，12名原告针对同一行政行为起诉，虽然法院进行合法性审查的法律依据是相同的，但是每名原告的现实状况不同；假如存在断电、停电情形，则其停电的范围、遭受的影响也不尽相同；退一步讲，若最终隆阳区人民政府败诉，则12名原告申请行政赔偿的事实依据和赔偿请求等也不尽相同。因此，本案只能拆分，分别立案，在12名原告拒绝将案件拆分的情况下，应当依法裁定驳回其起诉。

二、隆阳区人民政府办公室发出的该《通知》合法，未侵害原告的合法权益

一方面，隆阳区人民政府实施的棚户区改造项目即土地征收符合法律规定。2014年，云南省发改委作出〔2014〕499号批复，同意云南省2013～2017年城市棚户区改造项目（一期）拟建地点为保山市、昭通市、曲靖市、玉溪市等4市的10个城市规划区域。根据该批复的精神，保山市发改委作出〔2014〕586号批复，同意青华海恢复二期（东湖）绿化设施、水体景观及配套市政工程建设。2015年，保山市规划局作出《关于〈青华湖景观规划〉的函》，同意按《青华湖景观规划方案》开展工作。2015年，保山市城市规划建设管理委员会办公室作出《关于〈青华湖景观规划〉的批复》，要求隆阳区人民政府负责做好相关征地拆迁工作。根据《土地管理法》《国有土地上房屋征收与补偿条例》及一系列法律、法规的规定，隆阳区于2015年11月9日对《房屋征收与补偿实施方案（征求意见稿）》进行了公示并广泛征求意见。2015年12月10日，隆阳区人民政府作出《关于房屋征收决定的公告》并同时公布了《保山市中心城市棚户区改造青华湖片区房屋征收与补偿实施方案》。上述事实清楚表明，隆阳区人民政府开展土地房屋征收工作符合法律规定。

另一方面，结合本案事实，在案涉地区已经被依法纳入房屋征收范围的情况下，为配合房屋征收工作，避免电力资源浪费，隆阳区人民政府办公室向某电力公司发出通知，请求其予以配合。从常理上讲，既然房屋需要征收，自然应当及时拆除涉及的供电架空线路。隆阳区人民政府办公室发出的该通知具有充分的法律及事实依据，不应当被确认违法。至于顾某某等12人提出的恢复供电的履行之诉，更不符合基本逻辑，在案涉地区已经被依法纳入房屋征收范围的情况下，根本不存在恢复供电的现实可能性。

☞【案件结果】

保山市中级人民法院依法对本案进行审理后认为，该通知书从内容和形式上都是一个内部行政行为，某电力公司作为企业与顾某某等12名原告建立的是供电合同关系，隆阳区人民政府的通知行为对原告的合法权益并不必然产生实际影响，而且通知明确需要某电力公司支持配合拆除供电架空线路，通知本身并不具有强制性和针对性，原告针对该通知提起的诉讼，不属于人民法院行政诉讼的受案范围，故裁定驳回原告起诉。顾某某等12人对保山市中级人民法院作出的驳回起诉裁定不服，向云南省高级人民法院提出上诉。

云南省高级人民法院认为，顾某某等12人认为其房屋断电事实与区政府办公室作出的通知具有利害关系，其起诉符合行政诉讼法的规定，一审裁定驳回顾某某等12人的起诉适用法律不当。云南省高级人民法院裁定撤销云南省保山市中级人民法院作出的（2017）云05行初20号行政裁定，并指令云南省保山市中级人民法院继续审理本案。

保山市中级人民法院继续审理后认为，隆阳区人民政府办公室向某电力公司发出的《通知》，产生了12名原告居住片区供电线路被拆除的后果，侵犯了原告的权益。被告隆阳区人民政府所举证据并不能证明该行政行为的合法性，其提出作出该行政行为的主体、内容、程序均合法，也未侵害原告的合法权益，不应当被确认违法，但没有证据证明，不能成立，对该行政行为应认定为违法。因原告所居住片区已经被拆迁，该行政行为虽然违法，但不具有可撤销的内容，故判决确认隆阳区人民政府办公室2016年3月29日《关于拆除棚改项目涉及供电线路的通知》违法。隆阳区人民政府对此判决不服，向云南省高级人民法院提出上诉。

云南省高级人民法院开庭审理后，认为本案中虽然有多名原告，但涉及的诉讼请求是针对同一被告的同一行为，一审法院作为一个案件受理起诉符合行政诉讼法的规定。本案隆阳区人民政府作为一级地方人民政府，具有行政权能，其通知某电力公司及时拆除涉及的相关供电架空线路是为了确保土地房屋征收工作顺利推进，导致了原告居住房屋断电，具体运用了行政权，是一种行政事实行为。另外，对涉案地块拆除架空线路，是隆阳区人民政府为加快棚户区改造项目推进的一部分工作，某电力公司拆除架空线路仅是配合区政府工作的行为，而且，隆阳区人民政府提供的证据不足以证明其行为具有合法性，其上诉认为行为合法缺少证据支持。故云南省高院认为一审判决认定事实清楚，程序合法，适用法律、法规正确，判决驳回隆阳区人民政府的上诉，维持原判。

【裁判文书】

（2017）云05行初20号行政裁定书

（2018）云行终63号行政裁定书

（2018）云05行初194号行政判决书

（2019）云行终59号行政判决书

【办案心得】

在行政案件中，作为被告的代理律师，不仅需要考虑从职权、内容、程序上证明被诉行政行为的合法性，更需要关注原告的起诉是否符合法定的起诉条件，比如起诉是否超过起诉期限、被诉行政行为是否属于行政诉讼受案范围等，如果原告起诉不符合行政诉讼法规定的起诉条件，此时法院会直接裁定驳回原告的起诉，而不进入实体审查。因此，代理律师在代理意见中着重阐述被诉行政行为不属于行政诉讼法的受案范围，但比较遗憾的是未能得到法院的支持，事实上，被诉行政行为具有可诉性。

一、房屋征收过程中的断水断电行为属于行政事实行为，具有可诉性

行政机关基于职权实施的，不以产生、变更或者消灭行政权利义务关系为目的，但产生事实上的效果的行为属于行政事实行为。目前我国服务型政府建设深入推进，与之相伴也产生出越来越多种类的行政事实行为。如果将所有的行政事实行为都纳入行政诉讼法的受案范围，势必会浪费司法资源，也不利于行政权的正常行使。根据《行政诉讼法》的规定，当行政机关的行政事实行为损害行政相对人的合法权益时，行政相对人可以提起行政诉讼寻求救济。故在司法实践中判断某行政事实行为是否具有可诉性，可将行政相对人的合法权益是否因行政事实行为受到了实际影响作为认定标准。在本案中，行政机关采取断电的措施，改变了行政相对人与供电企业的权利义务关系，对行政相对人的实际生活产生了影响，属于独立的行政事实行为，应当认为其具有可诉性。

二、房屋征收过程中的断水断电行为被确认违法，行政相对人可对该行为造成的直接损失请求国家赔偿

在房屋征收的案件中，被征收房屋往往已被拆除，不具备恢复水电的条件，此时行政相对人应当通过请求国家赔偿的方式寻求救济，以维护自己基本的生活和居住权益。根据《国有土地上房屋征收补偿条例》第 31 条的规定，“采取暴力、威胁或者违反规定中断供水、供热、供气、供电和道路通行等非法方式迫使被征收人搬迁，造成损失的，依法承担赔偿责任”，但是，并非行政相对人所有的赔偿请求都会得到法院的支持。根据《国家赔偿法》第 36 条的规定，“侵犯公民、法人和其他组织的财产权造成损害的，按照下列规定处理：……（八）对财产权造成其他损害的，按照直接损失给予赔偿”，若行政相对人提出的赔偿请求并非行政机关违法的断水断电行为所导致的直接损失，该项赔偿请求将无法得到支持。

三、行政机关应当柔性执法，文明执法，不能采用简单粗暴的、不规范的执法方式

《国有土地上房屋征收补偿条例》第 27 条第 3 款规定：“任何单位和个人不得采取暴力、威胁或者违反规定中断供水、供热、供气、供电和道路通行等非法方式迫使被征收人搬迁。”因此，在房屋征收过程中，行政机关不能利用断水、断电等方式不顾行政相对人的基本生活需求，只一味追赶征收进度，行政机关应当保障行政相对人的基本居住条件，这也是柔性执法的要求。行政机关在执法过程中应当坚持柔性执法、文明执法，防止采用简单粗暴的、不规范的执法方式，这样才能真正实现严格规范公正文明执法，体现执法的力度和温度。